# 中小企業における法と法意識

## 日欧比較研究

村中孝史
Th・トーマンドル
編

京都大学学術出版会

Recht und Rechtsbewußtsein in Klein- und Mittelbetrieben

Theodor Tomandl und Takashi Muranaka (Hrsg.)

Kyoto University Press
Kyodai Kaikan
15-9 Yoshidakawaracho
Sakyo-ku, Kyoto 606-8305
Japan

Copyright © 2000
All rights reserved. This book, or parts thereof may not be reproduced in any form without permission.

ISBN 4-87698-408-5

本書は全国銀行学術研究振興財団の
助成を得て刊行された。

# 目　次

序章　「法化」の進行と中小企業 (村中孝史)　3
　　序-1　中小企業に見られる法とのつきあい方　3
　　序-2　本書の出発点　7
　　序-3　グローバリゼーションと法化　8
　　序-4　グローバリゼーションと雇用慣行　9
　　序-5　中小企業の労使関係と法化の進行　12
　　序-6　法化がもたらす問題点　13
　　序-7　オーストリアとの比較　15

## 第1部　法意識と法知識

第1章　日本社会における法意識と法の実効性 (服部高宏)　19
　　1-1　はじめに　19
　　1-2　日本人の法意識と紛争処理方式　20
　　1-3　日本社会と法システム　24
　　1-4　法の実効性と妥当性　28
　　1-5　法化社会における法の実効性　33

第2章　日本人の法観念
　　　──その過去，現在，そして将来 (田中成明)　39
　　2-1　はじめに　39
　　2-2　日本と西欧の法観念の比較のためのモデル　41
　　2-3　日本の伝統的な法の見方　44
　　2-4　日本における法の近代化　47
　　2-5　最近の法観念・法実務の動向　50
　　2-6　むすび　53

第3章　現代法治国家・社会国家における
　　　　法の実効性（ゲルハルト・ルーフ）　59

第4章　中小企業における労働法の実施状況と当事者の意識
　　　　――アンケート調査の結果から（村中孝史・瀧　敦弘）　69
　4-1　調査の目的と調査対象　69
　4-2　回答者の属性　72
　4-3　集団的労使関係について　73
　4-4　無組合企業における労働条件決定　83
　4-5　個別法上のルールに関する知識　86
　4-6　労働法に対する全般的評価　93
　4-7　オーストリアでの調査結果との比較　95
　4-8　おわりに　98

第5章　オーストリアの中小事業所における
　　　　労働法の知識（テオドール・トーマンドル）　101
　5-1　はじめに　101
　5-2　主な結果　103
　5-3　結論　115

## 第2部　中小企業における労使関係と法運用

第6章　日本経済の発展と中小企業政策
　　　　――「格差是正」から「ダイナミズムの源泉」へ（荒山裕行）　125
　6-1　中小企業の何が問題であったのか　126
　6-2　中小企業政策の展開　129
　6-3　中小企業の現状　135
　6-4　経済の活性化と雇用の創出　146

第7章 日本における中小企業の雇用と労使関係（瀧　敦弘）153
　　7-1　労働移動　154
　　7-2　賃金　159
　　7-3　労働時間制度の規模間比較　163
　　7-4　中小企業の労使関係　164

第8章 中小企業の経済的意義と
　　　ヨーロッパ法（ゴットフリート・ヴィンクラー）173
　　8-1　中小企業の経済的意義　173
　　8-2　ヨーロッパ労働・社会法と中小企業　175
　　8-3　総括　180

第9章 日本における中小企業と労働法（村中孝史）185
　　9-1　はじめに　185
　　9-2　制定法における中小企業　187
　　9-3　判例法理における中小企業　193
　　9-4　中小企業における労働法をめぐっての検討課題　196
　　9-5　おわりに　204

第10章 中小企業と労働法
　　　──近時の法改正を契機として（下井隆史）209
　　10-1　はじめに　209
　　10-2　個別的労働関係法の改革と中小企業労働関係　210
　　10-3　中小企業労使における労働法知識の問題　215

第11章 中小企業をめぐる労働法上の
　　　問題点（ヴォルフガング・マーツァール）221
　　11-1　はじめに　221
　　11-2　オーストリアにおける中小企業概念と意義　223
　　11-3　労働法における中小企業　228

 11-4 当事者からみた中小企業における労働法上の諸問題 233
 11-5 法的議論の手がかり 237

第12章 中小企業労働者の社会保障
   ——とくに社会保険の適用について（西村健一郎） 241
 12-1 はじめに 241
 12-2 問題意識——中小企業労働者と社会保険 242
 12-3 医療保険 244
 12-4 年金保険の適用 251
 12-5 雇用保険 255
 12-6 労災保険 257
 12-7 結びにかえて 260

第13章 中小企業における社会保障（フランツ・シュランク） 263
 13-1 被用者社会保険と労働法の実施 263
 13-2 自営業者の強制保険——「小規模自営業者」に対する負担軽減 267
 13-3 年金保険——「小規模自営業者」に対して（のみ）の職業保護 275
 13-4 特定の「小規模自営業者」に対する保護の欠如 276
 13-5 まとめ 279

あとがき 283

索引 285
附 「企業実務における労働法実施状況調査」票 289

# 中小企業における法と法意識

## 日欧比較研究

村中孝史
Th・トーマンドル
編

# 序章　「法化」の進行と中小企業

村中孝史

## 序-1 　中小企業に見られる法とのつきあい方

（1）中小・零細企業にとっての労働組合（法）

　労働組合，団体交渉といった話を聞いても，多くの中小企業経営者，とりわけ零細企業経営者は，自分の会社の話としては考えない。たとえ考えたとしても，そんなことになったら大変だといった思いであろう。労働組合は，大企業の従業員が作るものであって，中小・零細には関係のない話，というわけである。実際，後述する調査結果は，自社の従業員に組合を作る権利があると考える中小企業経営者が約半数しかおらず，従業員数10人以下の企業の経営者に限って言えば，3割強しかないことを示している。中小企業の従業員のほとんどが未組織であることを考えると，こうした調査結果はけっして意外なものではない。しかし，この現実や経営者の意識は，法律が考えるところとは明らかにずれている。

憲法28条は，勤労者に労働組合を作る権利や使用者に団体交渉を求める権利，さらにはストライキなどを行って使用者に圧力を加える権利を認めている．この権利はすべての労働者に認められ，労働者が大企業の従業員であるか，中小・零細企業の従業員であるかによって区別されることはない．中小・零細企業の場合でも，従業員が労働組合を作ることは認められるし，団体交渉を求めることやストライキを行うことも認められる．さらに言えば，労働組合は必ずしも企業ごとに作る必要はなく，様々な企業の従業員が集まって1つの労働組合を作ることも可能である．法律には，ただ労働組合を作る権利が保障されているだけであって，企業ごとに作りなさい，といったルールは存在しない．日本の労働組合のほとんどが企業別組合であるのは，完全に事実レベルの問題であって，法律が求めているからではない．

労働組合の存在は，労働者が自らに認められた権利を行使することにかかっているので，労働組合がないからといって，その会社の経営者が法律を守っていないとか，あるいは悪徳経営者である，といった話にはならない．むしろ逆であって，労働者が権利を行使しないから，労働組合ができないのである．もちろん，労働者の権利行使には事実上様々な制約があることも事実であるが，少なくとも，組合結成を妨害するといった行為をしていない限り，使用者が責められる理由はない．しかし，法律は，この労働組合に大きな役割を期待しており，組合が存在しない，ということ自体が本来困ったことなのである．

たとえば，労働基準法2条は次のように述べている．「労働条件は，労働者と使用者が，対等の立場において決定すべきものである．」この規定は，労働条件を使用者が一方的に決めるという前近代的な状況を克服し，契約当事者が対等な立場で合意して決めるという状況の実現を目標として掲げたものである．この規定自体は，労働条件が労働組合を通じて決められるべきだ，と述べているわけではないが，しかし，民主主義の世の中になった戦後においても個々の労働者が使用者と対等な立場で労働条件を決定できるような状況になったわけではなく，事実上，労働組合などの助けがなければ，対等決定などはおぼつかない．このような事情を受けて，憲法28条や労働組合法が，労働組合を通じて労働者が使用者と対等の立場に立つことを権利として保障しているのである．したがって，労働者が労働組合を作るなどして使用者と対等な立場を確保しない限り，相変わらず，労働条件は使用者が一方的に決めてしまうことになる．せっ

かく民主主義の世の中になったのに、自分の働く条件は、相変わらず他人が一方的に決めるのである。そのことが、何を意味するかは、あらためて言うまでもない。とりわけ、労働契約の内容が、使用者の指揮・命令権への服従を労働者に義務づけるという、労働者の生命・身体や自由、また人格的利益に直接かかわるものであるだけに、使用者による一方的決定という事態には大きな危険がつきまとう。

### （2）労働基準法とのつきあい方

　もちろん、繰り返すが、労働組合が存在しないのは、労働者が権利行使しないからであって、基本的には経営者が責められるべき筋合いの話ではない。ここで問題にしたいのは、法律が以上のような考え方に立脚しているにもかかわらず、中小企業では、ほとんどその考えが実現されていない、という点である。法律が空回りしている、あるいは、空洞化しているとでも言えようか。労働の世界における、このような法律と現実とのギャップは、他にも多々見受けられる。軽視されがちな労働基準法の規制もその例として考えることが可能である。
　たとえばサービス残業である。これは所定労働時間を超える労働をさせたにもかかわらず、超過時間について賃金を一切支払わない、あるいはその一部を支払わない、というものである。みかん30個を1000円で買う契約をしたにもかかわらず、1000円を支払って40個のみかんを要求するようなものであって、契約観念とは矛盾した現象のように見える。確かにそのように理解すべき場合もある。もっとも、このような現象は、取引関係が長期にわたって継続するような場合など、わが国では他の場面でも見られるので、決して労使関係における特異な現象というわけではないが、いずれにせよ、契約制度と現実との間にある種のギャップが存在することは確かである。しかし、サービス残業には、上記のような場合のほか、当事者（少なくとも使用者）は40個のみかんを取引するつもりで、30個と偽装するケースも少なくない。こうした現象には、労働基準法の労働時間規制が絡んでいる。
　労働基準法は1週あたり40時間、1日あたり8時間という労働時間の上限（法定労働時間）を定めている（32条）。使用者は原則としてこれを超える労働を労働者にさせるわけにはいかない。しかし、36条に従い過半数協定（いわゆる36

協定）を締結すれば，その協定の定める範囲内で，かつ，法定労働時間を超える時間について割増賃金を支払って，超過労働をさせることが可能になる．この超過勤務については，最近，上限が定められることになったが，これを超えたら罰則が適用されるようなものではない．したがって，サービス残業をやめて，実際の残業時間を表に出しても，労働基準法違反が生じないようにすることは，少なくとも，過去においては十分可能であった．また，残業手当が高くなりすぎるのであれば，基本給の時間単価を下げることで総賃金額を抑えることが可能であり，この点での問題もまったく克服できないものではない．したがって，現状を変えることなく労働基準法の規制に従った処理をすることは，十分可能なのである．しかし，現実にはそうなっていない．おそらく，長時間の残業は労働基準監督署がうるさい，賃金単価を下げると世間体が悪い，また，よい人材が集まらないといった理由で，サービス残業ということになってしまうのであろう．労働基準法が40時間という基準を示している以上，これとかけ離れた実態を表に出すわけにはいかないというわけである．したがって，40時間以内の労働時間が所定労働時間として規定され，それに対して基本給が支払われることになる．まさに「建前」として労働基準法の基準が遵守されるというわけである．しかし，実際には，はるかに長い労働時間が予定されており，賃金はその長い労働時間に対応するものとして約束されている．形式上残業にあたる労働時間について賃金（しかも割増された賃金）をすべて支払うとなれば，（少なくとも経営者の考えた）労務と賃金額とのバランスは崩れてしまうのである．ここでは，労働時間規制は建前として機能しており，実質は別のところにある．法定労働時間の短縮は，強力な時間外労働時間制限を伴わなかったために，割増賃金を支払う時間の増加を意味するだけになってしまい，それだけ，このバランスを崩す方向へと作用する．その結果，労働時間の短縮には結びつかず，むしろサービス残業の増加につながったケースもあるのではないかと考えられる．この仮説が正しいかどうかは別として，少なくとも，労働基準法上の労働時間規制には，ある種の空回りが見られ，法律と現実とのギャップが存することは確かである．

　もちろん，以上のような問題は，中小企業に特有の問題ではなく，大企業においても見られるところである．大企業の場合でも労働組合のない企業は存在するし，また，サービス残業などは大企業の方が多いとも言われている．法律

と現実のすれ違いという現象は，日本の労使関係全般における現象なのである．しかし，中小企業における方が，このすれ違いの度合いが大きいこともやはり事実である．とりわけ，集団的な労使関係の機能に関しては，少なくとも数字の上では大きな違いが存する．また，労働基準法をはじめとする労働者保護法規に関しても，専属の労務担当者をおける大企業と，そのような余力のない中小企業とでは，自ずと差が生じることになる．たとえば，時間管理をしっかりと行って正しい割増賃金の計算をする手間を省くために，はじめから一定額の手当を支給する例や，そもそも時間管理を行わない例などが中小企業の場合には見られるのである．

## 序-2　本書の出発点

　本書は，以上のような状況を踏まえつつ，日本社会における法の機能を探るという観点から，中小企業がおかれた経済的環境を明らかにしつつ，そこで展開される労使関係に着目して，労働法や社会保障法がどのように機能しているのか，また，どのように機能すべきか，という問題を，比較法的視点を踏まえて検討しようとするものである．以下では，中小企業が今後直面するであろう法化の背景や，それがもたらす問題点などに触れながら，本書の基礎となった問題意識を明らかにし，また，各章の関連について簡単に説明しておくことにする．

　現代社会の秩序形成に法が大きな役割を果たしていることは，否定できない事実である．ただ，その役割の果たし方は，各国によってかなり相違する．社会と法との関係は，その国の姿を相当程度形作っていると言ってよいであろう．服部高宏（第1章）と田中成明（第2章）が詳しく触れているように，わが国における社会と法とのかかわりは，英米法系の各国とも，また，大陸法系の各国とも異なり，多分に独自な性質を有している．総じて，わが国の国民は，法的な権利・義務の問題として紛争を解決するのではなく，インフォーマルな形で処理することを好む傾向にあり，法が日常生活の中で気軽に利用される存在とはなっていない．日本人にとって「法」とは，今なお「お上」の下した「掟」で

あって，破ってはいけない，あるいは少なくとも破っていることが明らかになってはいけない存在にしかすぎない．法のお世話にならないような生活が，我々にとって普通であり，法を知らねばならない状況に至ることは，ある意味で異常事態である．法律を専門に研究する筆者の場合ですら，自身の日常生活において，法的ルールを積極的に利用しようとか，裁判所を気軽に使おうなどとは考えない．せいぜい，運悪くそのような場面に出くわしても，困らないような予防措置をとっておくことぐらいしか，頭にない．服部と田中が詳しく触れているように，このような日本人の法意識に関しては，それが日本の後進性を示すものである，といった議論がある一方で，西欧とは異なる紛争解決モデルを提示するものとしてこれを積極的に評価する議論もあるなど，その評価はまちまちである．

　こうした日本的状況に対していかなる価値的評価を下すべきか，という問題は，それ自体としてきわめて重要な課題であるため，服部と田中はこの問題にも触れているが，本書全体の出発点となった問題意識は，この課題よりも一歩手前の事実認識にかかわるものである．すなわち，日本社会における法のあり方を否定的に評価すべきか，肯定的に評価すべきかという価値的評価の問題ではなく，むしろ，現在急速に進行しているグローバリゼーションが，否応なく日本社会における法のあり方を変化させるのではないか，すなわち，日本社会の法化（「法化」概念については服部を参照されたい）を促進するのではないか，という事実レベルの認識である．

## 序-3　グローバリゼーションと法化

　経済分野を中心としてグローバリゼーションが急速に進行する中，各国の経済は世界市場へと編入されつつあり，わが国の経済もその例外ではない．むしろ，わが国の場合，保護主義を批判し自由貿易を擁護する立場を強く主張してきた点で，こうしたグローバリゼーションに積極的に関与してきたと言える．ところで，世界市場の成立および各国経済のそれへの統合は，世界市場で通用するルールの遵守を各国に求めることになる．このことは，否応なしに，国内

においてもいわゆるグローバル・スタンダードが妥当する状況をもたらすことになる．この理は世界市場で業務展開する企業にはすべて妥当し，中小企業も世界市場に組み込まれる限りで，世界市場において妥当するルールに対応していくことを迫られる．そのため，企業と企業との関係も従来のように非法的なそれとして維持されるわけにはいかず，欧米各国におけるのと同様，権利・義務が明確に定められた法的関係として形成されていくことになる．

　また，グローバリゼーションはグローバル・スタンダードを各国に求める結果，一国による特殊な規制を次々と打破しつつある．実際，世界市場を規制する有力な権力が存在しない現時点においては，国内企業の市場競争力を弱めるような規制は，一国の経済を弱めるものとして排除されることになる．わが国においても，従来，業界を手厚く保護してきた行政による事前規制が次々と撤廃されている．しかし，このことは，行政によって担われていた紛争予防の機能が消滅することも意味しており，今後，企業や国民は行政に頼ることなく，自らの手で自己の利益を守ることを迫られる．国家は，そのための装置を提供することを求められるのであるが，従来，事前規制型の社会であったわが国においては，十分にそのためのインフラが形成されておらず，現在，司法制度の抜本的見直しがはかられているのは，こうした事情による．

## 序-4　グローバリゼーションと雇用慣行

　以上のような社会の法化は，日本的雇用慣行に何らかの影響を与えるであろうか．内と外の論理を使い分けることはある程度可能であろうが，外の社会において法化が進行すれば，人間の意識自体が変化し，その結果，内においてもその影響が現れることは確実であろう．しかし，また，日本的雇用慣行にとっては，グローバリゼーションがもたらす競争激化という事態も重要である．

　グローバリゼーションは目下のところ市場原理の世界規模での貫徹を意味しているため，当然，国内においても従来以上に競争が激化し，短期的なコスト計算を尊重した企業運営が強く求められることになる．特に，資本市場が短期的な企業収益に敏感に反応する状況になると，こうした傾向はいっそう助長さ

れることになろう．こうした環境変化は，企業の人事政策にももちろん強く影響することになる．というよりも，コストの中で大きな部分を占める人件費が真っ先に注目されることになる．すでに，「日本的雇用慣行の崩壊」が各所で騒がれているが，短期的な人件費削減を目的としたリストラ策は，現在のグローバリゼーションという環境下では避けがたいものといえる．従来であれば，企業に就職しさえすれば，会社が労働者の利益を擁護するとの意識が強かった．このような意識の下では，会社との間で権利・義務を明確にせずとも，会社は従業員のために，最大限ではないかもしれないが，可能な限りで配慮を行うものと考えられていた．「悪いようにはしないであろう」との感覚が存在したし，事実，そのようにできるだけの余力が企業にはあったと言える．しかし，世界規模での競争にさらされる企業に，もはやそのような余裕はない．人事政策においてもいっそうの効率化が求められ，たとえば短期的で成果主義的な能力評価とそれに基づく処遇が積極的に導入され，また，従来以上に非正規雇用やアウトソーシングが活用される．効率的な労働力の利用という側面が強調され，「企業一家」，「企業は家族」といった意識は後退していくことになる．

　こうした環境下においては，企業と労働者との関係も，従来以上に取引として意識されることになる．従来は，「就社」という言葉が象徴するように，企業に採用されることは，まさにその企業の「社員」となることであって，自らの労働（力）を一定の対価で取引したなどとは観念されなかった．企業という「共同体」のメンバーとして迎え入れられることが採用なのであり，労働契約は，従業員としての地位を取得する「契約」であると観念された．しかし，現在進行している人事政策の変化は，一方において，そのような「共同体」のメンバーを極力限定しつつ，彼らには最大限のパフォーマンスを要求し，他方において，「共同体」のメンバーにはしない従業員をできる限り安く利用する，という傾向を示している．こうした変化は，以前よりもいっそう権利・義務関係の明確化を引き起こすことになる．労働契約が「就社契約」ではなく，労働（力）の交換契約と観念される以上，取引条件は契約において明確化されねばならないからである．

　この理は，「共同体」のメンバーではない者によりよく妥当するであろうが，なお「共同体」のメンバーである労働者についても関係のない話ではない．企業は，こうした労働者についても従来のように「寛容」ではいられない．厳し

いコスト削減競争の中で，企業にはそのような余裕はなく，より高いパフォーマンスを求めることになる．その結果，たとえば中途採用者の増加に見られるように，そもそもこの「共同体」自体が従来のように完全に閉鎖的なものではありえず，従業員は外部の労働者との競争にもさらされることになる．また，「共同体」のメンバーには従来以上に高い要求がなされ，これを満たせない者はメンバーの資格がない者として容赦なく切り捨てられることになる．総じて定年までとにかく面倒を見るという意識が消滅し，共同体を支配する原理としては「和の思想」よりも競争主義が重視されることになる．もっとも，こうした現象が過度に進行すれば，結局，従業員間の信頼関係を基礎とする「共同体」が崩壊し，企業運営もうまくいかなくなるであろうから，こうした人事政策には自ずと限界がある．ただ，この点に関しては，近時における企業組織の動向についても考慮しておく必要がある．

　従前より日本の企業は，数多くの子会社を擁してきたが，近時においては，基幹的とも思われるような部門も積極的に独立させる傾向を示している．大企業は次第に大企業グループへと変貌していると言ってよい．こうした傾向を法的に支えるのが，純粋持株会社の解禁であると言えるし，また，会社分割制度もこうした文脈で理解すべきものであろう．このような企業組織の再編は，もちろん，従業員の雇用についても大きな影響を及ぼすことになる．いわゆるグループ採用が行われるし，出向が配転と同じような感覚で行われることにもなる．ただ，ここでの問題関心から言えば，このような事態が従業員の個別企業への執着心（忠誠心）を減退させる可能性がある，という点が注目される．個々の従業員にとって，当該企業は一時的な通過点にしかすぎないわけであるから，もはや企業単位での共同体意識などは醸成されなくなるであろう．グループ採用の従業員と，個別企業が採用する従業員を混在させたりすると，その間での意識のギャップが大きく，分裂的な状況を生じる可能性すら存する．企業グループを支える基幹社員はなお存続し，彼らは共同体意識をなお共有するであろうが，このような企業組織の再編の中では，その数はさらに絞られていくことになる．その結果，従業員間におよそ共同体意識などのない企業が生まれてくる可能性も否定できない．なお，このような企業再編が，中小企業の数を増加させるであろう点にも注意しておく必要がある．同じく中小企業と言っても，大企業から分社された企業や大企業の子会社とそうではない企業とでは，行動パ

ターンや財政力などで大きな差があることに注意すべきである．

## 序-5 中小企業の労使関係と法化の進行

　以上のように，グローバリゼーションが進行すると，日本社会の法化がいっそう促進されることは避けがたく，また，労使関係の法化が進むことも確実である．実際，こうした事態への対応として，パート労働法において雇入通知書交付の努力義務が規定されたり，あるいは平成10年の労働基準法改正にあたっては，書面による労働条件明示義務の対象範囲が拡大されたりしている．また，この労働基準法改正においては，労働基準局による紛争解決援助制度も新設されており，労使紛争処理制度の整備に向けた動きも見られるようになってきた．

　しかし，中小企業においては，従来，労使関係において法的な権利・義務を意識する程度が大企業の場合よりも低かったように思われる．たとえば，確かに大企業においても採用時に労働条件を明確に合意しないことがしばしば見受けられるが，少なくとも多様な規程（就業規則）が整備されており，これの拘束力を肯定する限りで，権利・義務は一応明確なものとなる．したがって，大企業における個別契約軽視の傾向の背景には，企業内規範への一方的服従を当然と考える意識も存在しているのであろう．これに対し，中小零細企業では，こうした規程がそもそも整備されていなかったり，就業規則の作成義務を遵守してこれを作成しても，実際には埃をかぶっていたりするので，採用時に権利・義務の内容を合意しないと，それらが明確にならないケースが少なくない．こういうケースでは，経営者が一方的決定を労働者に強いている場合もあろうが，そうした場合も含めて，法的な権利・義務意識が希薄であると言える．

　このような権利・義務意識の原因を問う作業は，それ自体が一つの研究テーマであるが，本書との関連で重要と思われる点を指摘するならば，一つには，従業員数が少ないために，使用者と従業員との関係がまずもって「人間関係」として認識されるという事情を指摘できる．従業員は，企業主とあるいは社長と直接会話し，お互いを知ることができる，というわけである．日本社会においては，このような人間関係の成立と，権利・義務の明確化，さらには利益衝

突という本質の顕在化は両立し難いと考えられよう．しかし，また，中小企業においては法的な知識が，大企業の場合ほど普及していないという事情も重要である．これは，中小企業経営者が一般的に法を遵守するつもりがないとか，あるいは，勉強不足である，といったことを意味するものではない．むしろ，構造的な問題である．すなわち，中小企業においては従業員数が少ないといった事情や財政基盤が脆弱といった事情から，間接部門に十分な人材を投入することができず，したがって法的な処理を行える人材を揃えることができないという問題である．中小企業が大企業との比較の中で示すこうした特質については，第6章で荒山裕行が明らかにするように，「中小企業問題」という観点から，様々な施策が講じられてきたところである．

しかし，日本社会の法化が進行し，また，中小企業においても雇用のあり方が変化していくとなると，中小企業における労使関係も法的な権利・義務関係として処理される必要が大きくなる．そうなると，従来は，あくまで「建前」として考えておけばよかった法律も，労使関係の実態の中で生かしていくことが必要になる．冒頭に挙げた例に即して言うならば，労働組合による利益調整という枠組も，使用者が従業員利益を「第1に」考える限りで，登場しづらい状況にあったが，使用者が経済合理性を追求して，「いかに安く労働力を買うか」という観点に立つのであれば，積極的に用いられる可能性があるし，少なくとも，それに代わる何らかの利益調整枠組が登場するように思われる．そうした利益調整の枠組が法的なものである以上，中小企業としても法的な対応を迫られるのである．また，労働基準法などの規制にしても，従来であれば，監督署に目をつけられない程度の配慮を行っていれば足りたが，今後は，労働者がその履行を積極的に要求するようになると考えられる．事実，近時における労使紛争の増加はそうした傾向を示している．

## 序-6 法化がもたらす問題点

もっとも，中小企業における労働世界が大企業に比して法化の程度が低い，という命題は，直感として多くの人が賛成するところであろうが，なお仮説の

域を出るものではない．この仮説自体を確認する必要がある．そのために，村中と瀧敦弘（第4章）が紹介する調査においては，この点に関しても限定的ではあるが，確認を試みている．しかし，この仮説自体は本書にとってそれほど重要な問題ではない．たとえ，大企業との間で法化の程度に差はないとしても，今後の法化という事態に対する適応力という点では，明らかに両者の間に相違があるからである．すなわち，前述したように，中小企業では法的処理を行えるだけの人材を揃えることが困難であり，この点で大企業の場合と大きな相違がある．もちろん，これは傾向的な問題であって，すべての中小企業がそうであるわけではない．財政的基盤のしっかりした中小企業では，従業員を雇用しなくとも，弁護士を活用することで対応することが可能である．

　しかし，大企業との相違に関しては，現行法の法状況についても考慮しておく必要がある．すなわち，現行法の設定するルールが中小企業にとってそもそも適合的な内容となっているのか，という問題である．服部が述べているように，法の実効性が多分に国民の承認にかかっているとするならば，およそ現実的でない内容を定めたルールが，「健全な」法化を妨げることは明らかであろう．この点を検証するために，荒山（第6章）と瀧（第7章）がもっぱら統計分析により，また，村中・瀧が実態調査により中小企業の労働実態に迫った上で，西村健一郎（第12章）と村中（第9章）が規範的側面からの検討を加えている．総じて言うならば，いくつかの「ずれ」を確認できる．このことは，制定法にも妥当するし，また，判例にも妥当する．特に後者は大企業における雇用慣行をモデルにしてきたように思われ，中小企業関係者の意識との間にギャップがある．もっとも，個別事案の適切な解決を目指す裁判所に対し，この点を強く批判することは誤りであろう．現在では少し事情が変化しているようであるが，労働訴訟の多くは労働組合自身によって提起されるか，あるいはその支援を得て提起されてきたのであって，判例法理は労働組合の存する比較的規模の大きな企業での紛争をめぐって形成されてきたからである．しかし，異なる実態を前提に形成された法理が，適切な法的解決を導かないことは明白である．

　他方，法化が進めば規制内容が複雑になり中小企業の事務能力では対応できなくなる点も看過できない．この点は，Th. トーマンドルがオーストリア法に関して批判するところである（第5章）が，法化社会における大きな問題の一つである．複雑な規制は結局，法の無視を生むのである．すでにわが国の労働法

にもこのような傾向は現れている．下井隆史（第10章）は，平成10年の労働基準法改正によりもたらされた複雑化を例に挙げつつ，この点に危惧の念を示している．また，近時における労働立法においては，労働省令などに詳細が委ねられているものが多く，法律を見ただけでは内容がわからない．法律規定が複雑な上に省令などに委ねられると，よほどの覚悟がないとこれを理解することは不可能である．こうした事情が，中小企業にとって何を意味するかは明白である．確かに，変形労働時間制度などは，これを利用することが使用者側に利益をもたらすものであり，使用者が複雑な規定の理解を断念して利用しなかったからといって労働者側に不利益が生じるものではない．しかし，複雑な制度を利用しつつ効率的な労働力利用をはかる大企業と，それをしない中小企業という相違が生じると，それは新たな格差の原因となる．

## 序-7　オーストリアとの比較

　以上に述べたように，本書は，今後日本社会がいっそう法化していくと予想される中で，従来，法化の程度が相対的に低かったのではないかと思われる中小企業の労使関係に焦点をあてて，法化過程における様々な問題点を検討してみようとするものである．本書では，この検討にあたり，オーストリア法との比較も試みている．オーストリアに関する論文は，法哲学（G. ルーフ（第3章）），実態調査（トーマンドル（第5章）），労使関係（G. ヴィンクラー（第8章）），労働法（W. マーツァール（第11章）），社会保障法（Fr. シュランク（第13章））の各分野に及んでおり，おおよそ日本側の論文と対応している．このような比較は，わが国の状況を相対化することを目的としているが，その際オーストリアを対象として選択したのは，オーストリア社会がわが国よりも進行した法化社会であると言われていること，また，それにもかかわらず労使関係がわが国と同じく協調主義的で安定した状況にあることなどを理由としている．さらに，オーストリアにおいても中小企業における労使関係，とりわけそこにおける法意識は十分に明らかにされておらず，また，労働者の多数派が中小企業において就労しているにもかかわらず，法的議論においてモデルとされるのは大企業にお

ける労使関係であるという点に関して，わが国と同様の状況にあることも比較研究の動機の一つである．

なお，両国とも，中小企業における法の適用状況や法的知識の程度などに関して十分に実態が明らかでないため，この点を明らかにする調査を実施し，トーマンドルがオーストリア側調査の結果（第5章）を，また，村中・瀧が日本側調査の結果（第4章）を紹介している．ただ，村中・瀧も述べているように，両国の労使関係や法制度が相当異なるために，有意義な比較には限界があり，比較調査としては必ずしも満足できる結果を提供できていないが，おおよその傾向は示せているのではないかと考えている．

# 第 1 部
# 法意識と法知識

# 第1章　日本社会における法意識と法の実効性

服部高宏

## 1-1　はじめに

　本章は，今日の「法化社会」において実効性ある法システムの在り方はどのようなものであるべきかという問題関心を第3章のG. ルーフ論文と共有しながら，日本人の法意識と日本社会における法の実効性について論じることを目的とする．

　日本社会については，依然として前近代的性格が残っているために，法システムが人々の生活実践に十分に定着していないということがしばしば指摘されてきた．その大きな原因は，明治期以降に西洋から継受した近代法システムが日本社会に定着せず，十分な機能を果たしてこなかったことにあろうが，さらにその背景を探るならば，日本人の法意識や日本社会で好まれる紛争解決方式の在り方にその大きな理由の一つが求められるであろう．

　だが，それならば，人びとの法意識を改善し，権利意識を高めればそれでよいのかと問われるかもしれない．しかし，必ずしもそれで十分だという回答ができるわけではなかろう．むしろ近年の急激に進む社会変化を考慮に入れるな

らば，いわゆる「法化社会」と言われる社会状況を迎えた今日において，これまでのような法システムの在り方に対して根本的な発想の転換が求められていると言うべきではなかろうか．そしてそのことが，実効性が必ずしも高いとは言えないこれまでの日本の法システムの在り方を改善し，人々にもっと利用される法システムへと変えていくことにつながるのではなかろうか．

　本章では，以上のような問題関心を背景にして，第1に，日本人の法意識の特徴や日本人が好むとされてきた紛争処理方式の性格を概観する．引き続いて第2に，今日の日本の法システムのもとになった近代法システムの展開とそのいわゆる「現代化」の過程を追う．第3に，やや原理的な観点から法の実効性を分析するとともに，法の妥当根拠に関する諸説に検討を加える．そして最後に，法化社会といわれる今日の社会状況の中で，実効性ある法システムの可能性を念頭に置いて幾つかの指摘を行うことにしたい．

## 1-2 日本人の法意識と紛争処理方式

### （1）日本人の法意識

　改めて指摘するまでもなく，「法とは何か」という問いへの回答を模索することは，法哲学の主要な課題の一つである．ただ，そのような模索を行う際に注意しなければならないのは，社会の構成員が法をどのように理解しているかにより，「法とは何か」を問う際の出発点となる，人々の法についての大まかなイメージが変わり，また現実社会における法システムの機能の在り方にも大きな影響が出てくるということである．そのため，人々がどのような法意識を持っているかという問題は，法哲学の側でも十分に検討しておくことが重要である．

　日本でも，法領域によってばらつきはあるが，法意識に関する様々な調査や研究が行われ，日本人の法意識に関する貴重な情報を我々に提供してきた[1]．だが，そのような調査・研究の成果を参照する場合には，法意識という言葉そのものがもつ多義性にも十分に注意を払う必要があるだろう．法社会学者である

六本佳平は，法意識と言われるときの「法」を，「現実の法」と「観念像としての法」に区別している[2]．それによると，「現実の法」とは，特定の具体的な法システムや法規範や法的機関を指すとされ，それはさらに三つに分けられるとされる．すなわち，第1に，人々が具体的な状況で法を自覚的に認識しているという意味での「法知識」．第2に，具体的状況で法がどうあるべきかについて人が抱く「法意見」．そして第3に，法に対して人が有する好悪・賛否・尊重・軽視などの「法態度」である．

　これらのうち「法知識」については，70年代に行われた調査の結果に基づいて，日本人には法についての客観的知識が不十分であるという指摘がなされたことがある．だが，日本以外の国々でも類似の結果が出ていることなどを考え合せると，この結論はまだ経験的に確証づけられているわけでもない．一方，人々の「法意見」や「法態度」と現実の法運用との間にずれがあることも，経験的な調査に基づいて指摘されたりしている．しかし，個人のパーソナリティーや職業・社会的地位などによって，法意見や法態度は大きく変わってくるため，さらにきめ細かな調査を行うことが必要であると指摘されている[3]．

　他方，「法意識」と言われるときの「法」のうち，「法とは何か」を問う場合に問題にされる抽象的な法の観念が，「観念像としての法」である．日本では，むしろこの意味における日本人の法意識の独自性が，研究者たちの活発な議論の対象となってきた．そして，その際に一般的に言われてきたのは，「日本人には法意識が欠けている」という周知のテーゼである．このような見解を代表したのが，日本の法社会学のパイオニアである川島武宜であった[4]．

　日本では，明治期以来，西欧の法システムを継受することによって，近代化が進められた．とりわけ第二次世界大戦後は，民主化の理念を体現する実定法規の実効性を確保することが，日本社会の民主化・近代化の重要な条件だと考えられた．川島にとって，近代的な法意識とは遵法精神を意味した．川島は，この意味での近代的な法意識が芽生えることが，近代法が行われるための不可欠の条件であると考えた．しかし，日本にはそれが欠けている．それが川島の認識であった．

　さらに川島が指摘したのは，日本人には，権利意識が希薄であるということであった．日本人は，人と人との関係を，明確なルールによって支配される権利の関係として理解し，それに基づいて行動する習性がなかったというのであ

る．そのため，日本人は，自分の重要な利益が侵害されても，裁判に訴えるということは好まない．たとえ紛争が生じても，自分の属する集団や社会関係を壊さないように，それを丸く納めることが大事だとされるのである[5]．

　川島は，このように日本人の権利意識が希薄であることを，日本が西洋の国民より遅れていることの現われであると理解した．そして，近代化の進展とともに，日本人の権利意識は高まり，裁判所の利用も進むだろうとの比較的楽観的な見方を提示した．法意識においても，いわば西欧諸国に追いつくことが目標とされたのであり，その目標は徐々に達成されるであろうというのが，川島の予測であった．川島は言う．

　　要するに，人々は，よりつよく権利を意識し，これを主張するようになるであろう．そうして，その手段として，より頻繁に，訴訟＝裁判という制度を利用するようになるであろう．人々は，個人と個人の関係のみならず，個人と政府との関係をも，法的な ―― 法という規準にしたがって判断される明確且つ固定的な ―― 関係として意識するようになるであろう．……このような近代的な法意識は，まだ『行動の次元における法』を全面的に決定するに至っていない．しかし，それにもかかわらず，歴史の進行がその方向に向かっているということについては，まず疑いの余地がなく，好むと好まざるとにかかわらず，それはもはや時間の問題であるように思われる[6]．

　その後，一般的な印象として人々が自己の権利主張に積極的になる傾向がうかがわれ，一見したところ川島の予測は当たっているかのように考えられないわけではない．しかし，世論調査の結果を見てみると，権利が侵害されたときに裁判所に訴えることを考える人の数はむしろ横ばいないし下降傾向であることを示すデータもあり，訴訟回避の傾向は依然として根強いと言わざるをえない．こうした傾向をどのように理解するかについては様々な見方があろうが，そこには裁判よりも行政に依存しながら権利の実現を図ろうとする，公権力依存の受益者的な利益感覚が現れていると見ることもできるだろう[7]．

## （2）日本人の紛争解決方式

　そもそも伝統的に日本人は，各人の利害の衝突を公的なルールに準拠して自主的に調整・相互承認する方式をとってこなかった．それは，日本に律令制が導入されて以来，日本人は，個別的な人間関係の網の中で，他者に対する配慮とか組織・集団への忠誠という主観的要素により，社会秩序を支えてきたからである．そして，そこにおいて必要なのは，ルールへの形式的適合よりも，正しい心情であるとされた[8]．

　この点について川島は，「伝統的に，日本人は，争いをするのに裁判所以外の非公式的な手段の方を好んで利用してきたのである．訴訟は，紛争が存在することを前提しており，またそのことを承認する．そうして，それは，争っている当事者の意思から独立した規準にてらして，誰が正しく誰が正しくないかをはっきりさせるところの判決に到達する．さらに，裁判と言う決定は，当事者の間の不和を助長し，本人自身がその解決に参加することを不可能にし，当事者の一方に欠点があったものとする」と述べたうえで，これが「日本の伝統的社会集団の特質」と，日本の社会集団内部の「"特定主義的"（partikularistic）」で「"機能＝拡散的（funktionally diffuse）"」な人間関係によるものだと説明している[9]．

　このような法や権利に対する意識は，労使関係にも現われていると言えるだろう．たとえば労働法学者の片岡昇は，日本の労働者の権利意識は決して低くはないとしながらも，そうした意識に基づいて自己の主張・要求を徹底して追求しようという姿勢は弱いし，その実現のために他の労働者と連帯して活動に取り組む行動は積極的に展開されてこなかったと指摘している．労働者がもしそのような行動に出るなら，職場や企業集団の結束を乱すものとして強い抑制や圧迫を受けることが多かったというのである[10]．

　たしかに，たとえばサービス残業のような労働者にとって不利な労働力の提供が，現在でも慣行として残っている．遅くまで働いているのに，残業手当の対象にされない労働が，労働者の企業に対する自発的な貢献として今も行われ，さすがにいつもそれが美化されるとは言わないまでも，それを当然のこととする風潮が現在でもまだ残っている．こうした日本の労働者の在り方に，労働者

第1部　法意識と法知識

がもつ権利主体としての意識の特徴が現われていると言っても過言ではなかろう[11]．

　後にみるように，今日，日本をも含む先進諸国では，「法化」または「法の洪水」と呼ばれる現象が問題になっている[12]．法化現象に対する処方箋として，法規制の緩和を求める声がしばしば上がる．その関連で，裁判を用いない紛争処理の形態として，日本国民のメンタリティーと独自の裁判外紛争処理システム——たとえば和解や調停という紛争処理方式——が脚光を浴びることがある．また，最近では，普遍的なルールや抽象的な原理に依拠するのではなく，個別具体的な人間関係を維持するために，相手への配慮に基づいた倫理的判断を下すことが求められたりする．その点で，和を重視する日本の伝統的な紛争処理方法[13]が，国際的にかえって先駆的なものとして注目を浴びたりすることさえあるのである[14]．

　だが，日本方式の紛争解決方式を高く評価する見方に容易に満足するのは，早計に過ぎる面がある．普遍的なルールや原理に依拠することの弊害について云々する前に，まずは日本においても，近代法システムが予定する自立的な自我を確立することが重要である．つまり，自立的な主体が自分たちの利害の対立を普遍的な法的基準に準拠して解決する体勢を整えることが先決だと言えよう．そのためには，人々の法意識の面での変化が求められるだけでない．公権力に依存して自分たちの利益を実現してもらおうとする依存体質を脱して，自分たちの利害を自主的な交渉過程の中で調整していく力を身に付けるということをも，それは意味するのである．

## 1-3　日本社会と法システム

### （1）近代法システムとその継受

　以上にその一端を見たように，日本人の法意識および紛争解決方式については，一般的にその独自性に注目が集まってきた．しかし，だからといって日本

の法システムそのものが，出自的に他国のそれとまったく異なるものだというわけではない。日本社会の特殊性・独自性についての主張は，法的な文脈においてのみならず各所でしばしば聞かれるが，日本の法システムが基本的に西洋のいわゆる近代法システムを明治期以降に継受することにより形成・整備されてきたことについては，何人も異論のないところである。以下では，この点を簡単に確認しておくことにより，日本人の法意識の独自性を測る基軸を明らかにするとともに，ルーフ論文が言及している法化の問題が生じてきた過程をもたどってみることにしたい[15]。

　近代法とは，政治的には近代市民社会の成立を背景にしながら，その経済的基盤である資本主義経済システムを展開・維持するため，そうしたシステムの中枢部に位置する市場機構の基本的枠組みを整備・保障する機能を担う法のことをいう。近代以降の社会においては，物理的強制装置が国家へと集中される一方，その発動が恣意に堕するのを防ぐため，国家による権力行使が法により規制される（「法の支配」）。他方，人々の社会的関係については，自由で独立した私人の間で貨幣を媒介とした取り引きが行われる。市場とは，貨幣を媒介に私人間でこうした取り引きが行われる場のことを言う。自由な経済主体としての個人，とりわけ企業は，価格と品質を武器に市場での競争に参加する。自由な主体間の競争を成り立たせ，これを外的に保障する取引きに関する公正なルールを整備するのが，近代法と呼ばれる法システムの任務である。

　近代法を生み出したヨーロッパの法について見るなら，中世ヨーロッパでは封建制のもとで，法は慣習法という形で「良き旧き法」として存在した。法は人の手で作られるものというよりも，伝統により引き継がれた社会秩序の中に，発見されるべきものとしてすでに存在したのである。近世に入ると封建制は次第に崩壊したが，中世以来の身分制的特権は存続した。近代法は，ナポレオン法典などの法典編纂などを通じて一九世紀ごろ西洋諸国で顕著な発展を遂げるが，そもそもその成立は，土地に対する封建的な束縛や職能団体による個人の活動の拘束といった中世以来の身分制的紐帯を打破することにより可能となった。フランスでは市民革命とそれに続く法典編纂を通じて身分制社会が解体され，ドイツでは一九世紀に私法学者の手により近代法の形成が進められた。このように国により異なる過程を経て，個人の自由な活動による社会経済的秩序を支えるものとしての近代法システムが形成されてきたのである。

わが国では明治以降，西洋の近代法システムを継受することにより，外形的に近代化が進められた．だが，自立した諸個人から成り立つ近代市民社会の成立を見なかったわが国においては，「欧化政策」に対する国民意識の抵抗も大きく，そもそも法の近代化には著しい限界があった．天皇主権を基礎とした立憲君主制や封建的な地主制・家族制度などが維持されたことにより，近代化の進行は完全な形では進まず，人々の中に近代的な権利意識が芽生えるのが妨げられた．むしろ，奈良時代の昔から日本の法システムを強く性格づけてきた律令制や，武家社会成立以降の社会の基本原理の一つとも言える儒教的徳治主義が，法そのものの存在形態や法や権利に関する人々の意識のあり方などにその影響を色濃く残し続けたのであった．

　第二次世界大戦後に旧来の制度が廃止されたことにより，近代法システムが日本社会で確立する条件が一応は整ったが，それに相応した法意識・権利意識が定着するのにはまだ相当の期間を必要とした．むしろ——この点については論議の余地があるであろうが——，日本社会には今でもまだ近代的な法意識・権利意識が定着していないと言った方が適切であるかもしれない．いずれにせよそうした事情があって，後にふれるように，法システムの整備状況に比して日本人には法意識が欠けているとか，権利意識が希薄であるとかいう主張がなされることになったわけである．

### （2）現代法の展開と日本の法システム

　以上に見たように，近代法システムの中枢的位置を占めたのは，自由・平等な取引主体たる私人間の水平的関係を規律する私法システムであった．一方，市民と国家の間の垂直的関係については，市場機構が順調に機能するには一切の権力的介入の排除が必要であった．そのため，国家は，中世において果し得た社会に対する後見的・警察国家的役割をすべて剝奪され，市民社会の円滑な作動を妨げる例外的な事態に対処すれば十分だと考えられた．こうしたいわゆる夜警国家観のもとでは，市民と国家の関係を規律する法体系は，国家からの自由を保障するものとして，私法体系とは截然と区別されて観念された．これがいわゆる公法と私法の二元論である．

　ところが，市場機構において競争が有効に作動する枠組みを用意することを

目指したこの近代法システムは，とくに今世紀初頭以降，市場機構が期待通りに作動しなかったり，あるいはその作動の仕方や作動した結果が著しく正義に反するという事態に直面し，自らの修正を迫られることになった．まず第1に，一部の独占企業による市場の独占ないし寡占という状況が生まれることにより，顧客獲得をめぐる企業間競争やそれを通じての商品の適正な価格・受給量の決定が妨げられた．第2に，自由市場が前提にしていた法的人格の平等が現実ではないことが明らかとなり，使用者に対する労働者，企業に対する消費者のように，社会的・経済的弱者の地位に甘んじざるをえない当事者が存在し，それが正義に反した事態を生むことになった．

そのため，現代国家は，市場における自由競争を妨げる要因を除去するとともに，自由競争が生み出す著しい不正義を正すために，市民の社会経済秩序形成に積極的に介入することになった．それとともに，労使間の現実の対等性を支える労働法，市場機構の正常な作動を国家の積極的介入により支援する経済法，自由競争が生んだ社会経済的弱者を保護する（狭義の）社会法といった新しい法領域が生まれ，それらによって近代法体系は大きな修正を受けることになった．これは，近代法原理が立脚した形式的平等（機会の平等）の原理を，実質的平等（結果の平等）の原理により是正するものであった．公法体系においても，古典的自由権と併せて，生存権・社会権の重要性が説かれるようになり，ドイツのワイマール憲法や日本国憲法のように，それが実定憲法に組み込まれるに至った例も少なくない．

第二次世界大戦後には，とくに1960年代初頭までのいわゆる「戦後コンセンサス」に支えられた高度経済成長期において，国家の担う任務が著しく増大し，それが法システムのこうした「現代化」にさらに拍車をかけることになった．法システムの定着度とか法や権利に関する人々の意識については独自性が見られるものの，日本においても事情は同じであり，国家による社会・経済生活への介入はその度合いをますます高めた．パイが拡大する一方であった高度成長期には気付かれにくかった様々な問題点が，成長神話が崩れた60年代半ば以降に次々と露見した．70年代以降に「新保守主義的」傾向が強まる中で，国家による法的規制あるいは法的保護の過剰が問題視されるようになった．

それにもかかわらず，ルーフが指摘するように[16]，福祉国家化・現代国家化に伴う法的規制の増大および質的転換という意味での「法化」現象は止むことな

く進行し，我々に対して大きな問題を投げかけてきた．とりわけ市場のグローバル化が顕著となりつつある今日では，法による過度の保護的な事前規制・紛争予防によって社会の活性化が阻害されることがますます大きな問題とされつつある．日本経済が国際競争力を身に付けるために，経済に対する保護主義的な法的規制を緩和・撤廃することが必要であるとの指摘も跡を絶たない．また，自立した主体間での合意に基づく紛争解決が多元的かつ効率的に行われるよう，いわゆる事後救済型の公正な紛争処理システムの構築が財界をはじめ各方面から強く求められるようになっているのも，最近の動向としてとみに目に付くところである[17]．

では，こうした状況の中で日本社会における法の在り方はどのようなものでなくてはならないのか．川島が指摘するような，「国家法および裁判制度と，現実に作用している社会的行動とのあいだには，おおはばな断絶があった」[18] という過去の日本の法状況に完全に訣別するためには，法は社会において実効的なものであることが必要であろう．そこで，以下では，法は現実社会の中で実際に有意義な機能を果たしうるものでなければならないという問題関心に基づき，本章の主題である法の実効性について原理的な観点から検討を加え，今日の日本の法化社会における法の在り方を考える手がかりを求めたい．

## 1-4 法の実効性と妥当性

### （1）法の実効性

　法の「実効性 (efficiency, Wirksamkeit)」とは，法が社会においてその成員により現実に遵守され貫徹されているという事実的側面のことである．それは，社会生活における法の貫徹力を意味する事実レベルの問題であり，そのため広義における法の「妥当性 (validity, Güldigkeit)」と —— かりにその一側面ではあっても —— 同一のものではない．法の「妥当性」とは，人々が実際に法に従っているという事実があるかどうかにかかわらず，法が指図の名宛人を一定の行

為へと義務づけるものであるというその規範的性質を指す．その本質をどのように考えるかについては後に見るように諸説があるが，法の妥当性には法が実現しようとする価値や法体系内で付与される形式的な効力が関係すると考えられており，たんなる事実の問題に還元できない規範レベルでとらえられるのが通常である．

　ある規範が現実に遵守されている，あるいは人々を現実に義務づけているからといって，規範的にそうすべきだということにはならないし，逆に，現実に遵守・貫徹されていないからといって，そうすべきでないということにはならない．現実と規範，存在と当為の間には，明らかに次元の違いがある．法の実効性と妥当性との間にはそのような緊張関係が存在するのである．

　さて，問題とされる法領域によって異なるが，法の実効性は一般的に二つの側面を持つ．すなわち，法が人々の内面をどの程度義務づけているかという心理学的な側面と，法が実際にどの程度遵守されているかという社会学的な側面である．これらのうち前者の方がより根本的である．なぜなら，人々の内面に何らかの仕方で法が受け入れられることで，社会における法遵守も生まれてくるからである．この意味での法の実効性は，一般的に，法が強制力によって支えられているということとともに，その法が人々に承認されていることに依拠する．

　まず，法の実効性を支える強制力について見てみよう．典型的には，刑事事件では刑罰，民事事件では強制執行による威嚇が，法の実効性を保証していると考えられる．もちろん，道徳・習俗・宗教規範といった他の社会規範と較べた場合の法の標章が，そうした実力行使に裏打ちされた威嚇に求めること自体は誤りではない．しかし，このような強制的な要素が人々の法遵守に与える影響はそれほど大きくないことにも十分な注意を払う必要がある．たしかに，違法行為を犯す可能性の高い周辺的な人々についてであれば，強制的な要素の意義は大きいであろう．だが，社会のメンバーの大部分は，むしろ積極的に違法行為をしようとはしない人々である．全般的にすすんで法を遵守する大多数の人々を念頭に置くなら，ネガティブなサンクションによる威嚇にもっぱら法の標章を求めるのは一面的である．

　そのように考えるならば，法の実効性を支える要素としては，その名宛人たる人々の承認によるところが大きい．つまり，法の実効性は，その法がどの程

度に人々の同意に支えられているかに大きく影響されるのである．もっとも，ここで言う人々の承認は必ずしも積極的な承認であるとは限らない．むしろそれは，暗黙裡に了承しているという意味での消極的承認である場合が多いであろう．そもそも，人々に対して強制的に一定の行為を指図したり禁止したりするタイプの法は，法律全体の中でそれほど大きな割合を占めてはいない．とりわけ私法上の規定は，違法行為を抑圧するのではなく，むしろ自由な法主体間の自主的な法的関係の形成や相互の利害関係の調整を促進することを狙っているのである．強制的要素を基礎にして法の実効性を捉える見方は，その意味でもバランスに欠けると言えるであろう．

ただし，人々が —— 積極的にせよ，消極的にせよ —— 法を遵守ないし承認しているのはなぜなのかという問いが発せられるならば，この問いは事実的な遵守とか承認とかのレベルを越え出て，その根拠を探るという規範的な問いの世界，すなわち「妥当性」の問題領域に足を踏み入れることになるのである[19]．

## （2）法の妥当性

まず第1に，法の妥当性とは，それが現実に遵守されているか否かといった事実の問題とは無関係に，法規範がその性質としてもつ規範性そのものを指すという考え方がある．「法学的妥当論」と呼ばれるこの考え方は，下位の法規範の妥当性はより上位の法規範の妥当性に基礎づけられるとし，憲法を頂点とする階層的な法体系への帰属により，個々の法規範に対し妥当性が付与されると説く．つまり，個々の法規範の妥当性の根拠は，それが定立される際に基礎となったより上位の法規範が妥当しているという点にあるのである．言うまでもなく，オーストリアの法学者 H. ケルゼンの法段階説がこの見解の典型である．

近代法システムが整備されたことにより，我々の身の回りの法現象は，通常はこの法学的妥当論で説明できるものがほとんどである．だが，ケルゼン自身の理論が難点を抱えていたように，法体系全体が，あるいはその頂点に位置する憲法がなぜ妥当するのかという問いがポレーミッシュに問われるような状況に出くわすと，それに十分に答えられない点が重大な問題点である．また，この立場は，「悪法も法なり」と説くとされる法実証主義に与しやすく，悪法問題への対応において難点を抱えているということも従来から指摘されてきた通り

である[20]．

　そこで，第2に主張されるのが，法の妥当性をその実効性と同一視する立場であり，「事実的妥当論」と呼ばれるものである．これは，法規範の妥当性が経験的な諸事実の連関のうちに現れるとみる考え方であり，具体的には以下の二つの考え方に分かれる．一つは，規範が定める行動が社会成員により一般的に従われているという事実に妥当性の発現をみる見解で，「社会学的妥当論」と呼ばれる．もう一つは，「心理学的妥当論」と呼ばれる見解で，人々によって法が拘束的なものとして心理的に受け止められているという事実に法の妥当性があるとみる考え方である[21]．

　ただし，事実として規範が遵守・貫徹され，あるいは拘束的なものとして心理的に受け止められているとしても，そのことが直ちに，規範の名宛人がそうした法的義務を負う根拠があるということにはならない．したがって，そのような義務づけの根拠がさらに求められねばならない．社会学的妥当論について，そのような根拠としてまず挙げられるのが，社会の成員による規範遵守の慣行が一種の規範性を生むという説明である．「慣行説」と名づけ得るこの考えは，一種の「事実の規範力」を説くものであり，法についての真理の一面を衝いてはいるが，事実に抗って指図を与えるという法の規範性の重要な特性を過小評価している点で不適切である．

　もう一つの根拠として挙げられるのが，法を創設しそれを貫徹する者の実力である．しばしば「実力説」と呼ばれるこの見解は，Th. ホッブズ，J. ベンサム，J. オースティンの法命令説などが含意するところであり，強制的命令と結びつきやすく，それによって規範性が支えられるという法の一面を的確に捉えてはいる．だが，違法行為の摘発を効率的に行うことを国家目標とする法を描くのであるならともかく，日常生活の法のあり方から乖離した理解の仕方である．

　他方，心理学的妥当論に立つ場合に，法規範の妥当性の根拠として挙げられるのが，一定の法規範が社会成員に受け容れられ，何らかの意味での承認・合意に支えられているという心理学的事実である．法に対する人々の承認・合意を法の妥当性の根拠とみるこの考え方は承認説と呼ばれ，「事実の規範力」を重視する見解の一つとしてこれを支持する論者も多い．だが，注意しなければならないのは，ここで言われる承認や合意が単なる裸の心理的事実のレベルのも

のに止まらず，何らかの意味で理性的な承認や合意である場合がほとんどだということである．たとえば，強制的な抑圧の下で強いられた同意は正当とは認められず，たとえそれが人々の黙認であっても，人々の自発性と真摯な考慮に基づくものであることが求められることが多い．その意味でこれは，次の理念的もしくは哲学的妥当論につながる面をも含んでいる．

　そこで，三番目に挙げられるのが，ただたんに上位規範によって付与されるだけでなく，法が奉仕しようとする法以外の価値・理念によっても基礎づけられるものとして法の規範性を理解したうえで，法の妥当性をそうした意味における法の規範性と同一視する見解である．「哲学的妥当論」と呼ばれるこの考え方は，法が実現を目指す何らかの法外的な価値・理念に妥当性の根拠を求める．したがって，個々の法規範の妥当性の根拠はどこにあるかと問われるなら，それはその法規範自体もしくはそれを含む法体系全体が目指す価値・理念に存するということになるのである．このように，何らかの意味での哲学的妥当論にも依拠しなければならないという点は，ルーフ論文においても印象的に指摘されている通りである[22]．

　そのような法システム全体が目指す価値としては，まずは「法の一般性」，「公布」，「遡及法の濫用の禁止」などの形式的正義（「等しきものは等しく，等しからざるものは等しからざるように扱え」）に関係するものが挙げられよう[23]．これらの諸価値は法システムの内部において必ず実現されていなければならないとみるのは正当であろう．だが，そうした形式的正義の要請だけでは，たとえばナチスの非人道的な立法から法の資格を奪えないのではないかという疑念も提起されうるから，形式的正義以外の法外的な実質的な価値が，法システムの在り方を規定することをも認める必要があるだろう．

　もっとも，何をもって法システムの在り方を規定する実質的正義の規準とみるかについては様々な見解がありうるため，これこそが法システムの依拠すべき実質的正義原理であると断定することは難しい．そのため，むしろ近代以降の法の在り方については，これを道徳など法以外の社会規範から分化・自立したものとみた上で，環境から種々の社会的要求を受けつつ，自らの構造による制約の下で可能な範囲内でそれに応えようとする，環境に対して開いた動態的システムと捉える見方が，これからの法の在り方や守備範囲を見定める上で，有効な視座であると言えるであろう．

つまり，現代の法システムについては，これを規範的に閉じていると同時に環境に対して認知的に開いているシステムと見る見方が適切であろう．そのような視点に立つならば，道徳的価値や政治的見解を含めて法システムの外部の様々な要素は，それらが法システムの内部構造に適した形をとる場合に限り，法システムの内部へと引き入れられると考えられる．システムとその外部の間をつなぐそのような独自のチャネルを通じて，道徳的諸価値をはじめとする法システム外の要素の影響行使がコントロールされる．この意味で，法は環境から区別され独立してはいるものの，法独自の観点で道徳規範をはじめ，環境から突き付けられる諸要請に対し，自らの構造に可能な範囲内で対応をしようとするものなのである[24]．

## 1-5 法化社会における法の実効性

では最後に，以上のことをふまえて，日本社会もが直面している法化社会において，実効性ある法システムを可能にする条件について検討を加えておこう．

ここで「法化」というのは，社会に生じる諸問題のうち法的な規制・処理が必要だと認知されるものの範囲が著しく拡大する現象一般をいう．具体的には，国家任務の増大に伴う様々な社会生活領域に対する法規制の著しい増大・錯綜現象を意味することもあれば，人々の前近代的な意識が法的な原理・ルールを内面化することで近代的な法意識・権利意識へと高まってくる過程を指すこともある．もともとはドイツ語の Verrechtlichung または英語の legalization の翻訳語で，現代社会に特徴的な法現象のあり方を指すうえで，「非＝法化 Entrechtlichung, delegalization」という言葉とともに 1970 年代からさかんに用いられてきた言葉である．

だが，各国家の問題状況や各論者の問題関心により，その具体的意味内容にはかなりの差異が見られる．代表的な理解としては，(1)一定の社会的要求に対処する制度が法的形態をとり法的性質を強め，法的ルール・手続が増加し複雑化していく「法的制度化」の意味で法化を捉える理解，(2)法文化に焦点を合わせ，人々の意識や行動が法的な価値・原理・ルール・手続などを内面化して法

的になるという「法的社会化」の意味で法化を捉える見方，(3)社会の法的要求に焦点を合わせ，社会の内部の構造・関係の変動によって法システムに対する必要性・依存性が高まる「社会の法化」の傾向として法化を捉える見方，などがある[25]。

ドイツやオーストリアで議論の的となっている法化は(1)の意味に近く，福祉国家による社会介入の道具・手段と化した法の著しい増大およびその質的転換という現象を指している。法規制の複雑化・増大現象は，「法律の洪水」などと言われ先進諸国共通の問題となっており，法規制の有効性が疑問に晒されている。経済・教育・家庭などの社会生活領域への法による介入は，各々の自律的統御過程という限界を超えると，実効性を欠くか，社会生活領域に分裂的結果をもたらすか，規制立法自体の分裂的自体をもたらすかのいずれかの弊害を招くとされる[26]。

これに対して，最近になって日本において，たとえば司法制度改革との関連で言及されるようになってきた法化現象は，(2)の「法的社会化」ないし(3)の「社会の法化」を指している場合が多い。そこでは，これまで日本の法システムが念頭に置いていたような，国家が法を通じて紛争を未然に防ぐことを重視する事前規制型ではなく，私人の相互交渉による自発的な秩序形成と紛争の発生およびその自主的・主体的解決を重んじる事後救済社会への転換が念頭に置かれている。

今日では，社会の多元化・複雑化とともに，法の規制対象はますます錯綜している。N.ルーマンの図式に則るなら，社会は多数の分化独立した機能的部分システムからなっており，法システムもそのうちの一つにすぎない。各機能システムは，それぞれ独自の観点で，社会に生じる問題を定式化し，処理を施す。法システムも同様に作動する。法による問題解決は，法独自の視点からの問題解決であり，法の守備範囲は，本来は限られたものなのである[27]。法は万能ではない。私はドイツ人社会学者であるルーマンの見解に依拠して説明したが，これは基本的には日本の状況にもあてはまることである。

だが，法は，社会の基本構造としての役目を担うため，他の機能システムとのかかわりを避けることができない。むしろ，社会全体において法システムに期待される役割は，依然としてきわめて大きい。他の部分システム内で処理できなかった多くの問題が，法システムが取り組むべき課題として再定式される。

伝統的な経済や労働に関する問題だけでなく，産業，環境，都市，医療，情報などさまざまな分野における新たな問題が，それぞれの部分システム内で解決され得ず，法的な問題として法システムに突き付けられる．法化とはまさにこうした現象——とくに「法的制度化」の意味でのそれ——を指しているのである．

　そのようなとき，法システムは，本来的に別の論理で作動する他の機能システムに対して，どのように対応しなければならないのであろうか．ここに，法の実効性，あるいは効率性をめぐる現代的な問いが生じてくる．法の能力を高く評価する考えに依拠するなら，法的規制は実効的で効率的な規制手段であるということになるであろう．他の部分システム内で生じた問題を解決するために，立法や裁判を通じて法が介入していくことに，何の支障も生じないであろう．だが，事態の展開はそうなっていない．法的規制の単純な増大は，必ずしもよい結果をもたらしているとは言えない．むしろ，規制過多の弊害が生じ，法規制の縮小が求められているのが現状なのである．

　法が社会介入のための実効的で効率的な手段であるためには，法は介入の対象である他の部分システムの自律性を損ねることがあってはならないであろう．法は，他の部分システム内の行為を直接に統制するよりは，それぞれの部分システム内での自主的な問題処理が可能となるよう，そのための条件整備をすることに自らの役目を限定すべきであろう．日本の法律用語には同様に「きせい」と読む二つの言葉がある．一つの「きせい（＝規制）」は，単に制限を課すことを意味し，もう一つの「きせい（＝規整）」は，法的な秩序を形成することを意味する．これらのうち，今後の法の機能を考えていく場合に中心的な位置を占めるべきであるのは，後者の「規整」—— Koordination, cordination ——であると言うべきではなかろうか．そして，そのことまた，産業・労働との関連で言えば，たとえば中小企業によるベンチャービジネスといった今後期待される新たな産業形態や，著作権をはじめとする知的財産法の諸領域について，将来の法システムの在り方を考えていく上でも妥当すると言えよう．

　さらにはまた，このような見方は，「法的社会化」ないし「社会の法化」の意味での法化現象にどのように対応するかという，今日の日本社会が抱えている重要な問題に対しても有効な視座を提供するであろう．国家主導の保護的・予防的な事前規制型の社会から，一般私人の主体性・能動性を基礎とする事後救

済型の社会への移行が不可逆的に進むとすれば，法的規制の対象である社会領域の自生的な秩序形成を封じ込めるおそれのある介入方法を回避ことが求められよう．そしてその場合，各社会領域ないし部分システムの内部での問題処理を可能にする条件・基盤の整備という「規整的」法のこのような任務規定のあり方は，私人相互の関係を基礎に法システムの在り方を再構成していく上で不可欠の視点を提示するであろう．

　国により，あるいは法領域によって状況はさまざまであるから，法化の問題性を一言で言い表すのは難しい．ただ，社会の変化に合わせて法秩序を形成していくという意味での「規整」が，実効的な法秩序の役目であるとするなら，そこにおいて最低限確保されねばならないのは，公正という価値ではないだろうか．公正という価値は，個人の尊重というより根源的な価値に根差すものである．実効的な法の課題は，それぞれの部分システムに合わせて公正な法秩序を形成し，それを通じて各部分システムの自立的な問題処理を可能にしていくことにあると言えるであろう．そしてそのことはまた，法の実効性がその妥当根拠として一定の価値理念を有していることの表れであるとも言いうるのである．

第1章　註

1) 日本人の法意識については，日本法社会学会編『法意識の研究/法社会学35号』(1983年，有斐閣)，同『続法意識の研究/法社会学36号』(1984年，有斐閣)，同『法意識の現状をめぐって/法社会学37号』(1985年，有斐閣)に掲載されている諸論考の他，小島武司＝C.アティアス＝山口龍之『隣人訴訟の研究』(1989年，日本評論社)およびその巻末に挙げられている諸文献，さらには田中成明『現代日本法の構図〔増補版〕』(1992年（初版は1987年），悠々社)第1章・第2章を参照のこと．

2) 六本佳平『法社会学』(1986年，有斐閣) 189-231頁．また，日本の法文化の特徴や法使用状況に見られる傾向に関しては，六本佳平『日本の法システム』(2000年，放送大学教育振興会)第2章(19-42頁)，第15章(379-399頁)も参照．

3) 六本前掲書（脚注2）200-206頁．

4) 川島武宜『日本人の法意識』(1967年，岩波新書)．

5) 川島武宜『日本人の法意識』(前掲注4)第2章参照．

6) 川島武宜『日本人の法意識』(前掲注4) 202-203頁．

7) 田中成明「日本人の法意識とその研究の現状について」(日本法社会学会編『法意識の現状をめぐって/法社会学37号』(前掲注1)所収) 33-34頁．また，田中成明『現代日本法の構図〔増補版〕』(前掲注1) 53-60頁も参照．

8）もっとも，こうした見方を一面的に強調するのは不適切だという主張もある．
9）川島武宜「現代社会における紛争解決」(A. T. ヴォン・メーレン編（日米法学会訳）『日本の法 ── 変動する社会における法秩序 ──（上）』，1965年，東京大学出版会．
10）片岡昇「労働者の権利意識」（日本法社会学会編『法意識の研究/法社会学35号』（前掲注1）所収）67-69頁．
11）たとえば朝日新聞1999年5月1日社説「サービス残業の削減を」参照．
12）G. ルーフ論文でも表明されているように，オーストリアでも法化の問題は深刻である．それは，社会国家・福祉国家の抱える現代的問題を論じる際の議論の重要な背景をなしていた．Vgl. Gerhard Luf, Herausforderungen des Rechts angesichts der Krisenphänomene des niderbeb Sizial-und Wohlfahrtsstaates, in: Theodor Tomandl (hrsg.), Japanisches und Österreichisches Arbeits- und Sozialrecht im Strukturwandel, 1999, Wilhelm Braumüller（邦訳/ゲルハルト・ルーフ（服部高宏訳）「現代社会国家・福祉国家の危機的現象を前にしての法の課題」（田中成明（研究代表）『高齢化社会における法的正義に関する基礎理論的研究』（平成9年度教育改善推進費（学長裁量経費）報告書），1998年，所収）．
13）たとえば，ジョン・O・ヘイリー（加藤新太郎訳）「裁判嫌いの神話（上）（下）」（判例時報902号14頁以下，907号13頁以下，1978，1979年）にはそのような主張が散見される．
14）そうした動向との関連で，人と人との関係性を重視した法理論が台頭していることが注目されるが，難しいのは，こうした動向が日本的な和を重んじる道徳とどのような関係があるとみるかである．関係性重視の法理論としては，その内容は多様であるが，ここではその代表的なものとして，棚瀬孝雄「不法行為責任の道徳的基礎」（棚瀬孝雄編『現代の不法行為法 ── 法の理念と生活世界』（有斐閣，1994年）所収），内田貴『契約の再生』（弘文堂，1990年），高井裕之「憲法における人間像の予備的一考察 ── アメリカにおけるfeminine jurisprudenceを手がかりに ──(1)～(4)」（産大法学23巻4号，24巻3・4号，25巻3・4号，26巻3・4号，1990～1993年），樋口範雄「よきサマリア人法（日本版）の検討」他を掲載するジュリスト1158号(1999年)「特集救命手当の促進と法」など参照．私自身も看護倫理をテーマに，法システムの限界という観点からこの問題にふれたことがある．拙稿「法システムと『思い遣りの倫理』── 看護倫理をめぐる議論を手がかりに ──」（三島淑臣＝稲垣良典＝初宿正典編『人間の尊厳と現代法理論/ホセ・ヨンパルト教授古稀祝賀論文集』（成文堂，2000年)所収）．
15）近代法から現代法への展開，さらには今日的な法化現象の抱える問題性については，さしあたり，拙稿「現代法をどのようにとらえるか」（田中成明編『現代理論法学入門』(1993年，法律文化社))参照．
16）ゲルハルト・ルーフ（服部高宏訳）「現代法治国家・社会国家の特殊な条件下における法の実効性に関する考察」（本書第3章）参照．
17）過去に何度も大きな課題として議論の俎上に上げられながら実際にはほとんど動き出すことのなかった司法改革が，今日，日本社会を大きく変えることにつながるであろう大改革として現実的に検討されるに至っているということが，グローバル化をはじめとする社会の大きなうねりに，これまでの日本式の法システムがもはや十分に対応できなくなっていることを如実に物語っている．
18）川島武宜「現代日本における紛争解決」（前掲注9）65頁．
19）法の妥当根拠については，西野基継「法の妥当根拠」（大橋智之輔＝三島淑臣＝田中成明

編『法哲学綱要』(1990 年，青林書院))等参照．
20) もちろん，法実証主義的な立場に立って，「これもたしかに法だ．だが，道徳的にあまりに邪悪であるので，我々は従わない」と考える方が，悪法問題に対して有効な対処方法であると考えるハートのような見解もある．
21) A. ヘーガーシュトレームや K. オリヴェクローナなど北欧リアリズム法学に属する法学者に，このような見方を唱える者が多い．
22) ゲルハルト・ルーフ「現代法治国家・社会国家の特殊な条件下における法の実効性に関する考察」(前掲註 16) 参照．
23) この見解を代表するのが L. L. フラーである．彼は，「合法性 (legality)」という一連の手続的要請を法システムの存立と作動にかかわる内在的な構成・運用原理として提示し，これを「法の内面道徳」と呼ぶ．フラーが提示する合法性の基本的要請は，①法の一般性，②公布，③遡及法の濫用の禁止，④法律の明晰性，⑤法律の無矛盾性，⑥法律の服従可能性，⑦法の相対的恒常性，⑧公権力の行動と法律の合致の 8 つである．これらの要請の一つでも満たさない法は，法としての資格を付与されず，法としての妥当性も有しないとされる (L. L. フラー『法と道徳』(稲垣良典訳，1968 年) 第 2 章参照)．
24) この関連で注目されるのは，法と道徳の分離を依然として維持しながら，法システムが道徳をはじめとする法外的な諸価値から事実上の影響を受けることを認めようという H. L. A. ハートらの見解である．こうした見方は，実定法システムの規範的な自立性を前提としている点で，今日の法システムの捉え方としては適切であろう．だが，法以外の価値へのかかわりを事実の問題として捉え，これを規範的なコントロールの対象外のものと位置づけている点は不適切だと言えよう．
25) 法化現象の分類に関しては，六本佳平『法社会学』(前出注 2 ) 248-254 頁以下参照．
26) 法化に関しては，G. トイプナー (樫沢秀木訳)「法化──概念，特徴，限界，回避策」(九大法学 59 号，1989 年) 235-292 頁，樫沢秀木「介入主義法の限界とその手続化」(『法の理論』10 号，1990 年) 117-179 頁等参照．なお，こうした法化の進行に対し，N. ルーマン流の社会システム論は各部分システムのシステム統合の観点から，また J. ハーバーマス流の批判的社会理論は理性的なコミュニケーション過程の維持の観点からそれぞれ異議を唱え，基本的に「非＝法化」を支持する．「非＝法化」の主張は，規制緩和の推進や裁判外紛争処理方式の推奨を伴う傾向が見られ，近代法の形式的性質を弱めてそれを実質化もしくは手続化するよう説く論者が多い．ただ，それは，法形態の多様化が進む中でより特定化された法的特質に焦点を合わせるもので，わが国でしばしば主張される，「法的なるもの」自体を拒否する「反＝法化」とは一線を画する．法化に関するルーマンやハーバーマスの見解については，拙稿「システム理論と法・法的思考──『法の射程』研究序説──(1)」(国学院法学 29 巻 1 号，1991 年) 7-12 頁．
27) ルーマンの法システム論についての私の理解は，拙稿「法が法であること── N. ルーマンのみる法教義学と法解釈学」(『生と死の法理／法哲学年報 1993』(1994 年，有斐閣) 所収)．

# 第2章　日本人の法観念
その過去，現在，そして将来

田中成明

## 2-1 はじめに

　本書第1章の服部論文は，日本人の法の理解の仕方が，法システムの機能，その実効性の在り方を規定する重要な要因であるという認識に基づいて，日本人の法意識の独自性を説明し，その上で，法化社会における法の実効性の確保については，「規制 (regulation)」よりも「規整 (coordination)」を重視し，法の役割を社会の部分システム内部の自主的調整の条件整備に限定すべきであるという見解を示している．本章では，服部の見解に基本的に賛成する立場から，若干の補足的なコメントをした上で，その一般的な背景の説明を行いたい．

　服部は，日本人の伝統的な法意識・紛争解決方式について，各人の利害の衝突を公的なルールに準拠して自主的に調整・相互承認する方式をとってこなかったという特徴を指摘した．このような特徴は，西欧の法学者には，やや図式的ではあるが，次のように説明すれば理解されやすいのではなかろうか．日本人の伝統的な法意識は，中国の律令法制，つまり，刑法・行政法中心の法制度の強い影響のもとで形成されたが，そこにおける法は，西欧近世法史におけ

る司法事項 (Justizsache) とポリツアイ事項 (Polizeisache) の区別との類比で言うと，基本的にポリツアイ事項を中心に観念され，西欧の司法事項中心の法の観念とは全く逆であった．そのため，私法上の権利義務関係は充分に発達せず，私人間の利害調整は，社会内部で公権力を煩わせずに自主的に処理すべきだとされていた．

　日本人の法意識のこのような伝統的特徴は，西欧の法システムを継受して法の近代化がはかられるようになった後も残り，最近の法化社会への対応においても，裁判外のインフォーマルな紛争処理方式，とくに行政的な方式が重視される背景となっている．しかし，このような裁判回避傾向，インフォーマルな紛争処理傾向が，現在まで根強く残っていることについては，明治以降の政府が，伝統的な法意識を残存させるために，法律家の数を増やさず，裁判を時間と費用がかかるものとして，弁護士や裁判所を一般の人々が利用しにくい状況のままにしてきたという，法の実効的な利用・実現を妨げる政策的意図や制度的欠陥も重要である．つまり，一般の人々が弁護士や裁判所を気軽に利用できる制度が整備されておれば，伝統的な法意識は，もっと早く変化した可能性もあったことに注意する必要がある．服部が言うように，自立的な自我を確立して法システムの実効的な利用・実現を促進するためには，法律家を量・質ともに拡充強化し，裁判所や法律家を国民に身近で利用しやすいものとするように，司法制度の抜本的な改革を行うことが不可欠である．ようやく1999年7月に，内閣のもとに「司法制度改革審議会」が設置され，本格的な検討が開始されるようになった．

　日本が，このように司法制度改革審議会を設け，法の実効性の確保のための条件整備に本格的に取り組まなけれはならなくなったのは，社会の高度複雑化や国際化に対応して，社会内部のインフォーマルな紛争処理手続が実効的でなくなり，紛争処理にあたって"内の論理・外の論理"の使い分けができなくなり，社会の法化に否応なしに司法システムが対応しなければならなくなったからである．しかし，このような対応の在り方を考えるにあたっては，服部も指摘したように，法への期待は高まるけれども，その実効性の確保はますます難しくなってきているという背景的状況を無視できない．

　この問題を考える場合でも，日本人の法の観念が一つのネックとなっている．わが国では，法というものは，非常に固定的で厳格なものと考えられ，いった

ん制定されると，なかなか改正されない．しかも，"お上の掟"という，トップ・ダウン方式の権威主義的規制と考えられ，何らかの問題処理のために法律を制定すること自体に抵抗が強く，また，制定されても，伝家の宝刀として，現実にはあまり使われない．そして，現実の問題処理は，行政指導や裁判外処理などのインフォーマルな形で行われ，法は象徴的な機能を果たすが，それは建て前にとどまっている場合が少なくない．

例えば，日本では，現在，ヒトのクローン作成や生殖医療などをめぐる生命倫理に関する規制をどのような仕方で行うかが論議されているが，しばしば，研究者や医者が法的規制に強く反対し，ガイドラインで充分だと主張し，法的規制の必要を説く法律家と意見が対立するという構図が見られる．その一因は，法律家以外の人々の間では，法というものは，服部の用語と関連づけるならば，「規制」にのみ関わり，「規整」は，法の機能ではなく，行政機関や関連組織のガイドラインでやればよいという見方がされていることによるようである．しかし，このような法の見方が一般的である限り，服部が提唱するように，自分たちで自主的に問題処理・利害調整をするために法の規整機能を活用するという用い方が広まるのはなかなか難しいように思われ，法を敬して遠ざける法文化の影響が根強いことが痛感される．法律家の側でも，司法制度を整備するだけでなく，法の用い方についてよほど努力し工夫しないと，一般の人々の法イメージは変わらないように思われる．

けれども，誤解を招かないように，こういった傾向がみられるからと言って，必ずしも日本社会では法の実効性が弱いというわけではなく，概して法律はきちんと適用され，よく遵守されているということを指摘しておきたい．服部が指摘したように，近代的な法意識の浸透が充分でなかったために，法の運用や遵守の仕方自体に，プリ・モダンとポスト・モダンが入り交じった複雑な特徴がみられるところに問題があるのではないかと考えられる．

## 2-2　日本と西欧の法観念の比較のためのモデル

以上のような服部論文に対するコメントの一般的な背景を説明するために，

以下においては，日本人の法観念の伝統的特徴，その変遷過程，現況と展望について，もう少し系統的な概観を試みてみよう．

　西欧における法の見方と日本における法の法の見方の間には，Th. トーマンドルが提示したような根本的な相違が存在したこと，つまり，法の主な機能が，西欧では紛争解決，日本では紛争回避だとされ，その結果，権利や裁判の見方にも重要な相違がみられ，日本が19世紀後半から西欧法を継受して近代化のプロセスをたどり始めた後も，そのような相違が，比較的最近まで残っていたことは，一般的に承認されていると言ってよいであろう．

　このような日本における法の見方の特徴を象徴的に示す例として，日本の最高裁判所の大法廷の壁に，1974年まで，聖徳太子の絵が掲げられていたことがよくあげられる．聖徳太子は，604年に制定された日本最初の憲法であり，「和を以て尊しとなし，忤ふること無きを宗とせよ」という有名な規定を第1条に含んでいる「十七条の憲法」の制定者である．最高裁の大法廷に聖徳太子の絵が掲げられていたことに，戦後日本を訪れその絵の趣旨を聴いた西欧の法学者のなかには奇異の感を抱いた者もいたが，日本人の一般的な反応は必ずしもそうではなかったようである．しかし，1970年代に日本社会の法化が本格化し，公害紛争をはじめ，重要な紛争の被害救済における裁判所の役割が注目され始めた時期に，最高裁が新庁舎へ移転するとともに，大法廷から聖徳太子の絵が消えたことは，偶然とはいえ，日本社会における法の役割変化を象徴するものとみることができるかもしれない．

　ところで，西欧と日本では法の見方に根本的な相違が存在したことが一般的に承認されているとはいえ，そのような伝統的な相違の背景・原因を何に求めるか，現在でもそのような相違が存在するかどうか，将来どのような方向に進むべきかについては，かなり重要な見解の対立がみられる．ここでは，日本の法システムの歴史や現状について詳しい説明はできず，大雑把なスケッチしかできないが，法・権利・裁判の基本的な見方に焦点を合わせ，日本法の伝統的特質がどのような点にみられ，それが法の近代化過程でどのように変化し，とくに最近はどのような傾向を示しているか，さらにどのような方向に進むべきかについて，主として法哲学的な観点から概観してみたい．

　単純化のために，やや図式的ではあるが，トーマンドルの提案にそって，社会と法の見方について，「紛争モデル (conflict model)」と「秩序モデル (order model)」という，社会学で一時よく用いられた対比的モデルによって説明を進めることにしたい[1]．

まず，この対比的モデルについてごく簡単に説明しておこう．紛争モデルによれば，多様な意見と利害関心をもつ人びとが共同生活を営む社会においては，対立や紛争があるのは当然とされ，対立や紛争を健全な生理現象とみて，利害や意見の対立を相互に認め合ってオープンに利害調整や紛争解決をはかることが，社会の秩序や安全の維持だけでなく，社会の平和的変動にとってもプラスになると了解されている．そして，法の機能としても，利害調整や紛争解決が円滑に行われるためのルールと手続を整備することが重視され，民事法や民事裁判が法システムの作動において中心的な位置を占めることになる．それに対して，秩序モデルによれば，社会全体の秩序・平和やその成員間の合意が強調され，対立の表面化や紛争の発生は，異常な病理現象とみられ，極力回避すべきものとされる．そして，法の社会的機能としても，紛争自体の防止あるいは抑圧，紛争を引き起こす逸脱者の処罰などによって社会の秩序を維持するという，国家の強制権力による社会統制機能が重視される．その結果として，公法・刑事法や刑事裁判が法システムの作動において中心的な位置を占めることになる．

このような対比的モデルでは，近代西欧法は，一括して基本的に紛争モデルで説明できるとみられていることが多いが，法学的観点からは，裁判所中心の英米法システムと行政機関優位の大陸法システムとの間にはかなりの相違もあり，概して大陸法システムのほうが権威主義的傾向を示し，秩序モデルの要素をかなり含んでいると理解されている．日本の伝統的法システムは，明らかに秩序モデルで説明でき，西欧法を継受し始めた明治以降も，この特質は根強く残り，ごく最近になって，都市化・国際化に伴って法化が進み，紛争モデルの特質もみられるようになったけれども，しかし，かなり複雑な緊張関係あるいは混合傾向を示しており，西欧型の紛争モデルが近い将来支配的になるとは思われない．むしろ，今後は，希望的観測かもしれないが，秩序モデルと紛争モデルを止揚した独自の「調整モデル（coordination model）」[2]とでも呼ぶべき方向に進むのではないかと予測される．

日本法のこのような特質は，最近の西欧との通商摩擦問題などとの関連で，日本の異質性を強調してその改革を迫る修正主義者（revisionist）によって批判

されている．しかし，現在では，日本法と西欧法との間に原理的相違はなく，機能の程度差がみられるにすぎないという意見もあり，さらに，日本の法システムや日本人の法行動は決して非合理的ではなく，それなりに合理的な側面もあり，むしろ西欧がそれを学ぶべきだという意見もある．日本法の現状分析とその行方の予測は，日本の法学者にとっても難しい課題であり，この種のシンポジウムにおける比較研究を通して対話し意見を交換し合うことが不可欠である．

　以下においては，このシンポジウムでの討議のための一般的背景の説明と基本的争点の提示を試みたい．

## 2-3　日本の伝統的な法の見方

　日本の伝統的な法システム・法観念の基本構造は，7世紀後半から8世紀前半にかけて中国の律令法制の継受によって形成されたものである．西欧の比較法学者は，日本の西欧法継受による近代化，中国の毛沢東主義による社会主義法化によって，現在では，かなり異なったものとなっていることに留意しつつも，日本法と中国法を極東法として一括して論じていることが多い．

　律令法制は，ほとんど刑事・行政に関する規制からなる法システムであり，儒教的徳治主義の補助手段であったとみられている．儒教的徳治主義によれば，為政者は，法によってではなく，有徳な行為や道徳的手本を示すことによって人々を統治すべきであり，法は野蛮な愚民に正しい行動規準を示したりそれに違反する者に制裁を加えたりするために，必要悪として用いられるにすぎないとされていた．それ故，法は，正義などの普遍的原理とは無関係であり，権力をコントロールしたり人々の権利を守ったりする手段ではなく，もっぱら為政者の側の秩序維持・統治・教化の道具とみられていた．一般の人々にとっても，法は"お上の掟"にすぎず，敬して遠ざけ，法的な事柄に関わりなく生活することが理想とされていた．

　律令法制においては，多くの法律は刑事・行政に関する規制であり，裁判も行政機構と未分離で，基本的に刑事裁判であり，民事上の紛争処理は，裁判外

の様々なインフォーマルな調停手続によって，各共同体内部で自主的に「礼」や慣習などに準拠して平和的な話し合いで解決されるべきだとされていた．それ故，国家の裁判所に訴えて社会の平和をみだし仲間を悪人にしようとする者は，中庸や謙譲という儒教的徳を欠いた粗野な者だとみなされ，民事裁判では，原告も刑事被告人と同じ扱いをされ，人々の権利実現の場には程遠く，秩序維持機構の一環としかみられていなかった．

　日本の伝統的な法システム・法観念が，基本的にこのような儒教的徳治主義の影響を受けて形成されたものであることは確かである．だが，日本社会に律令法制が受け入れられ，その後，長期間にわたって，その基本的特質が受け継がれてゆくにあたっては，聖徳太子の十七条の憲法で示された仏教的平和主義，仏教と神道に同時に帰依しても矛盾を感じない多神教的ないし無神教的な風土，比較的小規模で同質的な社会なども重要な役割を果たしたことに注意しなければならない．また，西欧の法観念と比べて，存在（Sein）と当為（Sollen）との緊張関係が弱いことが，中国の伝統的法観念について指摘されているが，日本の場合にはそのような傾向が一層強いことも，これらの要因と関連していると思われる．キリスト教の一神教の圧倒的影響下にあった西欧との宗教的背景の相違が，法観念にも重要な相違をもたらしていることは，内外の論者によってつとに指摘されてきているところである．

　いずれにしろ，これらの要因が重なり合って，日本の伝統的社会においては，普遍主義的な権利観念は欠けており，私人相互間であれ，対公権力関係においてであれ，利害対立や紛争を，裁判という公的な場でフォーマルなルールと手続に基づいて権利義務の問題として議論し決着をつけることは極力回避し，できるだけ義理・人情・恩・恥などの観念に象徴される特殊主義的規準によってインフォーマルな妥協的解決をはかることをよしとする態度が支配的であった．特定の親密な人々の間のパーソナルな関係，共同体全体の利益や「和」，個々の状況での臨機応変なふるまいなどが重視され，他人の明示の要求がなくとも，相互に相手の利益や期待を暗黙のうちに了解し合って行動すべきだとされていた．そこでは，個々人の利益は共同体全体の利益に従属し，どこまでが正当な要求かは個別的状況によって左右され，不安定で流動的なものにとどまらざるをえなかった．それ故，このような社会においては，社会関係を予め一般的なルールによって明確な権利義務関係として規律すること自体が困難であった．

また，義理・人情などの絆による情緒的な関係が安定しており円滑に利害調整が行われている限り，権利義務観念によるインパーソナルな合理的利害調整は不必要であったとも言える．権利義務関係の明確化，権利主張，いわんや訴訟提起は，共同体全体の利益や「和」をおびやかし，パーソナルな友好関係をこわすものとみられ，様々の社会的圧力によって抑えられ，村八分などの社会的制裁を受けた．

　このように，法の役割を刑法・行政法による秩序維持・統治の道具に限定し，紛争を極力回避し，紛争処理は共同体内部でのインフォーマルな妥協的解決にゆだねるという特質は，中世を経て，近世の江戸時代まで受け継がれてゆく．日本のある比較法制史学者は，このような伝統的法観念の特質を，西欧絶対主義法制のもとでの王の法令によって規定される「ポリツアイ事項」と社会成員の権利に関する「司法事項」との区別と関連づけて，当時の西欧では，司法事項のみが法と理解されていたのとは逆に，日本では，ポリツアイ事項のみが法と理解されていたと説明している．これは，西欧では，中世以来の諸々の特権が絶対主義のもとでも既得権として残り，司法事項の対象となったのに対して，日本では，16世紀末以降の近世の統一国家形成過程で，幕府によって中世的特権がほとんど否定されてしまったことによるものとみられている[3]．

　日本でも，13世紀頃の中世武家法では，1232年に鎌倉幕府（北条泰時）が制定した「御成敗式目」のように，権力をも拘束する「道理」に基づく裁判規範という，普遍主義的法観念が芽生え，両当事者に攻撃・防御の機会を平等に与える当事者主義的民事裁判手続が幕府によってかなり整備され，武士の間で所領をめぐる訴訟が頻発した時期もあった．しかし，日本と西欧の封建制の相違，つまり，日本では，西欧とは逆に，私領が「安堵」される過程で幕府の高権的秩序に組み込まれ，次第に恩領化し，領主の権力の自立性が弱まったこと，幕府が，訴訟の増加に対処するために，理非（道理）を問わない和解手続（和与）を勧めるようになったこと，さらに，戦国時代になると，喧嘩をすべて禁止し，違反者には裁判による理非の判断を拒否して，同等の刑罰を科す「喧嘩両成敗法」が発達したことなどによって，裁判による権利紛争解決のための規準としての法という観念は，政治権力に従属した統治の道具としての法という伝統的観念に抑え込まれてしまった[4]．

　このような中世法から近世法への展開の過程をふまえて，日本の伝統的な法

観念,とくに権利意識の欠如ないし未成熟,インフォーマルな妥協的紛争解決の盛行などの特徴を,儒教・仏教などの思想的理由,「和」や協調を重視する国民性,同質的な社会などの文化的・社会的理由によって説明するのは不適切であり,むしろ,裁判手続の整備を怠り人々の権利主張の意欲を抑え込んだ為政者の政策という,政治的・制度的要因のほうが重視されるべきだという見解もある[5]。このような政治的・制度的要因は,その後,明治以降の法システムの近代化過程でより強くあらわれることになる.

## 2-4　日本における法の近代化

19世紀後半から,日本は,今度は,西欧の普遍主義的法システムをモデルに法の近代化をはかるようになるが,「脱亜入欧」をスローガンとしつつも,「和魂洋才」が唱えられ,政府は,日本の重要な伝統的諸要因の温存・補強をはかりつつ,西欧法を選択的に継受しようとした.

当初は,自然法・自然権思想の影響もあり,自由民権運動が一時盛り上がったが,私権よりも政治的権利に力点をおいた運動であったこともあり,法的権利意識の社会的浸透にはあまり寄与せず,国権強化の動きに飲み込まれてしまうことになる.結局,19世紀末以降は,当時の西欧では最も権威主義的性質が強かったドイツ・プロイセンの法システムをモデルに,憲法をはじめ法システム全体の大規模な整備が推進されることになる.しかし,このような法システムの急速な整備の主なねらいは,対外的に西欧との不平等条約を撤廃し,国内的に中央集権的な統治体制を強化することであった.そのため,フォーマルな制度としては,西欧のものとそれほど異ならないシステムが作られたけれども,その普遍主義的精神は,社会内部までは浸透せず,法を運用する官僚の側でも,それが向けられる一般の人々の側でも,伝統的な法観念が支配し続け,法システムの現実の機能の仕方は,西欧とは著しく異なっていた.

のみならず,西欧の法システム・法観念を継受するにあたっても,天皇制や家族制度など,日本の伝統的構造の核となる制度を保持・強化するための限定や修正が慎重に加えられ,政治・社会構造に権利義務観念が浸透しないように

する諸々の政策がとられた．そして，第一次世界大戦後，伝統的社会関係が揺らぎ始め，大正デモクラシーの高揚を背景に，人々の利益・権利主張が積極化してくると，政府は，借地借家紛争や小作紛争などについて，次々と裁判所での調停制度を導入して，従来の社会内部のインフォーマルな調停を臨時的な国家的手続として制度化する政策をとった．これらの調停手続は，借地借家調停のように，ドイツの同種の手続をも参考にして制度化されたものもあるが，全般的に，伝統的な義理規範・人情観念や「和の精神」に訴えて紛争を円満に解決するには，一刀両断的な裁判よりも，名望家の調停委員を加えた話し合いで合意によって解決する調停のほうが適していることが強調された．各種の調停手続導入法案に関する政府の提案理由からも，社会的対立の緩和や政治的・経済的混乱の回避のために，紛争自体の発生や権利主張を抑圧することがめざされていたことがうかがえる．

　第二次世界大戦後，日本の法システムは，アメリカ法の強い影響のもとに，憲法や家族法など，伝統的な政治・社会構造を支えていた法分野を中心に，政治社会の民主化をめざして抜本的に改革された．法の機能についても，上からの統治や秩序維持の道具とみるのではなく，個人の人権をはじめ権利を保護・実現するためのメカニズムとしてとらえる視点が重視されるようになり，このような視点から，重要な法制度が再編成されることになった．また，このような人権・権利保障の拡充と並んで，裁判所の権限も拡大・強化され，違憲審査権が認められただけでなく，従来の大陸法型の特別の行政裁判所は廃止され，行政事件も通常の司法裁判所で扱われるようになり，全般的に，行政に対する司法の優位 (judicial supremacy) という英米法型制度が確立された．しかし，従来の各種の臨時的調停手続は，整理統合されて，民事調停と家事調停の二本建ての恒久的手続として存続させられることになった．

　このような憲法・裁判制度の改革の意義・現状については，様々な見解が対立しているが，ここでは，このような制度改革が，人々の法観念・法行動に及ぼした影響を中心に概観しておきたい．このような根本的な制度改革を人々の意識・行動改革にまで及ぼそうとする各種の民主化運動が推し進められたけれども，現実に人々の法意識・法行動に顕著な変化がみられるようになったのは，1960年代後半以降の都市化・工業化の急激な進展に伴って，伝統的な社会関係の決定的な解体が本格化し始めた頃からだと一般にみられている．

1970年代はじめに，水俣病訴訟などの四大公害訴訟に典型的にみられたように，それまで企業の圧力で権利主張を抑えられていたり地方自治体などの斡旋で不十分な妥協的解決を強いられていたりした深刻な公害被害について，裁判所が相次いで原告勝訴判決を下したのをきっかけに，民事裁判が実効的な権利救済の場としてはじめて広く社会的期待を集めるようになり，公害に限らず，様々な紛争解決の手続として民事裁判が積極的に利用されるようになる．だが，いわゆる現代型訴訟や政策形成訴訟など，社会的に注目され，本来は政治・行政レベルで解決するに適した類型の訴訟は増えたけれども，訴訟事件数全体は，徐々に増えてはいるが，欧米に比べると依然として少なく，裁判が日常的な紛争解決手続として手軽に利用されるというには程遠い状況である．

　また，調停などの代替的紛争解決手続も，基本的に以前と同じように利用され続け，しかも，公害・消費者紛争などの新しいタイプの紛争の増加に対処するために，既存の民事調停手続が改革されただけでなく，各種の行政的紛争処理手続を創設するという政策がとられた．現在でも，一般の人々は，全般的に，法的紛争解決でも，日常的で少額なものについては，まず地方自治体の相談窓口を利用する傾向が強いようである．さらに，訴訟になったケースでも，判決によらず，裁判官が勧める訴訟上の和解で終わるものが，だいたい30パーセントという状態も変わらない．また，国や地方自治体相手の訴訟では，依然として原告敗訴が圧倒的に多いが，最近では，重要な政策形成訴訟においても，訴訟上の和解で終わるケースが増えていることが注目される．

　しかしながら，このような代替的紛争解決手続の正当化理由としては，日本人の国民性との合致といった伝統的理由のウェイトは低くなり，代わって，手軽に利用できること，手続がインフォーマルで融通がきくこと，簡易迅速な解決が可能なこと，弾力的で柔軟な救済・解決方法をとりうることなど，1970年代以降西欧でも有力化してきているADR (alternative dispute resolution) 運動や「非＝法化 (delegalization)」「非＝司法化 (dejudicialization)」傾向とも共通する理由のウェイトが高まってきている．また，民事裁判の機能として，判決による「全か無か (all-or-nothing)」的な強制的裁定だけを考えるのではなく，裁判所の内外での和解をも視野に入れて，裁判手続を弁論と交渉の場として融合的にとらえようとする傾向も強まっており，1998年の民事訴訟法改正も，基本的にそのような方向を促進するものとみられている[6]．

全般的に，訴訟上の和解や調停などの代替的紛争解決手続の評価については，最近20年ほどの間に，権利主張を抑える非＝法的な解決とみる，近代主義的リーガリズムの全面的否定論から，裁判の遅延や裁判へのアクセスの困難など，裁判の現実的欠陥を補うために有用とみる現実的消極的是認論へ，さらに，裁判制度が理想的に機能しても，なお独自の存在理由をもつとみる理論的積極的肯定論へと，徐々に論調が変わってきている．しかし，代替的紛争解決手続は，その性質上インフォーマルで多種多様であり，運用者・利用者次第で具体的な機能もかなり変わるため，総括的な評価がなかなか難しく，現状の評価についても，今後進むべき方向についても，日本の法学者の間でもかなり意見の対立がみられるのが実情である．

## 2-5　最近の法観念・法実務の動向

　判決による「全か無か」的な強制的裁定よりも当事者間の合意による紛争解決を重視するという，このような日本の最近の法観念・法実務には，特殊日本的な伝統的側面と普遍化可能な合理的側面との両契機が含まれており，その内部にいる日本の法学者には的確な自己理解が難しいところもある．それ故，ここでは，日本滞在経験の長い二人の外国人の外部からみた対照的な分析・評価を紹介し，それらを手がかりに現状の分析と展望を考えてみることにしたい．

　日本人の裁判回避行動の説明として西欧でもよく知られているのは，故川島武宜博士の近代主義的リーガリズムである．彼は，調停などの判決以外の紛争解決手続が利用されるのは，前近代的法意識によるものであり，訴訟利用を妨げ有害であると，もっぱら否定的に評価し，権利意識が近代化すれば，調停よりも訴訟が頻繁に利用されるであろうと予測していた[7]．川島博士のこのような見解は，1960年代までは，圧倒的な支持を得ていたが，その後の日本法の発展は，必ずしも彼の予測した通りには進んできておらず，彼の見解に対しては様々な観点から内外で批判が加えられている．

　にもかかわらず，オランダ人ジャーナリストのK. v. ウォルフレンは，『日本・権力構造の謎』[8]のなかで，日本の法観念・法実務を特殊とみて否定的に評価す

る川島博士の見解を基本的に受け継いだ論陣を張っている．ウォルフレンは，西欧の立憲主義や法の支配を普遍的とみて，日本の権力構造の異質性を強調し，その改革を迫る修正主義者の代表的論客である．彼は，日本では，官僚＝自民党＝産業界の三極構造を核とする，先端のないピラミッドのような「ザ・システム（THE SYSTEM）」が，公然と批判されないようにインフォーマルに権力を行使し，責任の所在がわからないことを痛烈に批判し，このような「ザ・システム」が存続し強化されたのは，法律が行政の道具に成り下がり，法律が憲法の規定通りにきちんと運用されず，司法が高度に「政治化」されてしまったからであると分析する．和解が広く用いられるのも，「和」の維持という文化的要因によるのではなく，裁判が公開の討論の場として利用され，論理的で公正な結論がでることによって，「ザ・システム」が崩壊しないように，政治的圧力があることによるものとみている．彼は，日本の集団主義，協調傾向，個人主義の欠如，法や司法の低い位置など，従来日本の文化・社会の特殊性とされてきたものは，ほとんど政治的にそういう状況が維持・強化されてきたからだとみている．そして，彼は，日本のこのような現状の改革には，法的な規制・手続過程の確立が必要であるが，たぶん日本はそうせずに，西欧と暫定的妥協をはかってやってゆくであろうから，西欧諸国は十分注意して日本とつきあわなければならないとみている．彼は，日本が本当に近代的な立憲国家になるためには，革命に近い権力の再編成が必要であると，非常に暗い見通しを示している．

以上のように，ウォルフレンは，ジャーナリスティックな政治的アプローチで，日本の法や司法が西欧的な公正・正義などの普遍的原理のもとになく，権力コントロールについても，紛争解決についても，西欧のように実効的に作動していないことを批判する．

それに対して，アメリカの法学者M.ラムザイヤーは，「法と経済学」アプローチによって，ホモ・エコノミクス仮説を法行動にも適用すれば，国際社会で不可解で特殊日本的とされる日本人の法行動も合理的であり，日本と西欧との違いは基本的に程度の差にすぎないことを強調する．彼は，『法と経済学・日本法の経済分析』[9]において，日本人の裁判回避行動に関して，日本独特の文化の影響とみる川島博士らの「文化説」，訴訟に時間や費用がかかることによるとする「制度説」をしりぞけて，日本では判決の期待値を両当事者がほぼ等しく評価

できることが多いからだとみる「予測可能性説」を提唱し，両当事者が裁判によって得る利益と裁判外での和解によって得る利益との比較を基本とするコスト・ベネフィット分析の手法でその妥当性を立証しようと試みる．そして，交通事故賠償に関する判決と裁判外での処理の実態とを比較して，裁判外での解決でもだいたい判決で得られる結果とそう変わらないから，裁判外でも合理的に紛争が解決されており，法制度も実効的に機能していると主張する．

　いずれの分析もかなり一面的であり，方法・結論ともに問題が多く，全面的には支持しがたい．けれども，国際化に対応した日本社会の法化の在り方をさぐるにあたって，彼らの挑発的な鋭い分析から学ぶべき事柄も少なくないと思われる．残念ながら，日本社会の法化は，つねに外発的要因によって推し進められてきたが，これまでは，M. ウェーバーのいう「ウチの倫理とソトの倫理」やK. レーヴィットのいう「二階建ての論理」の使い分けで何とかしのいできた．しかし，現在の国際化の波のなかで日本に向けられている法化への外圧は，もはやこのような従来の使い分けを許さないほど決定的であり，対外関係だけでなく，国内の公私様々の領域でも，基本的に同じような法化を迫られているように思われる．

　二人の外国人の対照的な分析・評価と関連づけて，日本法の現状についての私見を述べてみよう．まず，現在では，日本の裁判制度や日本人の法行動がすべて，ウォルフレンらの修正主義者が言うほどには，西欧と全く異質で相互理解が不可能な原理に基づいているとみるのは適切ではなかろう．けれども，逆に，ラムザイヤーの言うように，現在の日本の裁判制度が十分実効的で，法行動が合理的だとは到底言えないだろう．彼の言う「予測可能性説」が仮に経済学的観点からは正しいとしても，それだけでは文化説や制度説の反論としては不十分であり，そもそも交通事故賠償をめぐる紛争という，保険制度がよく整備された例外的事例から一般的な仮説を導き出したり検証するという手法自体に問題がある．

　やはり，全体としてみた場合，日本の裁判制度が，権力コントロール，権利救済，紛争解決のいずれについても，自由で公正な社会にふさわしい役割を果たしておらず，このままでは，日本社会の国際化に伴う法化に適切に対処できないことは，否定しがたいところであろう．

　そして，法システムや裁判制度が社会的に定着し国際化に適切に対処できる

ためには，法の見方自体について，ウォルフレンらのように，国家権力と関連づけて垂直関係を基軸にとらえる従来の見方から，むしろ，ラムザイヤーらのように，自主的な法利用活動という水平関係に重心を移し，法的領域のすそ野を拡げる見方へと転換する必要があると思われる．とくに国際関係では，個々の国家の権力や裁判と切り離された次元での相互交渉的な法的活動が中心的な位置を占めているから，法というものを，国家の強制的命令システムとしてではなく，自主的な交渉・議論のフォーラムととらえる見方が一段と必要になる．

　もっとも，このような法の見方の転換をはかるにあたって，ラムザイヤーのとる「法と経済学」アプローチは，法の機能を，国家の強制権力の行使と直接的に関連づけることなく，第一次的には関係者の自主的な合意形成に照準をあわせてとらえている限りでは，魅力的であるけれども，法の自立性を否定する経済還元主義的アプローチを支持することはできない．たしかに，国際関係でも国内関係でも，コスト・ベネフィット計算が交渉・議論の一つの共通基盤であり，法的にも無視できないことは言うまでもない．けれども，共通の基盤がこのような経済的なものだけというのは，いかにもさびしく貧相であり，日本式経済活動に対する国際的非難もこのことによるところが少なくないと思われる．やはり，権利や義務，自由や平等，ルールや責任などに関する基本的なコンセンサスを共通の基盤とした上で，それらの具体的内容を，それぞれの文化・地域の特性や経済的条件などを考慮しながら，公正な手続にのっとって交渉し議論して決めてゆくという"法の精神"へのコミットメントが不可欠であろう．普遍性と特殊性を法の賢慮 (iuris prudentia) によって統合してゆくことが求められている時代なのである．

## 2-6　むすび

　以上のように，日本の法システム・法観念は，最近20年間ほどの間に大きく変わりつつあり，西欧の法システム・法観念との根本的な相違をあまり強調すると，その現状や行方を的確にとらえそこなうおそれもある．とはいえ，最近の日本の法観念・法実務が，一方では伝統的法観念，他方では西欧的法観念と

どのような関係にあるかについての理解は，なかなか難しいのが実情である．

　私自身は，以上の両外国人の見解へのコメントで示唆したように，洋の東西を問わず，どこでも，これからの法の機能は，基本的に公正な手続のもとで共通のルールに準拠した議論・交渉によって自主的に行動調整を行うフォーラムという役割を中心に観念されるべきであると考えている．日本人の法観念が現実にこのような方向に転換してゆくかどうかについては，最近の日本の法観念・法実務をみた場合，いろいろ課題をかかえていることは否定しがたい．しかし，日本の法観念・法実務に，西欧的法観念の限界を補いそれを超えうる智慧が含まれているかもしれないこともまた内外の論者が認めるところである．それ故，日本法の将来について，ナイーブに楽観的にはなれないけれども，それほど悲観的になったり自虐的になったりする必要もなく，世界における多様な法文化の相互理解と創造的発展に応分の寄与をなしうる可能性も充分にありうるのではないかと考えられる．

　このような私の現状分析と見通しを，最初に示した社会と法の見方についての二つのモデルと関連づけて説明するならば，このような「議論・調整フォーラム」としての法観念という将来像こそ，最初に提示した「調整モデル」に対応する法の見方として私が理想的と考えているものにほかならない．すなわち，調整モデルは，一方では，秩序モデルから，秩序維持や紛争回避といった抑圧的な要素を除去し，協調と合意に基づく紛争解決の重視という要素を受け継ぐことになる．そして，他方では，紛争モデルから，紛争解決のためのルールや手続の整備の重要性，法的なルール形成や手続運用への一般の人々の参加の不可欠性などを受け継ぐことになる．だが，裁判による「全か無か」的な強制的解決については，最後の手段 (ultima ratio) として不可欠ではあるけれども，必ずしもつねに最も合理的な方法とか唯一の法的な解決とみるのは適切ではない．むしろ，法の主な役割は，できるだけ協調と合意に基づく自主的な利害調整・紛争解決を促進するためのインフラの整備とみるべきであり，法の機能をハードなものからソフトなものに拡げ，秩序モデルのメリットと融合させる方向に進めることによって，調整モデルへと転換されることが理想的な方向なのである．

　そして，西欧における最近の ADR 運動や「非＝法化」「非＝司法化」傾向など，リーガリズムからの軌道修正をめざす諸潮流，また，人々の「関係性

(relationality)」とか「思いやり (care) の倫理」などを重視して個人主義的リベラリズムの限界を克服しようとする諸思想の主張内容をみると，日本の伝統的な法観念のなかには再評価されて然るべき要素もあり，このような秩序モデルと紛争モデルとのいわば止揚をめざす法観念の可能性や意義については，一つの理想像としてかなりの支持を得ることができるのではないかと思われる．

しかし，法哲学的なビジョンをユートピアとして語るのではなく，日本法がこのような方向に進む条件をもっと現実主義的に検討する場合，まだまだいろいろな難しい課題を克服してゆかなければならないこともまた明白である．最後に，その主なものを要約的に指摘しておこう．

まず第1に，国内的には，裁判手続自体を時間的にも費用的にもリーズナブルなコストで手軽に利用できるように改善し，弁護士をはじめ法曹人口の増員と適正配置，貧弱な法律扶助制度の大幅な充実などによって，法的サーヴィスへのアクセスを拡充し，一般の人々にとって司法制度を身近で利用しやすいものにすることが不可欠である．このような権利実現のための物的・人的条件の整備を怠ってきたことが，中世以降，日本社会の法化を遅らせてあるいは歪めてきた重要な要因であることは否定できないであろう．ようやく1990年代に入って，法曹界全体にこのような認識に基づく司法改革の動きがみられるようになったが，その本格的な検討の開始は，むしろ経済界・政界など法曹界外部の提言に促されて，1999年7月に司法制度改革審議会が設置されるまで待たなければならなかった．この審議会が，わが国の司法制度がかかえている多くの懸案事項をどのように関連づけ，どのような優先順位で改革の方向を示すかが注目されているところである．

第2に，このような制度的・人的条件と並んで，一般の人々の側における法的その他の公権力機関に対する受動的で受益者的な姿勢の転換も不可欠である．日本人は，個人に限らず，会社などの団体も，概して公権力機関に対するパターナリズム的な依存・期待が強すぎ，このことが，西欧諸国から厳しく批判されている法的・行政的な規制・保護を必要以上に拡大してきたのである．また，私的な個人・団体が，責任ある自己決定を行い，公権力から相対的に独立した社会レベルで自主的な取引交渉によって法的その他の物事の処理を行うことに消極的であった一因でもあると思われる．全般的に，法的紛争解決・権利実現においても，裁判所よりも，国・地方自治体に依存しがちであり，法システム

全体の運用が，裁判所ではなく行政機関主導であることも，(もちろんこれは現代国家の一般的傾向ではあるが) このような一般の人々の姿勢と深く関連している．さらに，裁判においても，当事者だけでなく弁護士もまた，裁判官のパターナリズム的な職権主義的配慮に期待し過ぎる傾向も，問題である．先ほど説明したような法観念が，国際関係だけでなく，国内関係でも広く受け入れられるようになるためには，法を用い動かす姿勢をもっと相互主体的なものに転換することが必要であろう．

　第3に，国際関係・国内関係に共通して言えることであるが，協調や合意を重視すると言っても，その前提条件として，自他の相違性・意見や利害の違いを承認し尊重し合った上で，合理的な交渉・議論によって合意形成をはかるためには，情緒的な感情やコスト・ベネフィット計算に訴えて原理原則のない便宜的妥協をはかるという手法だけでは，もはややってゆけなくなっており，必要とあらば，正義・公正などの普遍的原理に訴えてしっかりと理由づけられ原理に基づいた思考・議論・決定をする能力の系統的な訓練が不可欠である．もちろん，これは，たんに法だけの問題ではなく，政治・経済，さらに文化・教育にも関わる問題であり，日本が国際社会で応分の役割を果たすようになるためには，どうしても越えなければならない壁ではないかと思われる．

　最後に，以上のような課題に関連して，日本の裁判の進むべき方向として，矢口洪一元最高裁長官が，「全か無か」的な裁定をよしとする西欧の裁判制度は一神教的な考え方を基礎にしており，日本人の多神教的あいまいさの心情と相容れないところがあり，日本の裁判は，今後は，裁判官のいわば行政的・裁量的処理を広く認める「非訟化」の方向に進むのではないかと，肯定的に予測していることに注意を喚起しておきたい[10]．このような見解をどのように評価するかはなかなか難しく，日本と西欧との法観念の比較につねにつきまとう一つの根本的なアポリアであろう．

---

第2章　註

1) このような対比的モデルを法の説明に用いる意義と問題点については，田中成明『法的空間』(東京大学出版会，1993年)，45-55頁参照．

2) このようなモデルについての詳細は，田中成明「法システムの"多元的調整フォーラム"への変容をめぐって」(奥島＝田中編『法学の根底にあるもの』有斐閣，1997年) 参照．

3）石井紫郎『日本人の国家生活』(東京大学出版会，1986年)，236-237頁参照．
4）詳しくは，前掲書参照．
5）大木雅夫『日本人の法観念』(東京大学出版会，1983年)など参照．
6）民事司法のこのような動向についての評価として，田中成明『現代社会と裁判』(弘文堂，1996年)第2章，第3章参照．
7）川島武宜『日本人の法意識』(岩波書店，1967年)など参照．
8）K. v. ウォルフレン，篠原勝訳『日本・権力構造の謎』(早川書房，1990年)．
9）M. ラムザイヤー『法と経済学・日本法の経済分析』(弘文堂，1989年)．
10）矢口洪一『最高裁判所とともに』(有斐閣，1993年)参照．

# 第3章　現代法治国家・社会国家における法の実効性

ゲルハルト・ルーフ
服部高宏訳

　現行法は，国家や社会においてそれが現に行われているという性質を規範プログラムに与えること，つまり自らが実効的なものとなることを，それ自身の概念に内在する要求として含んでいる．だが，この要求は，現代の社会国家・福祉国家が迎えた新たな法的展開の中で危機的な状況に陥っている．法の機能は，行為統制，紛争処理，生活条件の整備，決定・介入の根拠となる規範の定式化，社会支配の正統化や組織化といった意味のそれへと分化しつつある[1]．法は，これらすべての課題について実効性の不足という事態に直面しており，そのことが規範の要求とその実現との間に著しい乖離があることを我々に教えてくれる．このような事態を招いた理由にはさまざまなものがある．そのもっとも重要な理由の一つではないかと考えられているのは，現代において過度に多くの規範を生み出している法化という現象である．Th. トーマンドルが述べているように，人々は法を拒否することによってこの法化現象に対応している．すなわち，人々は「規範の洪水を」受け容れ「ることをせずに」，「自らの現実の行動を（法）以外の基準に」向けようとするのである[2]．このような見方によると，法の実効性は法規範の数に逆比例するとされる．トーマンドルによると，「量が増えるほど法の実効性は低下する」というのである[3]．

　とはいえ，現代の法化はきわめて複雑な現象であって，量的な次元だけをもつものではない．数多くの要素のうちここでは二つだけ挙げるなら，現代の福

祉国家が担う課題が増大したということと，現代科学技術の発展という課題に規範が対応しなければならなくなったことが挙げられよう。これら二つのことにより，現代の法化は，ますます数多くの生活領域において独特の根の深い構造をもち，強い介入を行うようになっている。現代の法の実効性の問題は，このような事態にも関係しているのである。したがって，先に述べたような諸現象を，法社会学の一分野である法の実効性に関する研究が提示するであろう諸々の知見と突き合わせてみるのが有益であるように思われる。もっとも，その際に目に付くのは，法の「実効性」というテーマについての一般的な研究が最近はほとんど行われてこなかった，つまりそれが研究上の明確な重点をなしてこなかったということである。この問題への幅広い取り組みが見られたのは，80年代においてであった。人々は今日，「法の受容」の問題[4]，法生産の「効率性」の問題，過度の「法の洪水」状況に直面しての「規制緩和」の可能性などといった，よりいっそう特殊な問題に取り組むようになっている。だが，こうした研究の枠内で何度も登場するのが法の実効性の問題である。したがって，実効性に関するこれまでの研究成果をこうした最近の問題設定の枠内で利用してみるのが，適切であるように思われる。

　その際にまず目にとまるのは，主たるイメージとして刑法に焦点を合わせながら，サンクションが現実に実行されることを法の実効性の重要な指標として捉える狭い観点のもとで，実効性の問題を見ていこうとする傾向である。実効性に関する研究が我々に教えてくれるところによると，サンクションを与えよという要求を実現することは，たしかに一つの側面ではあるが，しかしそれは，実効性を規定する様々な諸要素の中の一つの側面にすぎない。こうした研究分野の枠内で大いに注目を集めてきたのは，M. レービンダーが示した，実効性に重要な関連性をもつ諸要素の区分である。レービンダーは次の三つのものを挙げる。すなわち，①法知識，②法意識，③法エートス，がそれである[5]。こうした区分においてきわめて一般的に示されているのは，合意や動機や正義という要素が，規範の名宛人の心理への「法の主観的反映」[6]として，どれほどに実定法の実効性にとって重要なものと見られているか，ということである。

　レービンダーは，今述べた三つの要素が実効性にどれほど関連しているかを分析する前にまず，人々が自発的に規範を遵守する際の三つの理由を類型的に区別している。第1に，サンクションに基づく規範への服従であり，それは「コ

スト・ベネフィット分析」[7]の結果として現われるものである．それによると，人間が規範を遵守するのは，サンクションというネガティヴな帰結を避けようとするからである[8]．規範遵守の第２の「動機」を形作るのは，「準拠集団ないし個々の先例となる人たちの行動」[9]と自らを同一化しようという動機である．もっとも，その際には，今日の多元的な社会の枠内ではそうした先例となる人たちから受ける影響力が弱まっているということを，前もって指摘しておきたい．最後に，第３のタイプの規範遵守は，規範内容の内面化を特徴とするものである．というのも，人がその規範の内容を「正しい」ものと特徴づけ，そうしたものとしてそれを「正統」であると捉えるからである．これら三つのタイプが実際には純粋な形で存在せず，それぞれ互いに交じり合った形で存在するにすぎないことは明らかである．レービンダーが強調するように，その際にどのタイプが優位を占めるかは，一つには規範の名宛人それぞれがどのような構造の性格を有しているかにかかっており，もう一つには法知識・法意識・法エートスが人々の行為にどのような影響を及ぼし，それを通じて法の実効性の度合いをどのように規定しているかということにかかっている．そこで，以下で私はこれら三つの要素に立ち入ることにしたい．

　法知識，つまり法規範の内容に関する具体的な認識は，問題設定の認知的側面に重点的にかかわるものである．このテーマに関する経験的な研究全体が教えてくれるところによると，法知識は最近になって —— それは法化と関連していることだが —— 明らかに悪化してきているが，もともと以前からこのように悪化してきているのであって，それは決して新たな現象ではない．立法においては，法律についてはそれが公布されると同時に人々に知られるところとなるという，現実離れした想定がなされている[10]．しかし，これとは対照的に実際には，法律が知られている場合はきわめて少ないのが実状である —— もっとも，それは受けた教育の程度や社会的ないし職業的な地位などによって異なるが ——．人間の日常生活に属する領域でさえ，法についての認識がいかに低いかということは，「中小企業における労働認識と労働現実」に関するトーマンドルとＭ．リザークの研究[11]がたいへん印象深く示す通りである．

　我々の今日の状況を特徴づける過度の法生産，つまり問題視されることの多い「法律の洪水」は，我々の法秩序を次第に見通しのできないものにしつつあるが，法の不知はこうした事態によってのみ引き起こされているのではない[12]．

第１部　法意識と法理念　61

立法があまりに多いということ自体よりも，立法の質が深刻なほど低いということが，おそらくはそれよりもさらに重要であろう．様々な批判的な立場に立つ人たちが，こうした立法の質の低さに注目している．たとえば，人々が法律を理解していないケースが増えていることへの批判があるが，そうした法律に対する無理解の原因は，技術的な法的概念が多大の要求を課すという点にあるのではない．むしろそれは，個々の法律がきちんとした言いまわしをしていないという点や，立法過程の枠条件が立法作業にあまりにも大きな要求を課すという点に認められる．後の点に関してはとくに，立法作業に費やすことのできる時間が限られているということが指摘される．つまり，立法以前の段階である政治的意思形成過程に多大の時間が費やされるため，最後の最後になって合意が求められ，その時点になるともう念入りに立法作業を行う時間が残っていないのである．これに加えてさらに，立法された規定が不明確であったり，矛盾を孕んでいたりすることも多い（たとえば，明確性が欠けていたり複数の規制目標の間で不一致があったりする場合．見解の不一致が残っているのに，ただそれを隠すにすぎない政治的妥協が行われているだけの場合．自分たちの特殊な要求を吹聴してまわるロビイストの干渉の影響があまりにも大きい場合．はじめから規制についての明確な意図をもっておらず，規制目的そのものではない諸々の目標を追求する「象徴的」な法律の場合）．このような法の不知はさらに，体系化が不足していたり，諸々の概念の使われ方が整合的でなかったり，「改正法についての改正法」とか「一括改正法（一括法案）」[13] などのような規制技術が使われることによっても進行する．オーストリアの憲法裁判所は「なぞかけ判決」において，法知識を伝えるのを妨げる規範の不明確さを，法治国家原則に違反するものと考えている．すなわち，規制の内容が「事細かな専門的知識と，通常以上の方法を用いる能力と，難しいなぞかけを解こうというしっかりした気持ちがある場合にしか」(VfSlg 12420/1990, 13000/1992) 理解できないような場合には，それは法治国家原則に違反するというのである．トーマンドルが言うには，規範の不知が大きくなると，それは市民にとって侮辱的な「二つの集団からなる法的階級社会」[14] を生み出す．そこではすなわち，ごくわずかの法律専門家が，均一化された市民全体（そこには，すべての法的な細事に通じているわけではない，十分な専門的能力をもたない法律家も属する）に対峙するということになるのである．そのような欠陥は，まさにその当の規範が遵守されないという事態につながるだけ

でなく，さらに他のあらゆる法規制が人々によって真面目に受け取られず，法への服従状況が一般に悪くなるというより広範囲にわたる帰結にもつながりうるのである．

さて，法の不知だけでは，それが直ちに法の実効性の欠如につながるとは限らない．法の実効性は，法以外の要素にも関係しているのである．人間の行為が「社会的慣行」[15]に基づきうる場合，つまり，法規制の内容に基本的に対応していて，それによって法規制を支えたりその負担軽減をしたりする法以外の秩序システム――たとえば慣習としての道徳や習俗――に人間の行為が依拠しうる場合には，法律の不知が現にあっても，法は大体において実効的なものたりうるのである[16]．

実効性の問題は，法を支えてその負担軽減を行うこうした法以外の社会的行為基準が，人々の行為に影響を与える力を失うときにも生じる．だが，レービンダーの評価によると，これは我々の現在の社会に当てはまることである．彼の言うところによると，現在の社会においては，「習俗や道徳のような秩序システム」が機能せず，「家族・隣人・職場などのような社会集団の規範力が一般的に弱体化し，そうした社会集団の規範力がそのメンバーを以前ほどにはもはや義務づけることがなくなっている」[17]のである．たしかに，そのような知見は，あまりに大雑把な性格のものであり，本当に正しいものかどうか疑わしい．それぞれの状況について事細かに判定する必要があるし，とりわけ該当する規制領域や規制タイプを区分けしてみることが必要である．しかし，いずれにせよ私には，伝統的でそれゆえ長期にわたって用いられてきた人の実践にかかわる模範が，行為を規定するうえでの意義を失っているのは明らかであるように思われる．そのうえ，我々の社会のような多元的な社会を特徴づける諸々の道徳基準が断片化するという現象が起こっており，法的規制を支える基礎としての統一的エートスが欠けてきているため，それが人と人とのつながりを解体させる傾向を生んでいるのである．急速な科学技術の展開の影響下にあって（たとえば遺伝子工学がそうである），研究者の共通の職業エートスではもはや規制したり統制したりすることのできなくなっているような領域から，そうした例を挙げることができるであろう．

そのような基本的条件のもとでは，法は逆説的な状況に陥る．つまり，法は様々な要求を自らに対して受けるが，法の規制能力からしてその要求は過大な

ものとなるというのである．というのも，諸々の規制手段があることがますます重要になってきているのに，法以外の規制手段の影響力が弱体化しているため，社会統合についてのより大きな責任が法に対して求められるようになるからである．それは，まさしく様々な法化の実現の中で，法が実際に問われている責任である．レービンダーによると，法制度は，「社会統合が法以外の手段によって影響を受けるということを基本的にはもはや当てにすることができないため，こうした統合をなし遂げるよう自ら心がけねばならない」のである[18]．

　他方──この点にパラドックスがあるのだが──，このような事情のもとで法の意義が高まっているにもかかわらず，法の実効性が低下するという事態が起こっている．というのも，すでに述べたように，こうした状況では，法を支えその負担軽減を行ってくれる法以外の規制メカニズムが無いため，規範の総量が増えるにつれて法律の不知がずいぶんと拡大・増大し，それが非生産的な効果を生み出すからである．社会統合という課題を果たす上で，法には依然として大きな責任が課せられている．だが，法以外のこうした社会的規則によってはもはや埋め合わせられないほどの法の不知があり，そのため法は十分なほど実効的には行われないのである．

　法律の不知がある場合，それが法の実効性の低下にどの程度の影響を及ぼしているかを正確に把握することは難しいが，こうした評価はさらに，法意識と法エートスの意義を考慮に入れるなら，ますます難しいものとなる．法秩序はそれが法意識と法エートスに担われているときに実効的であると言われる．たしかにこのテーゼには，それを無力化することがほとんどできないほど直観的な自明性が備わっている．しかし，この概念を十分に正確に言い換えようとするなら，さらにはそれを具体的な法実務の場で適切に把握しようとするなら，まだまだ多くの問題が未解決のまま残されている．

　レービンダーは，法意識に関して，すでに挙げた文献の中で三つの異なる意味を区別している．第1に，法意識は「法的確実性 (Rechtsgewißheit)」[19]の意味で理解される．それは，すでに強調したように，法的経験によってもたらされる法についての感覚的な知識を意味する法知識という概念によって，すでに確認されている理解である．第2に，法意識は，法秩序全体に対する尊重を表現する態度という意味で捉えられる．だが，レービンダーの言うように，これに対しては「法エートス」という概念を用いることが勧められよう．あと残っ

ているのは，人が法規定を是認することに現われる，法規定の規範的正当性についての確信として法意識を捉える概念理解である．法をこのように是認すること，法が現にあること・無いこと，法の動機，法の範囲，法の強度は，法の受容に関する刺激的な研究のテーマである[20]．

　もっとも，その意味で理解された法意識が法の実効性に対してどのような意義をもつかを十分に査定しようと試みるならば，そうした試みを非常に難しいものとする数多くの問題や課題に突き当たるように思われる．まず第1に問われなければならないのは，法意識に現われるこうした正当性についての確信は，実定化された法律の規定に対して抱かれるものなのだろうか，それともそれは実定法規範の背後にあるより一般的な正義観念に関係するものではなかろうか，という問いである．法学における議論においては，――いずれにせよ法の素人について言うなら――正しいのはもっぱら後者の見方だけだということについて広範な意見の一致がある．法の不知が広がっていることを考えれば，なおさらそうだと思われよう．だがそうすると，こうした事態がもたらす影響は，どのようにすれば何らかの経験的に裏付けられる適切なやり方で確認することができるのであろうか．これを可能にするためには，法意識を状況の中で具体化しなければならない．そのような状況における具体化が行われるのは，関係者が法律によって自らに認められた権利を実際に要求する場合，とりわけ法的な紛争状況でそうした権利を当事者が主張する場合である．だが，こうしたことは実際には起こらないことが多い．というのも，紛争を求めるより，逆にそれを避けようとする場合のほうが多いからだ．E. ブランケンブルクが言うように，人が紛争を回避しようとするのは，「法的紛争は自分たちにとってあまりに高くつくし贅沢だ思われるからであるか，あるいは，――こちらのケースのほうが多いが――あらゆる法の手段を用いて貫徹するよりは社会関係を維持させる方が重要であるからか，いずれか」である[21]．このように考えるならば，法的紛争のうち実際に裁判所ないしその他の決定機関にもち込まれるものは，ごくわずかでしかない．したがって，そのような考え方では，法の実効性についての判断を下す上で，法が実現される現実について狭い理解しかもたらされない．

　もう一つの問題は，法政策がもつ行為統制力と，実定法による法意識への影響という点での法政策の統制能力の限界に関係している．法政策は，法意識を実際に呼び起こしたり活性化したりすることができるのであろうか．あるいは，

法政策は逆に，そもそもそれが実効的に規範の名宛人の行動を統制するためには，そうした法意識をいつも前提していなければならないのであろうか．この問いに対する回答は複雑なものであるため，領域ごとに区分するやり方でしか提示することができない．いずれにせよ私には，「法政策の課題は，法規範に対応する法服従者の法意識，つまり規範の正当性に対する内面的肯定を調達することである」というレービンダーによる理解[22]が，あまりにも遠回しな言い方であると思われる．というのも，この理解は立法が実際にもつ規範的な作用力を過大評価しているからである．物事をもっと現実的に見るならば，ブランケンブルクの見解の方が支持されるというのが私の考えである．彼は，社会における人々の行動の変化という現象に対して法がどのような位置を占めているかということとの関連で，この問題を扱っている．彼が強調するところによると，こうした社会的行動変化は，「まずはたいてい，法律によらずに (sine lege) 起こる．そしてそれから，法がその後について行くのである．つまり，法は行動変化に作用を及ぼすことはできないが，それを正当化することはでき，その際に，所詮はかなわぬことなのに，こうした社会変化に反対しようとするあらゆる人たちからの抗議を法は一身に背負うのである」[23]．法は，「そのような場合にその実効性のゆえにではなく，その象徴的な機能のゆえに重要」なのであり，法が有している「注目すべき価値」は，それが「行動を統制する作用をどの程度に有しているかということとは無関係なのである．『行為統制の手段』としての法ではなく，どんな行為様式が正当性の保護を受けるかを表現する手段として法を見るほうが適切であろう」[24]，と言うのである．この主張は，それがただたんに法律の象徴的な機能のみに関係し，より大きな規制的重みをもった他の機能にはふれていないとしても，それ自体重要である．というのも，立法の規制力に対する過大評価に対抗するには，こうした主張が適しているからである．立法は，それが法意識によって支えられたり負担軽減されたり安定化されたりせず，むしろ法意識に対抗するときに，とくに危険にさらされる．そのようなとき，法の実効性は，まさしくそれに対立する法意識によって，とくに強く疑問視されるのである．

　最後に第3の，そして最後の基準である「法エートス」に関して言うなら，私には法意識との間の境界線が曖昧であるように思われる．レービンダーが強調するところによると，法的な要素には数多くのものがあることを考えれば，

それぞれの法的要素から個々の法的ルールについての理解を引き出すことはできない．したがって，すでにふれた通り，それに付け加わる法以外の秩序システムが必要だというのである．その際，法エートスがどのような位置を占めるかについて彼は次のように考えている．すなわち，「よく知られた法以外の秩序があるために規範についての立場表明が容易で，『素人の側でもそれ相応の評価』が可能で，かつ，法規範が『明証性』を有しているとき，そうしたときに限って，法意識があるということをも前提とすることができる．だが，その他のどのような場合においても，法意識はそれに対応する法エートスによって置き換えられなければならない」[25]．このような——誤解を招きやすい——説明によるならば，法エートスには，それに対応した法意識が実際に無い場合に，実定法に対するたんなる補充的機能が付与されるにすぎないということになる．しかし，レービンダーのさらなる説明を引き合いに出すならば，法エートスという概念は，それよりももっと広い輪郭を得る．そこで彼が挙げているのが，社会の共同生活の諸要求に対応した適切で責任ある法との関係を可能にするため，民主主義的法治国家・立憲国家において前提されなければならない人格を規定する倫理的条件の総体である．そのように考えるならば，法エートスが働くか否かは，法秩序の実効性とさらにはその正当性に重大な影響を及ぼす教育・文化・道徳の諸要因がどれほどに決定的な影響力をもっているかにかかっているのである．

　この意味において，実効性と正当性は互いに分離されるものではなく，相互に関係づけられているものである．正当性と実効性との間のそうした関連を見ることが，私からすれば実効性を理解するうえで重要であるように思われる．法の実効性は，事実の生起の価値中立的な連関に還元されるものではなく，「正しい」法の実現への要求へと義務づけられたものなのである．

第3章　註

1 ) Vgl. M. Rehbinder, Rechtskenntnis, Rechtsbewußtsein und Rechtsethos als Probleme der Rechtspolitik, in: Jahrbuch für Rechtssoziologie und Rechtstheorie, Bd. III, Düsseldorf 1972, 26.
2 ) Th. Tomandl, Rechtsstaat Österreich: Illusion oder Realität ?, Wien 1997, 242.
3 ) Ebd.

4 ) とくに J. Pichler の著作を参照せよ．たとえば，J. W. Pichler, K. J. Ghiese, Rechtsakzeptanz. Eine empirische Untersuchung zur Rechtskultur aus dem Blickwinkel der Ideen, Werte und Gesinnungen. Dargestellt am Beispiel einer österreichischen Demoskopie, Schriften zur Rechtspolitik, Bd. 6., Wien, Köln, Weimar 1993; ders. (Hrsg.), Rechtsakzeptanz und Handlungsorientierung, Schriften zur Rechtspolitik Bd. 10, Wien, Köln, Weimar 1998.
5 ) 注1参照．
6 ) M. Rehbinder, Rechtssoziologie, 3. Aufl., Berlin, New York 1993, 174.
7 ) M. Rehbinder（注6 ), 171.
8 ) ここで言われる態度というのは，J. オースティンが法の妥当性を論じる際に，法的義務を構成する基礎と見ている態度に相応するものである．
9 ) M. Rehbinder（注6 ), 172.
10) オーストリア民法典第2条「法律が公布されたら直ちに，それを知らなかったということを誰も弁明にすることはできない」を参照．
11) Wien 1999.
12) Vgl. K. Korinek, Überschaubarkeit der Rechtsordnung als Bedingung für deren Effizienz, in: W. Mantl (Hrsg.), Effizienz der Gesetzesproduktion. Abbau der Regelungsdichte im internationalen Vergleich, Wien 1995, 233ff.
13) H. Schäffer, Normeninflation und Gesezesqualität, in: H. Neisser, C. Frieser, Hilflos im Paragraphendschungel, Wien 1992, 55.
14) Th. Tomandl（注2 ), 56f.
15) M. Rehbinder（注6 ), 165.
16) M. Rehbinder（注6 ), 165. 「法が体験されるところでは，法の秩序づけ機能はすでに他の秩序メカニズムによって負担軽減されている．」
17) M. Rehbinder（注6 ), 166.
18) M. Rehbinder（注6 ), 171.
19) M. Rehbinder（注6 ), 177.
20) とくに注4で引用した J. Pichler の著作を参照のこと．
21) E. Blankenburg, Situatives Rechtsbewußtsein, in: J. P. Pichler (Hrsg.), Rechtsakzeptanz und Handlungsorientierung（注4 ), 136.
22) M. Rehbinder（注4 ), 136.
23) E. Blankenburg, Rechtssoziologie und Rechtswirksamkeitsforschung: warum es so schwierig ist, die Wirksamkeit von Gesetzen zu erforschen, in: W. Schreckenberger, K. König, W. Zeh (Hrsg.), Gesetzgebungslehre, Stuttgart u. a. 1985, 118.
24) Ebd.
25) M. Rehbinder（注6 ), 179f.

# 第4章　中小企業における労働法の実施状況と当事者の意識
アンケート調査の結果から

村中孝史・瀧　敦弘

## 4-1　調査の目的と調査対象

（1）調査の目的と限界

　本章においては，1998年11月から1999年1月にかけて，中小企業の労使を対象に筆者らが行った調査の結果を紹介する．この調査は，中小企業における労働法の実施状況と，中小企業関係者が労働法に関してもっている知識および意見を明らかにすることを目的に行ったものである．調査項目の作成にあたっては，オーストリアにおいてTh. トーマンドル教授らが行った同種の調査（第5章参照）との比較を意識した．その結果，わが国においてはそれほど調査の意味がない項目が入っていたり，また，本来であれば調査対象とすべき項目が抜けたりしているが，中小企業におけるおおよその状況は示せているのではないかと考えている．もっとも，様々な工夫にもかかわらずオーストリアとの比較という点については，満足できる内容となっていない．その理由は，主に次の

2点にある．

　まず，オーストリアとわが国とでは労使関係やそれをめぐる法制度が相当に異なるため，単純な比較が困難である，という事情である[1]．とりわけ，オーストリアでは，横断的労働組合と使用者団体を当事者とする超企業的労使関係が重要な役割を果たしており，しかもこれに加えて，一定の要件をみたす事業所などにおいて経営協議会の設置が法律上定められている．経営協議会は実際にも少なくない事業所においてその設置が見られ，事業所レベルにおける労働条件形成や紛争処理にあたって重要な役割を果たしている．こうした現実を前提にすれば，オーストリアにおける調査の関心が，経営協議会をめぐる法制度の実施状況やそれに関する知識に向けられることは当然である．しかし，わが国においてはこれに匹敵する制度は見られないため，この点に関する比較は困難としか言いようがない．ただ，わが国における企業別組合は，オーストリアの経営協議会と類似する点もあるため，筆者らの調査では，労働組合の結成状況や組合を結成する権利に関する知識を調査している．もちろん，経営協議会と労働組合とでは，組織の目的も理念も異なるため，この二つを比較することは本来筋違いであるとも言える．ただ，横断的労働組合が大きな力をもつオーストリアと企業別組合が主流であるわが国とでは，そもそも労働組合の果たしている機能が異なるし，また，社会における労働組合に関する捉え方も異なっている．すなわち，わが国においては，労働組合を労働者層の利益代表者というよりも，企業における従業員の利益代表として捉える傾向が強いように思われる．その限りで，単純な比較をするつもりはないが，両者をめぐる実態や知識を比較検討することはまったく意味がないわけではない．このように，法制度や労使関係の実態が異なるために単純な比較が難しい項目がいくつかあり，この点での限界には留意する必要がある．

　第2の問題点は，調査方法に関するものである．すなわち，オーストリアにおける調査がインタビュー方式であったのに対し，わが国における調査は，様々な理由から，郵送などによる調査票配布の方式でしか行えなかった．しかも，次節において述べるように，配布対象に偏りが見られる．したがって，この点においても，両調査を単純に比較することは許されないであろう．とくに，知識を問う質問項目の場合，インタビュー調査では様々な角度から知識の有無を確認することが可能であるが，調査票を配布する方式では，真実の姿を見るこ

とは難しいように思われる．

　以上のように，比較という観点からみると，多々問題があり，この点での限界は免れえない．しかし，このような限界にもかかわらず，両調査とも両国におけるだいたいの傾向は示すものと考えられるため，本章の最後においては，可能な範囲において両調査結果の比較も行っている．

## （2）調査対象

　最初に調査対象について述べておく必要があろう．調査は，調査票（巻末289頁に掲載した）の配布によって行ったが，その方式は多様である．まず，豊中市の商工会議所メンバーのうち，事業所規模が300人未満の企業を対象に，ほぼその全部にあたる1500企業に対して調査票を郵送して，回答を求めた．この結果，375の有効回答を得ることができた（回収率25%）．次に，名古屋（有効回答数15），広島（同4），京都（同19），神戸（同28）において，経営者団体や労働組合などの会合を通じて調査票を配布し，全部で66の回答を得た（正確な回収率は不明）．したがって，以下においては，一応，これらを合わせた441件の回答を基礎に検討を行うが，次の点に注意する必要がある．

　まず，上記のとおり豊中市における郵送調査の回答が圧倒的に多く，回答全体の85.0%を占めている．商工会議所のメンバーに対して調査票を配布しているため，当然，経営者からの回答がほとんどである．京都市における調査は労働組合を通じて行い，19の有効回答を得たが，当然のことながら，これらは組合のある企業に関するものであり，この分だけ組合のある企業に関する回答の割合が高くなっていると考えられる．広島における調査の回答者は労務担当者であり，彼らは平均以上の労働法の知識を有している．ただ，広島での有効回答数は4にとどまる．このように回答者にはそれぞれ偏りが見られるため，以下においては全体の調査結果（441件）に対する分析を基本としつつも，いくつかの項目に関しては豊中市だけの調査結果（375件）についても分析している．

　以上のような点に注意する必要はあるが，いずれも都市部での調査であるため，地域格差が大きいとは考えにくい．ただ，管理職の回答が12.5%，その他の労働者の回答が7.3%であり，使用者の利益代表者でない労働者の回答が1割にも満たず，しかもその中には平均以上の割合で組織労働者が含まれている

ため，労働者側の調査としては有意義なデータを提供できていない．

## 4-2 回答者の属性

　ここでは回答者の属性について簡単に説明しておく．前述したように，有効回答数は441（豊中は375）であったが，このうち354（豊中＝330）が経営者からのものであり，その他の者からの回答は87（豊中＝45）であった．ただし，その中の55（豊中＝31）は管理職からの回答であった（表4-1参照）．したがって，管理職を使用者側の利益を代表する者とみるのであれば，回答者のほとんどが使用者側の利益を代表する者ということになる．とくに名古屋，広島，神戸の場合には1名を除くすべてが，経営者本人または管理職からの回答である．また，豊中の場合にも管理職以外の労働者からの回答は3.7％にすぎない．これに対し京都の場合には19のうち17が管理職以外の労働者からの回答であった．

　従業員規模でみると，10人未満の企業からの回答が207（豊中＝205）で，10人以上30人未満の企業からの回答が116（豊中＝109），30人以上100人未満の企業からの回答が75（豊中＝46），100人以上300人未満からの回答が43（豊中＝15）であった（表4-2参照）．また，企業の形態に関しては，株式会社が67.1％（豊中＝61.9％），有限会社が15.2％（豊中＝17.9％），個人企業が16.3％（豊中＝19.2％），その他1.1％（豊中＝0.8％）となっている．企業の創業年数については，21年以上と答えた回答が70.7％（豊中＝67.7％），11年から20年と答えた回答が18.4％（豊中＝20.3％）であり，両者で約9割を占める．創業から10年以内の企業は約1割ということになる．

表4-1　回答者の属性［全体・豊中］

|  | 全体 |  | 豊中 |  |
| --- | --- | --- | --- | --- |
| 経営者 | 354 | 80.3% | 330 | 88.0% |
| 管理職 | 55 | 12.5% | 31 | 8.3% |
| 管理職以外の正社員 | 25 | 5.7% | 11 | 2.9% |
| パート・契約社員 | 7 | 1.6% | 3 | 0.8% |
| 合計 | 441 | 100.0% | 375 | 100.0% |

表4-2　回答者の従業員規模［全体・豊中］

|  | 全体 |  | 豊中 |  |
|---|---|---|---|---|
| 1-2人 | 43 | 9.8% | 43 | 11.5% |
| 3-5人 | 95 | 21.5% | 94 | 25.1% |
| 6-9人 | 69 | 15.6% | 68 | 18.1% |
| 10-29人 | 116 | 26.3% | 109 | 29.1% |
| 30-99人 | 75 | 17.0% | 46 | 12.3% |
| 100-299人 | 43 | 9.8% | 15 | 4.0% |
| 合　計 | 441 | 100.0% | 375 | 100.1% |

　ちなみに，豊中における調査について，従業員構成を見ると，次のようになっている．まず，回答企業375における平均従業員数は20.4人である．パート労働者や契約社員といった非正規従業員を雇用している企業は242であり，これは64.5%にあたる．非正規従業員を雇用している企業では，平均して6.9人の非正規従業員が雇用されている．回答企業全体の従業員数をみると，正規従業員と非正規従業員の合計が7664人であり，このうち正規従業員が5907人であり，非正規従業員が1744人であった．数字が合わないが，これはいくつかの回答において誤答があったためである．ここから，全体的な傾向として，従業員の2割強（22.8%）が非正規従業員であることがわかる．このほとんどがパート労働者であると予想されるが，ただ，これは回答者が非正規従業員であると認識している従業員の数であって，必ずしも短時間労働者ではない．

## 4-3　集団的労使関係について

### （1）労働組合の有無

　労働組合の有無に関しては，367（84.1%）の回答が何もないと答えており，企業別組合があると回答したものが51（11.7%），一般労組の支部があると回答したものが14（3.2%）であった（表4-3参照）．これを豊中だけでみると，それぞ

表4-3 組合の有無［全体・豊中］

|  | 全体 |  | 豊中 |  |
|---|---|---|---|---|
| 企業別組合が有る | 51 | 11.6% | 24 | 6.4% |
| 一般労組の支部が有る | 14 | 3.2% | 9 | 2.4% |
| 両方がある | 2 | 0.5% | 0 | 0.0% |
| 何もない | 367 | 83.2% | 338 | 90.1% |
| わからない | 2 | 0.5% | 1 | 0.3% |
| NA | 5 | 1.1% | 3 | 0.8% |
| 合計 | 441 | 100.0% | 375 | 100.0% |

れ，338（90.1％），24（6.4％），9（2.4％）であり，京都での調査が組合のある企業に偏っていることを考えると，豊中における数字が中小企業における平均的な状況ではないかと考えられる．すなわち，1割弱の企業においては，一応，集団的な労使関係が成立している可能性があるが，9割の企業においてはその可能性はほとんどないとみてよい．これに関連して労働協約の締結状況をみると，労働協約があると答えた回答は全体で17.2％，豊中だけでは12.5％あり，組合組織の存在率よりも高くなっているが，この理由としては，回答者が労働協約と労働契約を混同した可能性，組織はなくとも組合員が存在するために労働協約が適用されている可能性などが考えられる．

### （2）団結権・団交権に関する知識

それでは，中小企業において，憲法28条の定める団結権，団体交渉権，争議権はどのように認識されているのであろうか．「あなたの企業の従業員には労働組合を結成する権利はあると思いますか．」という質問に対し，全回答者のうち241（54.6％）は権利があると正しい回答をしたが，90（20.4％）は権利なしと回答し，また，87（19.7％）はわからないと回答した．これを経営者だけに限定してみると，権利があるとする正しい回答を行ったのは176（49.7％）であり，86（24.3％）が権利なしと誤答し，72（20.3％）がわからないと回答している．豊中市の経営者だけに限定すると正答率はさらに低下し，48.2％となる．正答率は，組合のある企業の場合には当然高くなり，組合のない企業の場合には下がるという傾向があり，これは，労使ともにあてはまる（表4-4，表4-5参照）．また，

表4-4　団結権に関する知識（経営者）[全体]

| | はい（正） | いいえ（誤） | わからない | NA | 合計 |
|---|---|---|---|---|---|
| 企業別組合のある企業の経営者 | 21 | 3 | 1 | 2 | 27 |
| | 77.8% | 11.1% | 3.7% | 7.4% | 100.0% |
| 一般労組の支部のある企業の経営者 | 5 | 0 | 1 | 2 | 8 |
| | 62.5% | 0.0% | 12.5% | 25.0% | 100.0% |
| 組合のない企業の経営者 | 149 | 83 | 70 | 12 | 314 |
| | 47.5% | 26.4% | 22.3% | 3.8% | 100.0% |
| 組合の有無をわからない経営者 | 1 | 0 | 0 | 0 | 1 |
| | 100.0% | 0.0% | 0.0% | 0.0% | 100.0% |
| NA | 0 | 0 | 0 | 4 | 4 |
| | 0.0% | 0.0% | 0.0% | 100.0% | 100.0% |
| 経営者全体 | 176 | 86 | 72 | 20 | 354 |
| | 49.7% | 24.3% | 20.3% | 5.6% | 100.0% |

表4-5　団結権に関する知識（労働者）[全体]

| | はい（正） | いいえ（誤） | わからない | NA | 合計 |
|---|---|---|---|---|---|
| 企業別組合のある企業の労働者 | 23 | 0 | 1 | 0 | 24 |
| | 95.8% | 0.0% | 4.2% | 0.0% | 100.0% |
| 一般労組の支部のある企業の労働者 | 5 | 0 | 0 | 1 | 6 |
| | 83.3% | 0.0% | 0.0% | 16.7% | 100.0% |
| 両方ある企業の労働者 | 2 | 0 | 0 | 0 | 2 |
| | 100.0% | 0.0% | 0.0% | 0.0% | 100.0% |
| 組合のない企業の労働者 | 35 | 3 | 13 | 2 | 53 |
| | 66.0% | 5.7% | 24.5% | 3.8% | 100.0% |
| わからない | 0 | 0 | 1 | 0 | 1 |
| | 0.0% | 0.0% | 100.0% | 0.0% | 100.0% |
| NA | 0 | 0 | 1 | 0 | 1 |
| | 0.0% | 0.0% | 100.0% | 0.0% | 100.0% |
| 労働者全体 | 65 | 4 | 15 | 3 | 87 |
| | 74.7% | 4.6% | 17.2% | 3.4% | 100.0% |

　企業規模が大きくなるに従って，正答率は上昇する。すなわち，100人から299人規模の企業における経営者の正答率は71.4%であるが，1人から9人規模の企業における正答率は39.3%であった（表4-6参照）。この傾向は，豊中だけでみた場合にも同様であり，100人から299人規模の企業における正答率が83.3%であるのに1人から9人規模の企業における正答率は38.7%と，企業規模に応じて大きな差を確認することができる（表4-7参照）。オーストリアにお

表4-6 団結権に関する知識(経営者:規模別)[全体]

|  | はい(正) | いいえ(誤) | わからない | NA | 合計 |
|---|---|---|---|---|---|
| 1-9人 | 77 | 57 | 48 | 14 | 196 |
|  | 39.3% | 29.1% | 24.5% | 7.1% | 100.0% |
| 10-29人 | 56 | 20 | 20 | 3 | 99 |
|  | 56.6% | 20.2% | 20.2% | 3.0% | 100.0% |
| 30-99人 | 33 | 9 | 3 | 0 | 45 |
|  | 73.3% | 20.0% | 6.7% | 0.0% | 100.0% |
| 100-299人 | 10 | 0 | 1 | 3 | 14 |
|  | 71.4% | 0.0% | 7.1% | 21.4% | 100.0% |
| 全体 | 176 | 86 | 72 | 20 | 354 |
|  | 49.7% | 24.3% | 20.3% | 5.7% | 100.0% |

表4-7 団結権に関する知識(経営者:規模別)[豊中]

|  | はい(正) | いいえ(誤) | わからない | NA | 合計 |
|---|---|---|---|---|---|
| 1-9人 | 75 | 57 | 48 | 14 | 194 |
|  | 38.7% | 29.4% | 24.7% | 7.2% | 100.0% |
| 10-29人 | 54 | 19 | 19 | 3 | 95 |
|  | 56.8% | 20.0% | 20.0% | 3.2% | 100.0% |
| 30-99人 | 25 | 8 | 2 | 0 | 35 |
|  | 71.4% | 22.9% | 5.7% | 0.0% | 100.0% |
| 100-299人 | 5 | 0 | 0 | 1 | 6 |
|  | 83.3% | 0.0% | 0.0% | 16.7% | 100.0% |
| 全体 | 159 | 84 | 69 | 18 | 330 |
|  | 48.2% | 25.5% | 20.9% | 5.5% | 100.0% |

ける調査でも,経営協議会設置義務に関する知識は,事業規模が小さくなるに従い乏しくなる傾向が確認されており,同様の傾向が存在すると言える.

次に,団体交渉に関する知識であるが,「従業員が労働組合を結成して団体交渉を求めた場合,法律上,使用者はこれに応じる義務があると思いますか.」という質問に対し,「はい」という正しい回答は310 (70.3%)であった(表4-8参照).団結権に関する正答率が54.6%であることに比較すると高い数字となっている.この傾向は,経営者の場合により顕著であり,経営者に関してみると,団結権での正答率が49.7%であるのに対し,団交権に関する正答率は68.1%と18.4ポイントの開きがある.この結果から単純に考えれば,組合を作ることは権利でないとしても,いったん組合ができると,組合は交渉を請求できると考

表4-8 団交権に関する知識（労使別）[全体]

|  | はい（正） | いいえ（誤） | わからない | NA | 合 計 |
|---|---|---|---|---|---|
| 経営者 | 241 | 26 | 73 | 14 | 354 |
|  | 68.1% | 7.3% | 20.6% | 4.0% | 100.0% |
| 管理職 | 44 | 1 | 8 | 2 | 55 |
|  | 80.0% | 1.8% | 14.4% | 3.6% | 100.0% |
| 管理職以外の正社員 | 19 | 3 | 2 | 1 | 25 |
|  | 76.0% | 12.0% | 8.0% | 4.0% | 100.0% |
| パート・契約社員 | 6 | 0 | 1 | 0 | 7 |
|  | 85.7% | 0.0% | 14.3% | 0.0% | 100.0% |
| 全 体 | 310 | 30 | 84 | 17 | 441 |
|  | 70.3% | 6.8% | 19.0% | 3.9% | 100.0% |

える経営者が相当数存在する，ということになる．かりにこの説明が正しいとすれば，そのように考える経営者は，躊躇なく組合を作らせないための行動をとる可能性がある．実際，無知から不当労働行為を行う使用者が存在することは，労使関係の実務に触れたことのある者であれば，経験のあるところであろう．もっとも，かような解釈が妥当する経営者の数は，ここに出てきた数字ほど多くはないと考えるべきである．というのも，団結権に関する質問の場合，「あなたの企業の従業員」という限定をつけたのに対し，団交権については「あなたの」という限定をつけなかったからである．すなわち，労働者が一般的に団結権や団交権を有することは認識しているが，自分の企業の従業員については，規模が小さいがゆえに妥当するものではない，と考えた回答者が相当数存在すると考えられるのである．従業員規模が1人から9人の零細企業の経営者について，団結権に関する正答率39.3％と団交権に関する正答率61.7％の間に22.4ポイントという平均以上の開きがあることも，この説明が妥当する回答者の存在を示唆していると考えられる（表4-9参照）．

いずれにしても，団交権に関しては7割近い（10人未満の零細企業の場合6割前後）使用者が一般的知識をもっているにもかかわらず，そのうち約4分の1（10人未満の零細企業の場合は3分の1）は少なくとも自分の企業の従業員には組合を作る権利はない，と認識している．

団交権に関する知識が7割前後の使用者に共有されているからといって，それが正確なものであるかは，なお疑わしい．すなわち，団交権に関する一般的

表4-9 団交権に関する知識（経営者：規模別）[全体]

|  | はい（正） | いいえ（誤） | わからない | NA | 合計 |
|---|---|---|---|---|---|
| 1-9人 | 121 | 12 | 52 | 11 | 196 |
|  | 61.7% | 6.1% | 26.5% | 5.6% | 100.0% |
| 10-29人 | 73 | 10 | 14 | 2 | 99 |
|  | 73.7% | 10.1% | 14.1% | 2.0% | 100.0% |
| 30-99人 | 36 | 4 | 5 | 0 | 45 |
|  | 80.0% | 8.9% | 11.1% | 0.0% | 100.0% |
| 100-299人 | 11 | 0 | 2 | 1 | 14 |
|  | 78.6% | 0.0% | 14.3% | 7.1% | 100.0% |
| 全体 | 241 | 26 | 73 | 14 | 354 |
|  | 68.1% | 7.3% | 20.6% | 4.0% | 100.0% |

表4-10 合同労組の団交権に関する知識[全体]

|  | はい（正） | いいえ（誤） | NA | 合計 |
|---|---|---|---|---|
| 全体 | 179 | 108 | 23 | 310 |
|  | 57.8% | 34.8% | 7.4% | 100.0% |
| 経営者のみ | 134 | 86 | 21 | 241 |
|  | 55.6% | 35.7% | 8.7% | 100.0% |

知識をもっている者でも，合同労組の団交権に関する質問について正しい回答をしたのは57.8%であり，経営者だけをみると55.6%となっている（表4-10参照）．全体でみれば，合同労組が団交権をもつことについて正しい回答をしたのは4割程度ということになり，合同労組をめぐる紛争の原因の一端は，このような知識状況にもあると考えられる．

### （3）労働組合の機能に関するイメージ

それでは，労働組合はどのような組織としてイメージされているのであろうか．労働組合の主たる任務を，「賃金引上」，「雇用保障」，「企業運営への協力的参加」，「余暇・社会活動」，「その他」のうちから二つを選択してもらうという質問をしたところ，次のような回答を得た（表4-11, 表4-12参照）．まず労使全体をみた場合，「企業運営への協力的参加」と「雇用保障」を指摘した回答が多く，それぞれ50.6%，46.3%の回答がこれを挙げている．次いで，「賃金引上」

表4-11 労働組合の機能に関する認識（労使別）[全体]

| | 賃金引上げ | 雇用保障 | 企業運営参加 | 余暇社会活動 | その他 | NA | 回答者数 |
|---|---|---|---|---|---|---|---|
| 経営者 | 124 | 150 | 183 | 27 | 13 | 52 | 354 |
| | 35.0% | 42.4% | 51.7% | 7.6% | 3.7% | 14.7% | 100.0% |
| 管理職 | 18 | 32 | 32 | 0 | 2 | 7 | 55 |
| | 32.7% | 58.2% | 58.2% | 0.0% | 3.6% | 12.7% | 100.0% |
| 管理職以外の正社員 | 10 | 18 | 6 | 1 | 0 | 6 | 25 |
| | 40.0% | 72.0% | 24.0% | 4.0% | 0.0% | 24.0% | 100.0% |
| パート・契約社員 | 2 | 4 | 2 | 1 | 1 | 1 | 7 |
| | 28.6% | 57.1% | 28.6% | 14.3% | 14.3% | 14.3% | 100.0% |
| 全体 | 154 | 204 | 223 | 29 | 16 | 66 | 441 |
| | 34.9% | 46.3% | 50.6% | 6.6% | 3.6% | 15.0% | 100.0% |

表4-12 労働組合の機能に関する認識（規模別）[全体]

| | 賃金引上げ | 雇用保障 | 企業運営参加 | 余暇社会活動 | その他 | NA | 無効 | 回答者数 |
|---|---|---|---|---|---|---|---|---|
| 1-9人 | 68 | 86 | 100 | 16 | 6 | 37 | 1 | 207 |
| | 32.9% | 41.5% | 48.3% | 7.7% | 2.9% | 17.9% | 0.5% | 100.0% |
| 10-29人 | 43 | 59 | 58 | 9 | 4 | 15 | 1 | 116 |
| | 37.1% | 50.9% | 50.0% | 7.8% | 3.4% | 12.9% | 0.9% | 100.0% |
| 30-99人 | 27 | 34 | 41 | 4 | 5 | 8 | 0 | 75 |
| | 36.0% | 45.3% | 54.7% | 5.3% | 6.7% | 10.7% | 0.0% | 100.0% |
| 100-299人 | 16 | 25 | 24 | 0 | 0 | 6 | 0 | 43 |
| | 37.2% | 58.1% | 55.8% | 0.0% | 0.0% | 14.0% | 0.0% | 100.0% |
| 全体 | 154 | 204 | 223 | 29 | 15 | 66 | 2 | 441 |
| | 34.9% | 46.3% | 50.6% | 6.6% | 3.4% | 15.0% | 0.5% | 100.0% |

を指摘した回答が34.9%であり，余暇社会活動を挙げた回答は6.6%であった．回答者のうち，経営者が占める割合が多いので，経営者の回答だけをみてもほぼこれと同じ傾向を示すが，管理職の場合には，これとは少し異なる傾向が見られる．すなわち，これらの者の回答においては，「雇用保障」と「企業運営への協力的参加」を指摘するものがともに58.2%ともっとも多く，次いで「賃金引上」の指摘が32.7%であった．経営者の場合と比べると，「賃金引上」という回答が少なく，「雇用保障」と「企業運営への協力的参加」が多くなっている．

　経営者の回答の中には組合を現実的な存在としてとらえていない零細企業の経営者がかなり含まれているため，他人事の域を出ない回答がかなりあると思われるが，管理職の場合には，もう少し労働組合が現実的なものと推測される．以上の数字には，このような違いが反映されているともいえるし，また，現在

表4-13 賃金引上に対する組合の影響力（労使別）［全体］

|  | はい | いいえ | わからない | NA | 合　計 |
|---|---|---|---|---|---|
| 経営者 | 199 | 42 | 60 | 53 | 354 |
|  | 56.2% | 11.9% | 16.9% | 15.0% | 100.0% |
| 管理職 | 36 | 8 | 4 | 7 | 55 |
|  | 65.5% | 14.5% | 7.3% | 12.7% | 100.0% |
| 管理職以外の正社員 | 16 | 0 | 3 | 6 | 25 |
|  | 64.0% | 0.0% | 12.0% | 24.0% | 100.0% |
| パート・契約社員 | 5 | 0 | 2 | 0 | 7 |
|  | 71.4% | 0.0% | 28.6% | 0.0% | 100.0% |
| 全　体 | 256 | 50 | 69 | 66 | 441 |
|  | 58.0% | 11.3% | 15.6% | 15.0% | 100.0% |

の状況が管理職にとってとりわけ雇用保障を意識させるものであるという事情も影響しているであろう．ただ，管理職が使用者の場合よりも大きな割合で，「企業運営への協力的参加」を挙げている点は注目される．労使交渉の最前線に立つ可能性のある管理職としては，経営者以上にこのような願いをもつということであろうか．

なお，正社員の場合には，「企業への協力的参加」という回答は24％にすぎず，「雇用保障」を指摘する回答が72％ともっとも多く，次いで「賃金引上」という回答が40％であった．サンプル数が少なく，また，回答者の多くが組合員であることを考えなければならないが，それでも4分の1の者が「企業運営への協力的参加」を指摘している点，賃金よりも雇用を重視する傾向が管理職の場合よりさらに強い点は注目される．また，このような回答者の場合でも，「賃金引上」を指摘する回答が半数に満たないことにも注意すべきであろう．

ところで，組合の機能として「賃金引上」を指摘する回答は必ずしも多くはないが，組合が賃金引上に対してもつ影響力に関してはどのように見られているのであろうか．全体で見ると，58.0％の回答が，労働組合は賃金引上に影響力をもつと考えており，「いいえ」という回答は11.3％にすぎなかった（表4-13参照）．58.0％という数字をどう見るかは難しいところであるが，いずれにせよ，これだけの回答が組合の影響力を肯定しながら，組合の果たすべき役割として「賃金引上」を指摘する回答は34.9％にすぎないという事実は，注目される．雇用環境が悪化している現在とはいえ，わが国における雇用のもつ意味の

表4-14 組合が結成されない理由（労使別）[全体]

| | 法的義務なし | 使用者が望まない | 労働者が望まない | その他 | わからない | 複数回答 | NA | 合計 |
|---|---|---|---|---|---|---|---|---|
| 経営者 | 37 | 27 | 103 | 64 | 42 | 14 | 27 | 314 |
| | 11.8% | 8.6% | 32.8% | 20.4% | 13.4% | 4.5% | 8.6% | 100.0% |
| 労働者側 | 11 | 6 | 13 | 8 | 9 | 3 | 3 | 53 |
| | 20.8% | 11.3% | 24.5% | 15.1% | 17.0% | 5.7% | 5.7% | 100.0% |
| 全体 | 48 | 33 | 116 | 72 | 51 | 17 | 30 | 367 |
| | 13.1% | 9.0% | 31.6% | 19.6% | 13.9% | 4.6% | 8.2% | 100.0% |

大きさをあらためて感じさせられる．こうした現実を背景に，組合とは，企業運営に協力しつつ企業を発展させ，それによりまずは従業員の雇用を守る組織であると考えられている，ということになるのであろうか．

### （4）労働組合が結成されない原因についての理解

　それでは，労働組合がない企業の場合，その原因はどこにあると考えられているであろうか．「法律上，結成義務がないから」，「使用者が望まないから」，「従業員が望まないから」，「その他」，「わからない」という選択肢のうち，もっとも多かった回答は，「従業員が望まないから」という回答であって，組合がないと回答した367のうち31.6%がこれにあたる（表4-14参照）．次いで，「その他」が19.6%，「わからない」が13.9%，「法律上，結成義務がないから」が13.1%，「使用者が望まないから」が9.0%となっている．なお，複数の選択肢を選んだ回答が17あり，そのすべてが「従業員が望まないから」を選択し，15が「使用者が望まないから」を選択していた．これらは，労使のどちらとも望んでいない，ということを言いたかったのであろう．管理職を含む労働者側についてみても，第1順位にくるのは「従業員が望まないから」という回答であり，24.5%である．ただ，この数字は経営者の数字（32.8%）よりも小さくなっている．また，第2順位にくるのは「法律上，結成義務がないから」という回答であり，これは20.8%で，経営者の場合の約2倍となっている．これらからみる限り，組合が結成されない原因について，使用者と労働者との間には意識のギャップが多少存在していると言えそうである．すなわち，使用者は，労働者が考えている以上に，従業員が組合を望んでいないと考えているが，労働者

表4-15 組合に対する評価（労使別）[全体]

| | マイナス | どちらかといえばマイナス | どちらかといえばプラス | プラス | どちらでもない | わからない | NA | 合計 |
|---|---|---|---|---|---|---|---|---|
| 経営者 | 55 | 62 | 30 | 12 | 136 | 43 | 16 | 354 |
| | 15.5% | 17.5% | 8.5% | 3.4% | 38.4% | 12.1% | 4.5% | 100.0% |
| 管理職 | 7 | 11 | 13 | 3 | 19 | 0 | 2 | 55 |
| | 12.7% | 20.0% | 23.6% | 5.5% | 34.5% | 0.0% | 3.6% | 100.0% |
| 管理職以外の正社員 | 1 | 7 | 6 | 2 | 8 | 1 | 0 | 25 |
| | 4.0% | 28.0% | 24.0% | 8.0% | 32.0% | 4.0% | 0.0% | 100.0% |
| パート・契約社員 | 0 | 0 | 2 | 0 | 3 | 2 | 0 | 7 |
| | 0.0% | 0.0% | 28.6% | 0.0% | 42.9% | 28.6% | 0.0% | 100.0% |
| 全体 | 63 | 80 | 51 | 17 | 166 | 46 | 18 | 441 |
| | 14.3% | 18.1% | 11.6% | 3.9% | 37.6% | 10.4% | 4.1% | 100.0% |

の方は，使用者が考えている以上に，法的な支持など何らかの外的援助がないために結成できないでいると考えている．

　次に組合が企業運営にとってプラスであるか，マイナスであるか，という質問に対する回答をみてみよう（表4-15参照）．経営者による回答のうち，マイナス，どちらかと言えばマイナスという消極的評価をしたのは33.0%であり，プラス，どちらかと言えばプラスという積極的評価をしたのは11.9%であった．もっとも多い回答は，どちらとも言えないという回答であり（38.4%），わからないとする回答の12.1%を加えると，半数を超える．組合がほとんど存在しない状況においては判断のしようがない，というところであろうか．しかし，組合に対して正面から否定的評価をする使用者が必ずしも多数派でないことは，いささか驚きであった．組合の主たる任務が，企業運営への協力的参加にあるとする見解が多数であることを考え合わせると，そもそもわが国の場合，労働組合とは使用者側と衝突しつつ労働者利益を擁護する存在である，といった認識ではなく，むしろ，企業の繁栄のために従業員が一致協力する中で，従業員利益が適切に反映されるよう調整する機関，といった認識が強いのかもしれない．こうした労働組合のイメージが，労働組合に対する「恐れ」を減殺しているのであろう．

　他方，必ずしも有意な数字ではないかもしれないが，管理職と正社員の場合，消極的評価をした回答は32.5%で，使用者の場合とほとんど同じ数字であった．また，積極的評価は30%となっており，これは使用者の場合よりもかなり

表4-16　組織化活動の経験の有無［全体］

| あると思う | 21 | 4.8% |
|---|---|---|
| ないと思う | 308 | 69.8% |
| わからない | 41 | 9.3% |
| NA | 71 | 16.1% |
| 全　体 | 441 | 100.0% |

大きな数字となっている．このように労働者の場合には，評価が分かれているようである．なお，この分裂現象は，管理職の場合（消極18対積極16）にも，正社員の場合（消極8対積極8）にも同様に見られ，管理職と正社員の意見対立というわけではない．

　ところで，前述したように，中小企業の場合，1割程度の企業にしか組合組織は存在しない．ほとんどが未組織であるという現在の状況に対し，外部の組合組織はどのような対応をしているのであろうか．これについて，ナショナルセンターや産別組織が，組織化のために働きかけたことがあると思うか，という質問をしたところ，あると思うという回答は全体の4.8％にすぎず，約7割は，ないと思うと回答している（表4-16参照）．このような組織が秘密裡に労働者に働きかけていても，多くの場合使用者にはわからないことであろうから，圧倒的に使用者側回答の多い本調査におけるこの数字は，実態を正確に反映しているとは言えないであろう．しかし，少なくとも使用者に意識される程度の行動はほとんど生じていない，ということも事実である．

## 4-4　無組合企業における労働条件決定

　前述のとおり，調査対象企業の多くにおいて労働組合を一方当事者とする集団的労使関係は存在していない．それでは，どのように労働条件は形成されているのであろうか．無組合企業に対して「あなたの企業では，すべての従業員にかかわる問題は，どのように決定されますか」という質問をしたのであるが，この結果を経営者からの回答に限定してみると次のようになった（表4-17参照）．

表4-17 無組合企業における労働条件決定（経営者：規模別）［全体］

|  | 使用者が単独決定 | 数人に打診後使用者決定 | 個別合意 | 従業員会と協議後決定 | その他 | わからない | 複数回答 | NA | 合　計 |
|---|---|---|---|---|---|---|---|---|---|
| 1-9人 | 41 | 55 | 53 | 5 | 7 | 6 | 2 | 17 | 186 |
|  | 22.0% | 29.6% | 28.5% | 2.7% | 3.8% | 3.2% | 1.1% | 9.1% | 100.0% |
| 10-29人 | 14 | 47 | 12 | 5 | 4 | 2 | 3 | 4 | 91 |
|  | 15.4% | 51.6% | 13.2% | 5.5% | 4.4% | 2.2% | 3.3% | 4.4% | 100.0% |
| 30-99人 | 1 | 22 | 1 | 4 | 1 | 0 | 2 | 1 | 32 |
|  | 3.1% | 68.8% | 3.1% | 12.5% | 3.1% | 0.0% | 6.3% | 3.1% | 100.0% |
| 100-299人 | 1 | 3 | 0 | 1 | 0 | 0 | 0 | 0 | 5 |
|  | 20.0% | 60.0% | 0.0% | 20.0% | 0.0% | 0.0% | 0.0% | 0.0% | 100.0% |
| 全　体 | 57 | 127 | 66 | 15 | 12 | 8 | 7 | 22 | 314 |
|  | 18.2% | 40.4% | 21.0% | 4.8% | 3.8% | 2.5% | 2.2% | 7.0% | 100.0% |

　無組合企業の経営者のうち，40.4％が「数人の従業員の意見を聞いた上で，使用者が決定する」という選択肢を選び，次いで21.0％が「個々の従業員との間で個別に合意していく」，18.2％が「使用者が単独で決定する」という選択肢を選んだ．「従業員会などの従業員組織があるので，それとの話し合いを通じて決定する」という選択肢を選んだ回答も4.8％あった．これを企業規模別にみると，個別合意という回答が，企業規模が大きくなるに従い少なくなり，30人以上の企業規模ではほとんど見られなくなる．また，使用者の単独決定という回答も，企業規模が大きくなるに従い，減少する（もっとも100人以上では20％となって，ふたたび増加しているが，これはサンプル数が全部で5件と極端に少ないためであり，有意な数字とは言えない）．これに対し，数人の従業員の意見を聞いて使用者が決めるという回答が，企業規模が大きくなるに従い多くなり，30〜99人規模の企業では，68.8％の回答がこれを選択している．

　このような結果から見る限り，10人未満の零細企業の場合には，労働者と使用者が個別に話し合って労働条件を決める例が少なからず（約3割）見られるが，10人以上の企業，とりわけ，30人を超える規模の企業では，たいていの場合従業員の意向を使用者が打診するものの，使用者が労働条件を単独決定しているケースが多い（約7割）．企業規模が大きくなると，労働の組織化への対応，労務管理の合理化，従業員間の公平といった見地から労働条件を画一的に規制する必要も大きくなる．そうすると，個々の労働者と個別に労働条件を話し合うことはかなり難しいものとなるが，その分岐点が，30人から99人の企業規模の間，その中でも30人に近いあたりに存在するようである．100人以上の企業

表4-18　10人以上の企業での就業規則などの有無［全体・豊中］

|  | 全体 | | 豊中 | |
|---|---|---|---|---|
| 就業規則はある | 154 | 65.8% | 119 | 70.0% |
| 労働協約はある | 3 | 1.3% | 3 | 1.8% |
| 両方ある | 57 | 24.4% | 33 | 19.4% |
| どちらもない | 13 | 5.6% | 13 | 7.6% |
| わからない | 3 | 1.3% | 1 | 0.6% |
| NA | 4 | 1.7% | 1 | 0.6% |
| 合　計 | 234 | 100.0% | 170 | 100.0% |

の場合，サンプル数が少ないものの，個別合意を選択した回答は皆無であった．

　従業員会などの従業員組織の意見を聴取するという選択肢を選んだ回答は，企業規模に応じて増加する．意外であったのは，1～9人規模の企業でも2.7%（豊中市だけでは3.3%）がこれを選択している点である．こうした零細企業でも労働条件について発言する従業員会などがあるということであろうか．この数字は，企業規模が30人を超えるとかなり大きくなり，30～99人規模の企業の場合，12.5%となる（豊中市だけでは18.2%）．おおむね8社に1社について，従業員組織が存在し，労働条件形成にあたって，何らかの役割を果たしていることになる．この数字は，第2部第2章で紹介されている他の調査結果とおおよそ符合する．

　なお，労働条件形成にとって重要な役割を果たしている就業規則であるが，10人以上の従業員がいる企業については，91.7%が「就業規則はある」と回答している（表4-18参照）．就業規則の作成は，常時10人以上の労働者を使用する使用者に義務づけられているが，この10人の算定は事業場ごとに行うものとされている．したがって，10人以上の従業員がいる企業についても，1事業場に10人の従業員がいなければ，作成義務は生じないので，就業規則がこのグループについて100%存在しなければならないわけではない．反対に，従業員数が10人未満の企業の場合であるが，この場合にも，47.8%が「就業規則がある」と回答している．これらの企業では就業規則の作成義務がないため，経営者が自らすすんで就業規則を作成していることになる．約半数の企業でこうした状況にあるということは，就業規則がそれだけ使用者にとってメリットの大きい存在である，ということを示している．なお，従業員10人未満の企業について，

経営者の48.0%は，就業規則も労働協約も存在しないと回答している．これらに，個別合意で労働条件を決めている場合 (28.5%) がすべて含まれるとしても，なお19.5%については，個別合意もなく，就業規則も労働協約もない，という状況が存在する計算になる．少なくとも5社のうち1社においては，明確な規則も，契約文書もなく，使用者が一方的に労働条件を決定している現実がある，ということであろうか．

## 4-5　個別法上のルールに関する知識

この調査では，労働時間，解雇，育児休業，男女差別募集をめぐる法律に関する知識を調査した．

### （1）解雇予告制度

労基法20条は，同法21条等が定める例外の場合を除き，使用者が労働者を解雇しようとする場合には，少なくとも30日前にその予告をするか，それに代えて平均賃金の30日分以上を支払わなければならない旨を定めているが，この予告義務に関する知識を質問した（表4-19参照）．その結果，全体でみると407 (92.3%) の回答が，解雇予告義務があると正しく回答し，義務がないとの誤答は13 (2.9%) であり，わからないとの回答が12 (2.7%) であった．この数字は労使でとくに違いはなく，正答率は使用者で92.4%，管理職を含む労働者で92.0%

表4-19　解雇予告義務に関する知識 [全体]

|  | 必要有（正） | 必要無（誤） | わからない | NA | 合　計 |
|---|---|---|---|---|---|
| 経営者 | 327 | 10 | 10 | 7 | 354 |
|  | 92.4% | 2.8% | 2.8% | 2.0% | 100.0% |
| 労働者側 | 80 | 3 | 2 | 2 | 87 |
|  | 92.0% | 3.4% | 2.3% | 2.3% | 100.0% |
| 全　体 | 407 | 13 | 12 | 9 | 441 |
|  | 92.3% | 2.9% | 2.7% | 2.0% | 100.0% |

であった．これだけを見ると，労基法上のルールはかなり浸透しているようであるが，択一の回答であることを考えると，そのまま信用してよい数字とは言えないかもしれない．実際，最近増加している個別労使間の紛争をみると，中小企業では予告期間を遵守せずに解雇をしているケースが少なくない．もし，本調査の結果が実態を正しく反映しているとするならば，多くの中小企業主は，法律違反を承知で解雇予告をしていないことになる．

### （2）変形労働時間制度

労基法上のルールに関する知識を検証するもう一つの質問は，変形労働時間制度についてのものである．質問は，「残業手当を支払わずに，何週間かは長時間労働をし，その代わりに何週間かは短時間労働をする，といった労働時間の割り振りは許されると思いますか．」というものであった（表4-20参照）．これに対し，「一定の条件を満たせば許される」という正しい回答は，全体のうち230（52.2％）であり，「無条件に許される」という誤答は10（2.3％），「許されない」という誤答は153（34.7％），「わからない」という回答は34（7.7％）であった．経営者だけの数字でみると，「一定の条件を満たせば許される」が183（51.7％），「無条件に許される」が9（2.5％），「許されない」が121（34.2％），「わからない」が30（8.5％）となり，わずかではあるが，正答率は低下する．この結果を解雇予告に関する質問の結果と比較すると，正答率がかなり悪くなっている．変形労働時間制度は，1987年の労基法改正で48時間制度が見直されるのに

表4-20　変形労働時間制度に関する知識［全体］

|  | 無条件に許される（誤） | 条件を満たせば許される（正） | 許されない（誤） | わからない | NA | 合　計 |
|---|---|---|---|---|---|---|
| 経営者 | 9 | 183 | 121 | 30 | 11 | 354 |
|  | 2.5% | 51.7% | 34.2% | 8.5% | 3.1% | 100.0% |
| 30人未満小売卸売飲食業経営者 | 2 | 26 | 19 | 8 | 2 | 57 |
|  | 3.5% | 45.6% | 33.3% | 14.0% | 3.5% | 100.0% |
| 労働者側 | 1 | 47 | 32 | 4 | 3 | 87 |
|  | 1.1% | 54.0% | 36.8% | 4.6% | 3.4% | 100.0% |
| 全体 | 10 | 230 | 153 | 34 | 14 | 441 |
|  | 2.3% | 52.2% | 34.7% | 7.7% | 3.2% | 100.0% |

ともない拡充されたが，それ以前から1ヶ月を単位とする変形労働時間制度は存在した．したがって，まったく新しい制度というわけではなく，この点で，解雇予告制度と差があるわけではない．両者の相違は，もっぱら使うか使わないか，という点にあるのであろう．もちろん，このことは，中小企業における労働時間が，変形労働時間制度を使うまでもないほど短いことを意味しているのではない．少なくとも統計上は，中小企業における労働時間は大企業とたいして変りはない[2]．

　また，第2部第7章で触れられているように，変形労働時間制度を採用している企業はすでに過半数に達しており，30人から99人規模の企業においても53.5%がこれを採用しているという調査報告がある．これを本調査の結果と突き合わせると，採用企業の割合と知識を有する企業の割合がほぼ符号することになる．制度利用が知識を前提とすると考えるならば，知識を有する企業でのみ変形労働時間制度が利用されている，という実態が存するようである．実際，この制度を利用する企業が次第に増加していることを考えると，知識が広まるに従い，制度利用も広まりつつあるという実態が存するのであろう．

　変形労働時間制度は，使用者が利用しないのであれば，それにより労働者が不利益を受けるようなものではなく，むしろ，その利用が使用者の利益となるような性質のものである．したがって，これを利用しなかったからといって，労働基準法違反になるようなものではなく，ただ，場合によっては不必要な割増手当などを支払うことになるだけである．これに対し解雇予告は，解雇をする場合には必ず行わなければならない手続である．こうした違いが，数字の背景にあるのであろう．また，変形労働時間制度の利用は時間管理などの事務負担を増大させ，これが労務担当要員を十分確保できない中小企業にとっては，かなり高いハードルになっているのではないか，といった予想をしていたが，それよりもむしろ，そもそも制度が十分に知られていないのではないかと思われる．たとえば，30人未満の小売業，飲食業などに認められる非定型的変形労働時間制度は，必ずしも利用コストは大きくないし，また，使用者にとって大きなメリットのある制度であるが，この制度を利用できる経営者を多く含むグループについても，変形労働時間制度に関する知識は乏しく，むしろ平均以下の数字を示している．小売業や飲食業などの実態を考えると，非定型的労働時間制度の利用はコスト面でかなり効果的な方策であると考えられるが，そもそ

も労働時間規制自体に対して十分な認識がないということであろう．したがって，この制度に関する知識が広まれば，今後，さらに制度利用も広がっていくと予想される．

### （3）育児休業制度

　解雇予告制度と変形労働時間制度については，労使間で大きな相違は見られないが，育児休業制度に関しては，労使間で顕著な相違が出た．調査では，父親が育児休業を請求できるか否かについて質問したが，経営者の正答率は45.5%にとどまったのに対し，管理職を含む労働者側での正答率は81.7%に達した（表4-21参照）．また，経営者の場合，規模に応じた相違が顕著である（表4-22参照）．すなわち，1人から9人までの企業規模の経営者の正答率は，38.8%であるが，規模が大きくなるに従い正答率も高くなり，10人から29人規模では49.5%，30人から99人規模では55.6%，100人から299人規模では78.6%と

表4-21　育児休業制度に関する知識［全体］

|  | はい（正） | いいえ（誤） | わからない | NA | 合　計 |
|---|---|---|---|---|---|
| 経営者 | 161 | 87 | 95 | 11 | 354 |
|  | 45.5% | 24.6% | 26.8% | 3.1% | 100.0% |
| 労働者側 | 71 | 7 | 7 | 2 | 87 |
|  | 81.7% | 8.0% | 8.0% | 2.3% | 100.0% |

表4-22　育児休業制度に関する知識（経営者：規模別）［全体］

|  | はい（正） | いいえ（誤） | わからない | NA | 合　計 |
|---|---|---|---|---|---|
| 1-9人 | 76 | 51 | 64 | 5 | 196 |
|  | 38.8% | 26.0% | 32.7% | 2.6% | 100.0% |
| 10-29人 | 49 | 26 | 21 | 3 | 99 |
|  | 49.5% | 26.3% | 21.2% | 3.0% | 100.0% |
| 30-99人 | 25 | 8 | 10 | 2 | 45 |
|  | 55.6% | 17.8% | 22.2% | 4.4% | 100.0% |
| 100-299人 | 11 | 2 | 0 | 1 | 14 |
|  | 78.6% | 14.3% | 0.0% | 7.1% | 100.0% |
| 全　体 | 161 | 87 | 95 | 11 | 354 |
|  | 45.5% | 24.6% | 26.8% | 3.1% | 100.0% |

なっている．

　労働者側が自分の権利について敏感なのは理解できるが，81.7%という数字は団結権の場合の74.8%よりも高いものとなっている．逆に，使用者側の45.5%という数字は，団結権の場合の49.7%よりも悪い数字である．この制度が比較的新しいことを考えると，労働者側の正答率の高さは理解できる．しかし，経営者の数字は意外，ということになる．結局，零細企業の経営者は，こうした法律の変化に対して十分な関心をもっていない，としか理解のしようがないと思われる．

## （4）解雇権制限に関する判例法理

　労働者を解雇する場合には，前述したように，労基法上解雇予告をする必要があるが，これとは別に，そもそも解雇自体が許されない場合がある．たとえば，労基法19条は，労災による休業や産前産後の休業中の労働者に対する解雇を禁じている．しかし，解雇に対するもっとも重要な制限は，このような法律ではなく，裁判所の判例によって行われている．すなわち，わが国の裁判所は，社会的相当性を欠く解雇は権利の濫用にあたり，無効であるとの判例法理を確立しており，解雇制限法を有するヨーロッパ各国と同様の，場合によってはそれ以上に厳しい解雇制限を実施している．したがって，少なくとも理論的な側面に限ってみれば，わが国の労働者は不当な解雇から手厚い保護を受けていると評価できる．しかし，問題は，こうしたルールが実効性をもっているか否かという点にあろう．そして，その前提として，そもそもこのルールが知られているのか，という点がきわめて重要な意味をもつことになる．

　本調査では，このような関心から，解雇制限の法的根拠に関する質問も行った（表4-23，表4-24参照）．その結果は，「解雇を制限する法律があるので，それさえ守れば解雇できる」との回答がもっとも多く，経営者で70.6%，管理職を含む労働者で66.7%であった．「解雇を制限する法律はないが，裁判所が解雇権に厳しい制限を加えている」という正しい選択肢（厳密に言えば労基法19条など解雇を制限する法律はあるので，この選択肢は誤りであるが，選択肢間のめりはりを強調するためにあえてこのような選択肢にした）を選んだ回答は，経営者の場合で7.1%，労働者の場合で13.8%であった．「何の制限もなしに自由に解雇するこ

表4-23 解雇制限に関する知識［全体］

|  | 自由に解雇できる | 法律の制限さえ守ればよい | 判例の厳しい制限がある | その他 | わからない | NA | 合計 |
|---|---|---|---|---|---|---|---|
| 経営者 | 9 | 250 | 25 | 18 | 39 | 13 | 354 |
|  | 2.5% | 70.6% | 7.1% | 5.1% | 11.0% | 3.7% | 100.0% |
| 労働者側 | 4 | 58 | 12 | 1 | 7 | 5 | 87 |
|  | 4.6% | 66.7% | 13.8% | 1.1% | 8.0% | 5.7% | 100.0% |

表4-24 解雇制限に関する知識（経営者：規模別）［全体］

|  | 自由に解雇できる | 法律の制限さえ守ればよい | 判例の厳しい制限がある | その他 | わからない | NA | 合計 |
|---|---|---|---|---|---|---|---|
| 1-9人 | 5 | 134 | 9 | 10 | 30 | 8 | 196 |
|  | 2.6% | 68.4% | 4.6% | 5.1% | 15.3% | 4.1% | 100.0% |
| 10-29人 | 4 | 73 | 7 | 6 | 7 | 2 | 99 |
|  | 4.0% | 73.7% | 7.1% | 6.1% | 7.1% | 2.0% | 100.0% |
| 30-99人 | 0 | 34 | 6 | 1 | 2 | 2 | 45 |
|  | 0.0% | 75.6% | 13.3% | 2.2% | 4.4% | 4.4% | 100.0% |
| 100-299人 | 0 | 9 | 3 | 1 | 0 | 1 | 14 |
|  | 0.0% | 64.3% | 21.4% | 7.1% | 0.0% | 7.1% | 100.0% |
| 全体 | 9 | 250 | 25 | 18 | 39 | 13 | 354 |
|  | 2.5% | 70.6% | 7.1% | 5.1% | 11.0% | 3.7% | 100.0% |

とができる」という回答も，使用者側で2.5%，労働者側で4.6%みられた．使用者側で，自由に解雇できると回答したものは，いずれも30人未満の企業の経営者であり，それを超える規模の企業の経営者にはさすがにそのような回答は見られなかった．しかし，100人を超える規模の企業の経営者でも，判例法理に解雇制限の根拠があると回答したものは21.4%にすぎず，64.3%は，法律の規定さえ守れば解雇できると回答している．実際，実務では，労基法19条，20条さえ遵守すれば解雇できると考えられているケースが多く，このような知識の欠如が使用者を思わぬ落とし穴に突き落とすことになる．しかし，労働者側についてみても，事情はそれほど変わらず，とくに労働者側の回答者には労務担当の管理職が相当数含まれていること，組合員が平均以上に含まれていることなどを考えると，労働者の平均的な姿は，使用者の場合よりさらに悪い可能性も十分ある．そうだとすると，たとえ，使用者が判例法理を無視して（知らずに）解雇しても，多くの場合，労働者側もそれに疑問を感じないまま，事件にはならずに終わってしまうことになる．

以上から得られるのは，判例法理は一般人にはほとんど知られることはない，という知見である．労働法を専門に扱っている者からみれば，解雇権を制限する判例法理は，現行労働法における基本原則の一つであり，常識である．しかし，法律の専門家ではない国民からしてみれば，また，法律家であっても労働法をかじったことのない者からみれば，解雇権濫用法理はけっして常識ではなく，むしろ，知られざるルールにすぎない．多くの一般人にとってみれば，法とは制定法のことであって，裁判所によって判例法理が形成され，それが場合によっては決定的に重要なルールを形成していることなど，知らないのが普通である．その結果，実務は判例法理と無縁な形で動いており，たまたま紛争になって事件が裁判所にもちこまれると，当事者が知らなかったルールで事件が処理されることになる．裁判所は，長期雇用慣行を基礎に解雇制限法理を構築しているため，判例ルールが労使関係実務とかけ離れてはいない，と考えるかもしれないが，少なくとも中小企業においてはそもそも長期雇用慣行自体がはっきりしない．もちろん，転職が容易でないわが国において，多くの経営者は雇用保障に向けた努力を行ってきたが，浮き沈みの激しい中小企業にとってみれば，現実問題として長期雇用を保障することは困難である．やはり中小企業主にとっては，判例による解雇制限法理は未知なる存在である．

　誤解を避けるために一言しておくが，以上のような結果から，中小企業については解雇制限をすべきでない，とここで主張しているわけではない．すでに別稿[3]にて検討したように，解雇制限自体の必要性は雇用慣行と無関係に存在する．このことは，長期雇用慣行が存在すると言われていない国においても解雇制限が行われてきたことをみれば，明らかである．ここで問題にしているのは，解雇制限といった重要なルールが法律で規定されていないことである．このような状況は，実際に保護を受けられる労働者の数を制限してしまうし，また，使用者にとっても予測しなかった結果をもたらすことになる．判例法理は，けっして一般国民にとってオープンなものではない．法律家の数が飛躍的に増加し，国民生活の隅々にまで法律家の活動が及ぶといった状況が実現されない限り，少なくとも重要なルールは法律によって明確に示される必要がある．

## 4-6 労働法に対する全般的評価

　ここでは，現行労働法に対する全般的評価についての調査結果を紹介しておこう（表4-25，表4-26参照）。「あなたは現在の労働法につき，どのようにお感じですか．」という質問に対して，6個の選択肢を用意したところ，次のような結果となった．もっとも多かった回答が「法律には関心があるが，触れる機会がないので，内容をよく知らない」というもので，全体の41.3％を占めた．次いで多かった回答は「労働者を過度に保護しており，問題である」というもので25.9％であり，「労働者の利益を十分に保護できておらず，問題である」という回答は7.3％，「法律は建前にすぎないので，どのような内容であっても関心はない」という回答は6.1％であった．また，「法律を遵守するつもりはないので，関心はない」を選択した回答も5（1.1％）あった．これを経営者だけについ

表4-25　労働法に対する全般的評価［全体］

|  | 経営者 | 労働者側 | 合　計 |
|---|---|---|---|
| 労働者を過度に保護している． | 92 | 22 | 114 |
|  | 26.0% | 25.3% | 25.9% |
| 労働者の利益を保護できていない． | 19 | 13 | 32 |
|  | 5.4% | 14.9% | 7.3% |
| 法律は建前なので関心がない． | 21 | 6 | 27 |
|  | 5.9% | 6.9% | 6.1% |
| 法律を守る意思はないので関心がない． | 4 | 1 | 5 |
|  | 1.1% | 1.1% | 1.1% |
| 法律に関心はあるが内容を知らない． | 160 | 22 | 182 |
|  | 45.2% | 25.3% | 41.3% |
| その他 | 37 | 14 | 51 |
|  | 10.5% | 16.1% | 11.6% |
| 複数回答 | 11 | 2 | 13 |
|  | 3.1% | 2.3% | 2.9% |
| NA | 10 | 7 | 17 |
|  | 2.8% | 8.0% | 3.9% |
| 合　計 | 354 | 87 | 441 |
|  | 100.0% | 100.0% | 100.0% |

表4-26 労働法に対する全般的評価（経営者：規模別）［全体］

| | 1-9人 | 10-29人 | 30-99人 | 100-300人 | 全 体 |
|---|---|---|---|---|---|
| 労働者を過度に保護している． | 38 | 27 | 20 | 7 | 92 |
| | 19.4% | 27.3% | 44.4% | 50.0% | 26.0% |
| 労働者の利益を保護できていない． | 12 | 4 | 3 | 0 | 19 |
| | 6.1% | 4.0% | 6.7% | 0.0% | 5.4% |
| 法律は建前なので関心がない． | 17 | 2 | 1 | 1 | 21 |
| | 8.7% | 2.0% | 2.2% | 7.1% | 5.9% |
| 法律を守る意思はないので関心がない． | 2 | 2 | 0 | 0 | 4 |
| | 1.0% | 2.0% | 0.0% | 0.0% | 1.1% |
| 法律に関心はあるが内容を知らない． | 104 | 43 | 8 | 5 | 160 |
| | 53.1% | 43.4% | 17.8% | 35.7% | 45.2% |
| その他 | 12 | 14 | 10 | 1 | 37 |
| | 6.1% | 14.1% | 22.2% | 7.1% | 10.5% |
| 複数回答 | 6 | 3 | 2 | 0 | 11 |
| | 3.1% | 3.1% | 4.4% | 0.0% | 3.1% |
| NA | 5 | 4 | 1 | 0 | 10 |
| | 2.6% | 4.0% | 2.2% | 0.0% | 2.8% |
| 合 計 | 196 | 99 | 45 | 14 | 354 |
| | 100.0% | 100.0% | 100.0% | 100.0% | 100.0% |

てみると，「内容を知らない」という回答が45.2%であり，次いで「労働者を保護しすぎ」が26.0%，「無関心」が5.9%，「労働者の利益を保護できていない」が5.4%という結果になっている．これに対し，管理職を含む労働者の場合には「内容を知らない」という回答が25.3%であり，経営者の場合よりもかなり少なくなる．また，「労働者を保護しすぎ」という回答も25.3%あり，むしろ経営者の場合よりも多くなっている．労働者87のうち，55が管理職による回答のため，このような結果になっていると思われる．他方，「労働者の利益を保護できていない」という回答も14.9%と経営者の場合の3倍弱となっている．

経営者の場合，企業規模に応じた相違が顕著である．たとえば，「内容をよく知らない」という回答は，1人から9人までの企業規模の経営者の場合に53.1%ともっとも多く，30人から99人規模の経営者の場合には17.8%という数字になっている．もっとも，100人から299人規模の経営者の場合にはふたたび，35.7%と比率が大きくなる．これは，サンプル数が少ないためかもしれないが，この規模の企業では，労務担当の従業員をおけるようになり，その結果経営者本人の知識が乏しくなるためかもしれない．反対の傾向を示すのは，「労

働者を過度に保護している」という回答の場合である．この選択肢を選んだ回答の割合は，企業規模が大きくなるに従い大きくなっている．さらに，「関心がない」という回答については，1人から9人規模の企業では9.7％とおおよそ10人に1人の割合で存在するが，それ以上の規模ではほとんど存在しない．

　以上の結果から，零細企業の経営者の場合には1割ほどの無関心層が存在するものの，労働法に何らかの関心を示すものが多数である．しかし，内容を知らないと考えている者が過半数を占めており，団結権や変形労働時間制度，あるいは育児休業制度などの質問結果をみると，これらの回答者は実際にも十分な知識をもっていないと言える．内容を知らないとの回答は企業規模が大きくなるに従い減少するが，他方で，労働者を保護しすぎであるとの回答が多くなってくる．労働法の内容を知ると，その内容に対して批判的な態度をとることになるわけであるが，これは，回答者の大半が経営者であることを考えれば，むしろあたりまえの結果であろう．

　なお，この設問については「その他」として自由記入欄を設けていたが，そこでは，現状にとくに問題はないとする意見，労働者を保護しすぎである場面と保護が十分でない場面の両方があるとする意見，規制が時代の変化に対応していないとする意見などが多かった．また，中小企業，あるいは個人企業の場合，遵守したくても遵守することが難しいといった意見も見られたが，他の意見に比べて多かったわけではなく，この点は意外であった．さらに，経営者からの回答がほとんどであったため，労働者の資質や態度に不満をもっているとする意見や，特定の組合に対する批判も散見された．

## 4-7　オーストリアでの調査結果との比較

　ここでは，オーストリアにおける調査との比較を行いたい．冒頭でも述べたように労使関係や法制度がかなり異なるので，有意義な結論はそれほど期待できないが，両国間での大雑把な異同は確認できると思われる．なお，オーストリア側調査の結果については第5章を参照されたい．

## （1）集団的な関係について

　まず，オーストリアにおける経営協議会の設置であるが，5人以上の従業員が働く事業所で設置が可能となっている．設置可能性のある事業所のうち，設置されていたのは11事業所でこれは25％にあたる．回答者の選択が必ずしも無作為抽出ではないので，これが実際の状況を反映しているか不明である．しかし，オーストリアにおいても，中小企業では経営協議会が設置されていないことの方が多いことは一般的な認識となっている．また，横断的組合の影響力に関してチェック・オフの実施状況などについて質問がなされており，そこから，20人以下の企業では横断的組合の影響力がほとんどない，との結論が導かれている．少なくともこの規模の事業所に関しては，集団的労使関係の形成という点で，程度の差はあるもののわが国におけるのと同様の問題が存在している．

　興味深いのは，経営協議会が設置されていない事業所に対して，設置されていない理由を尋ねた結果である．労働者側の回答では，約半数（36／71）が「法律上規定されていない」と誤って回答しており，「被用者が望まない」と「労使ともに望まない」を合わせた数35.2％よりも多くなっている．他方，使用者側の回答では，33.3％（11／33）が「法律上規定されていない」という誤答をしているが，「被用者が望まない」と「労使ともに望まない」という回答の方が，45.5％（15／33）と多くなっている．これらから，労使間の意識のギャップを確認することができる．すなわち，使用者は労働者が考えている以上に，労働者が経営協議会の設置を望んでいないと考えているが，労働者は，むしろ，設置可能性が法律上存在しないと考えている．この結果は，日本での調査と相通じるところがある．前述したように，日本での調査においても，使用者は，労働者が考えている以上に，労働者は労働組合の結成を望んでいないと考える傾向が確認されている．

　未組織の企業における労働条件形成の方法について比較するとどのような結果が出るであろうか．オーストリア側調査とは回答の選択肢が異なるため，比較が困難であるが，使用者の単独決定という回答がともに2割前後で共通している．それ以外は何らかの形で従業員の意向が反映されるような方法がとられ

ている．ただ，日本側調査の回答者には零細企業が多いために，個別合意という選択肢を設けたところ，2割を超える回答がこれを選択した．オーストリア側調査では，このような選択肢が設けられておらず，従業員との非公式の協議という回答が67%ともっとも多くなっている．日本側調査における「数人の従業員の意向を打診したうえで使用者が決める」という回答が，使用者の決定という点を重視して選択されたものか，それとも従業員の意向への配慮という点を重視する趣旨か，2通りに解釈できるため，これ以上の比較は困難であるが，少なくとも，両国とも，完全に一方的な決定は2割程度にとどまる点で一致していると言える．

(2) 個別法上のルールについて

それでは，個別法上のルールに関する知識はどうであろうか．

まず変形労働時間制度であるが，「許されない」とする誤答率で比較すると，日本側調査では，経営者の34.2%が誤答しているのに対し，オーストリアでは16%である．オーストリアにおける導入が最近のことであることを考慮する必要があるが，日本の経営者の誤答率がかなり高い．この傾向は育児休業でみるとさらに顕著となる．父親が育児休業を請求できるか，という同種の質問に関して，日本の経営者の正答率は45.5%であるが，オーストリアの使用者の正答率は100%である．日本の育児休業法の成立は1991年のことであり，それほど古い話ではなく，しかも近時にあっては介護休業が議論されていた．したがって，関心が寄せられてもよい問題なのであるが，現実はこうした数字になっている．回答者の抽出方法が異なるので断言はできないが，オーストリアにおける方がわが国におけるよりも法律への関心が強い，ということであろう．このことは，社会の法化の程度が異なることを示すものとも言える．

変形労働時間制度や育児休業制度に関して高い正答率を示すオーストリアであるが，労働者の重要な権利である解雇保護に関しては正答率が低くなっている．それでも7割以上の使用者は知識を有している．ただ，即時解雇に関する規制はいささか複雑であることから，正答率が一気に低下している．複雑な制度は，いかに法的関心が高い社会であっても，結局普及しないということであろう．これに対しわが国の場合，解雇制限法理に関してはきわめて悪い数字が

出ている．育児休業や変形労働時間制度における正答率を考慮すると，判例による規制という事情がこの数字に影響していることは確実である．こうした事情はオーストリアにおいても同様である．オーストリアでは，任意的社会給付（ボーナスなど）の打ち切り問題について判例がルール形成しているのであるが，そのような給付を行っている使用者34人のうち19人（55.9％）はこの判例ルールについて知識をもっていなかった．単純なルールであるにもかかわらず，法律に制度が規定されている場合に比して，顕著な差が生じている．判例のルールと制定法のルールとの間には，知識の普及という点で決定的な相違がある．

## 4-8　おわりに

　オーストリアにおいても，また，わが国においても，中小企業労働者の多くは未組織であり，集団的労働関係が十分に形成されていない．その限りで，両国の労働法は共通の問題に直面していると言える．ただ，その含意は相当に異なる．まず，オーストリアにおいては，未組織企業においても協約賃金が広く適用されており，未組織労働者の労働条件も労働組合の影響下にある．もっとも，この事情を認識していない労働者も多いが，それだけ横断的労働組合が社会に根付いているという証拠であろう．他方，法的ルールに関する知識が示すように，オーストリアでは法律というものが社会に深く浸透しており，かなりの程度の実効性をもって，その目的を達成しているのではないかと考えられる．これに対しわが国においては，中小企業労働者は集団的労働関係の影響下になく，もっぱら世間相場と使用者の恩恵の間で労働条件を決定されている．また，法に対する関心はしだいに強くなっているものの，なお，経営者の労働法に関する知識は十分でなく，法律を作っても実効性を十分にもてない状況にあるように思われる．このように，両国の中小企業労働者は同じく未組織といっても，そのおかれた実質的状況は相当に異なり，わが国における中小企業労働者の地位がいかに不安定なものであるかが，あらためて痛感されるところである．

第4章 註 ─────────────────────────────────
1）オーストリアの労使関係やそれをめぐる法制度に関しては，テオドール・トーマンドル監修，下井隆史・西村健一郎・村中孝史編訳『オーストリア労使関係法』(1992年，信山社) 61頁以下，テオドール・トーマンドル，カール・ヒュールペック原著，村中孝史監修『オーストリアの労使関係と社会保障』(1997年，世界聖典刊行協会) などを参照されたい．
2）平成11年度版労働白書485頁参照．
3）村中孝史「日本的雇用慣行の変容と解雇制限法理」民商法雑誌119巻4・5号582頁．

# 第5章　オーストリアの中小事業所における労働法の知識

テオドール・トーマンドル
皆川宏之訳

## 5-1　はじめに

　1993年,オーストリアで興味深い研究の成果が公刊された[1]。オーストリア人1000人へのアンケートに基づく研究であるが,それによると,日常生活にかかわる重要な諸法律に少なくとも感覚的には通じていると考えている者は40％にすぎなかった。残りの回答者の半数は,誰に助言と援助を求めればよいかについては知っていると考えていた。最近行われた法律改正や,改正議論のあるものについて回答者が知っているかどうかを調べた結果は,非常に否定的なものであった。たとえば妊娠中絶,警察権限,人格的自由の保護,刑の執行に関する規制のような重要なテーマについて知っていたのは回答者のせいぜい20～35％にすぎなかった。

　法知識一般に関するこのような調査結果を見ると,中小事業所における労働法の知識の状態を調査することは興味深く思われる。というのも,中小事業所が,オーストリアにおける事業所の大部分をなしているからである。1997年時点において[2],オーストリアには17万4162の零細事業所（被用者5人以下の事業

所）があり，それは全オーストリア事業所の69%を占め，そこでは30万5199人の被用者（オーストリアの全被用者の11%）が就業していた．また，その零細事業所を含む小規模事業所（20人までの被用者を有する事業所）の数は23万1571で，これは全事業所の92%におよび，そこではオーストリアにおける全被用者273万6844人のうちの36%が働いていた．中規模事業所（21人から300人までの被用者を有する事業所）の数は1万8382（全事業所の7%）であり，そこでは全被用者の33%が就業していた．また，大規模事業所の数は982（全事業所の1%）にすぎないが，就労している被用者の割合は31%に達する．

ウィーン大学労働法・社会法研究室は，ウィーン地区の50の事業所（零細事業所6，5〜20人の被用者がいる事業所21，中規模事業所23）を調査した．その事業所の業種は，中小工業（22），商業（13），旅行業（8），工業（4），自由業（2），協同組合（1）と様々である．これらのうち，事業所に経営協議会があったのは11か所であった（表5-1参照）．

いずれの事業所についても，使用者（ないし代表者）と，可能な限り2人の被用者（ブルーカラーとホワイトカラー1人ずつ）に，そして経営協議会がある事業所ではそのメンバーにもアンケート用紙を渡してインタビューを行った．全部で163のインタビューが行われ，対象者の内訳は使用者が50人，経営協議会のメンバー（以下では「経営協議会委員」と呼ぶ）が10人，そして103人の被用者（ホワイトカラー74人，ブルーカラー29人）である．一つの事業所については，争議の最中であることから経営協議会への質問は見送った．

我々の調査の主たる目的は，法律もしくは労働協約が知られており，その結果遵守されるチャンスがあるかどうかを探ることにあった．さらに経営協議会のある事業所での知識水準はそれがない事業所より高いかどうかということにも関心があった．加えて，経営協議会のない事業所では，何故それがないのか，

表5-1 経営協議会はありますか（事業所規模別）

|  | はい | いいえ | 合 計 |
|---|---|---|---|
| 5人以下 | 0 | 6 | 6 |
| 5〜20人 | 10 | 11 | 21 |
| 21〜300人 | 1 | 22 | 23 |
| 合 計 | 11 | 39 | 50 |

従業員全員にかかわるような問題がどのようにして解決されているのかに興味があった．

最後に，とくに我々がインタビューを受けた全員について知りたかったのは，彼らが労働法の利点・欠点をどこに見ているかということであった．

## 5-2　主 な 結 果

### （1）労働組合に関する質問

労働組合に関する質問は，使用者が組合費を徴収して組合に支払うといういわゆるチェックオフを行っているか，というものだけであった．回答を見ると，零細事業所ではまったく行われておらず，残りの23の小規模事業所の場合にもわずかに1事業所だけで行われているにすぎなかった．これに対し中規模事業所の場合には43％で行われていた．ここから示唆されるのは，労働組合と非常に密接な関係にあるウィーン地区においてすら，小規模事業所では労働組合の直接的な影響は存在しないということである．

質問を受けた被用者の中で，労働組合が自分に（個人的に）何か肯定的なことをしてくれた，と述べた者は20％にすぎない．彼らには労働組合によって締結された労働協約が適用されており，また全被用者の少なくとも70％が，最低賃金請求権が労働協約に基づくものであると知っていることを踏まえると，この結果には驚かされる．労働組合が肯定的に見える場合を尋ねたところ，労働協約政策は2番目で，サービス給付（法律相談/助言，情報提供，継続教育コース）が1番に挙げられている．

### （2）事業所における共同決定

経営協議会が存する事業所の中で，経営協議会のために企業運営が難しくなっていると使用者が述べたのは27％（つまり問題となる事業所11のうちの3

事業所)にすぎなかった．とはいえ，これらの事業所における経営協議会委員は，事業所所有者と自分たちの関係は普通であると見ていた．一般的には，経営協議会委員の40％が使用者と自らの関係を良好であると見ており，普通としたのが50％，悪いとしたのは10％のみであった．

　オーストリア法によれば，最低5人の被用者がいる事業所では経営協議会を選出することができる（いわゆる経営協議会設置義務のある事業所）．被用者が経営協議会の選出を行わないでいると，従業員の法定参加権はすべて失われてしまう．それゆえに，経営協議会の設置可能性に関する知識は広範に普及していると想定されていた．それゆえ我々は，経営協議会のない事業所すべてにおいて，なぜ経営協議会が存在しないのかについて質問を行った（表5-2）．零細事業所の場合，法律の求める要件が満たされていないということについて，使用者は5人中4人が知っていたものの，被用者のうちで知識をもっている者は3分の1にすぎなかった．経営協議会設置義務のある事業所の場合，使用者の3分

表5-2　なぜあなたの事業所には経営協議会がないのですか

(使用者側回答)

|  | 経営協議会設置義務のある事業所 | 設置義務のない零細事業所 | 全事業所 |
| --- | --- | --- | --- |
| 使用者が望まない | 6 | 0 | 6 |
| 労使ともに望まない | 10 | 1 | 11 |
| 被用者が望まない | 5 | 0 | 5 |
| 法律上規定されていない | 11 | 5 | 16 |
| 意味不明の回答 | 1 | 0 | 1 |
| 合　計 | 33 | 6 | 39 |

(被用者側回答)

|  | 経営協議会設置義務のある事業所 | 設置義務のない零細事業所 | 全事業所 |
| --- | --- | --- | --- |
| 使用者が望まない | 5 | 1 | 6 |
| 労使ともに望まない | 9 | 2 | 11 |
| 被用者が望まない | 16 | 3 | 19 |
| 法律上規定されていない | 36 | 4 | 40 |
| 意味不明の回答 | 5 | 1 | 6 |
| 合　計 | 71 | 11 | 82 |

表5-3 経営協議会は法律上規定されていない，という誤った回答の数（企業規模別）

| 事業所規模 | 事業所数 | 被用者数 | 誤った回答の数 | |
|---|---|---|---|---|
| | | | 使用者側 | 被用者側 |
| 5-20人 | 22 | 41 | 10 | 25 |
| 21-300人 | 11 | 30 | 1 | 5 |
| 合　計 | 33 | 71 | 11 | 36 |

表5-4 どのようにして経営協議会は設立されますか
（経営協議会のない事業所の労使）

| | 使用者側 | 被用者側 | 合　計 |
|---|---|---|---|
| 使用者の発議 | 5 | 9 | 14 |
| 被用者の発議 | 25 | 50 | 75 |
| 両者の発議 | 0 | 2 | 2 |
| 労働組合による | 3 | 10 | 13 |
| 労働組合と使用者による | 0 | 2 | 2 |
| 労働組合と被用者による | 3 | 1 | 4 |
| 意味不明の回答 | 3 | 8 | 11 |
| 合　計 | 39 | 82 | 121 |

の1（小規模事業所では半数）と被用者の半数が，彼らの事業所では経営協議会が法律で規定されていないと誤って考えていた（表5-3）．中規模事業所（被用者100人以上のみ）では，使用者はそのことに通じていたが，被用者の3分の1はそうではなかった．経営協議会がないことの他の理由として，これを使用者が望まないからだとしたのは使用者で18％，被用者では7％のみであった．被用者の13％，使用者の30％が，双方の側に従業員組織の必要性がないことを理由とした．少なくとも被用者の23％，使用者の15％が，従業員が経営協議会を望んでいないと述べていた．

　経営協議会のない事業所では，使用者の64％，被用者の61％が，経営協議会委員の選任は被用者のイニシアティヴをもってのみ行われるということを知っていた（表5-4）．しかし驚いたことに，使用者の13％，被用者の11％がイニシアティブは使用者から発しなければならないとの見解をもっていた．

　経営協議会の権限は労働組織法に列挙されているものに限られ，判例によると，労働協約ないし経営協定によってそれを拡張することはできない．この権

限に挙げられているのは，たとえば，配転および解雇保護についての参加，そして使用者と一定の規制内容に関して経営協定を締結する可能性といったものである．いくつかの規制内容（たとえば労働時間の個々の日への配分，あるいは社会計画に関するもの）については，交渉が失敗した場合に両当事者の一方が，調整委員会の決定を求めることができ，その場合その決定は経営協定の法的効力を有することになる．それゆえに，こうした経営協定は「強制可能な経営協定」と呼ばれている．しかしながら，経営協議会は賃金政策，および企業経営への参加については権限がない．

使用者と被用者の圧倒的多数は，経営協議会の主たる任務（表5-5）を，ごく一般的に被用者の利益を代表することにあると見ている．被用者の場合，これとかなり差があるが，2番目に解雇保護に関する参加という回答が多い．しかしながら，とくに興味深い — 予期せぬものではなかったが — 結果は，およそ20％の使用者および被用者が，経営協議会の主な任務を賃金政策および企業経営に関する参加に見ていることであった．これに対応して，11人中3人の使用者，および21人中6人の被用者が，経営協議会は賃金ないし俸給に関して影響力をもつと回答した．経営協議会の存する11の事業所が小規模であることを考えると（1事業所だけが20を超える被用者を雇用していた），被用者も経営協議会がどのような影響力を実際に有しているかを知っていると考えてよい．このことから，経営協議会の存する事業所の約30％で，現実と労働組織法の規制意図が乖離しており，それゆえに経営協議会は事実上，賃金政策にかかわっていると考えることができる．

経営協議会のある11の事業所のうち，9事業所において経営協定が効力を

表5-5　経営協議会の主たる任務は何ですか
(経営協議会の設置された事業所の労使，2つまで回答)

|  | 使用者側 | 被用者側 | 合　計 |
|---|---|---|---|
| 被用者の利益代表一般 | 10 | 14 | 24 |
| 労働者保護 | 2 | 1 | 3 |
| 存続保護 | 1 | 7 | 8 |
| 福利厚生 | 0 | 1 | 1 |
| 賃金政策 | 1 | 4 | 5 |
| 企業経営への関与 | 2 | 2 | 4 |

もっていた．経営協定に関する交渉が失敗した場合に何が起こりうるかとの質問には，使用者の60％，経営協議会委員の80％が正しく「事情による」と回答した．逆に言えば，少なくとも使用者の40％，経営協議会委員の20％がこの問題に正しく回答できなかったことになる．しかし，法律上の解決可能性に関する知識は，「事情による」と答えたグループの中でも非常に分かれていた．正しく答えたのは使用者の7人中4人，経営協議会委員は8人中ただ1人であった．労働組織法に規定された，調整委員会による強制調整の可能性は，中小事業所においては，経営協議会委員にすらほとんど知られていなかったことがわかる．

　経営協議会のない39の事業所では，全従業員にかかわる問題は如何にして解決されるかについての質問が行われた．回答（表5-6参照）は，使用者と被用者で完全には一致しなかった．非公式な協議を通じてそれが行われると述べたのは，使用者では67％を超えたが，被用者では59％にとどまった．2番目に多かったのは使用者による家父長的な解決であった（使用者の21％，被用者の17％）．目を引くのは，そのような問題は被用者の信任委員によって解決されると答えた者が，被用者では16％いたのに対し，使用者にはいなかったことである．ただ，「被用者団体を通じて克服する」という回答と重なっていた可能性があり，両方の回答を併せると使用者の13％，被用者の21％がそのように答えていたことになる．そこにはなお相当開きがあるが，それでもかなり小さくはなっている．それゆえに回答からは，社会的パートナーによる解決は，中小事業所においても明らかに支配的であるということがわかる．家父長的な解決は明らかに少数派であり，その場合，使用者は自らの関与を過大評価する一方で，従業員の信任委員による利益擁護それ自体を明らかに認識していない．

表5-6　全従業員にかかわる問題は事業所においてどのように解決されますか

|  | 絶対数 | | | 割合（％） | | |
| --- | --- | --- | --- | --- | --- | --- |
|  | 使用者側 | 被用者側 | 合計 | 使用者側 | 被用者側 | 合計 |
| 使用者による（家父長的解決） | 21 | 14 | 22 | 21 | 17 | 18 |
| 被用者による（信任委員） | 0 | 13 | 13 | 0 | 16 | 11 |
| 被用者グループによる | 13 | 4 | 9 | 13 | 5 | 7 |
| 非公式の話し合い | 67 | 48 | 74 | 67 | 59 | 61 |
| 意味不明の回答 | 0 | 3 | 3 | 0 | 3 | 3 |
| 合　計 | 39 | 82 | 121 | 100 | 100 | 100 |

## （3）労働協約の知識

　オーストリアでは民間部門において法定の最低賃金は存在しないが，関連するすべての労働協約が最低賃金および最低俸給を規定している．また，労働協約には住居移転の際の休暇や，休暇手当の計算における超過勤務の扱いに関して規定がある．質問を受けた使用者および経営協議会委員は全員，事業所の従業員には最低賃金の請求権があることを知っていた．それでもおよそ8％の被用者にそれについての知識がなかったことは驚きである．この請求権が労働協約に基づくことは，経営協議会委員の場合は全員，使用者については90％が知っていたが，被用者の場合は76％が知っていたにすぎなかった．使用者の6％，被用者の15％が，法定の最低賃金があると誤って考えていた．

　住居の移転はそれほど頻繁に起こらないため，労働協約によって規定された有給休暇請求権はあまり知られていないと予想されていた．ところが実際には，この請求権について経営協議会委員の100％，使用者の94％，質問を受けた被用者の90％が知っていた．それに対して，この請求権が労働協約に基づくものであるということを知っていたのは，経営協議会委員の90％，使用者の62％，被用者の51％であった．誤った情報を得ている者のほとんどは，それが法定の請求権であると考えていた．つまり，明らかに被用者の半数はこの請求権を非公式な仕方で知るに至ったのであり，その際それが労働協約と関係づけられることはなかったわけである．

　休暇手当の計算において超過勤務が考慮されるかどうか（労働協約で規定されている）についての質問に関しては，正しい回答が最低賃金の場合より少なくなるであろう，との我々の予想は正しかった．そうした請求権の存在を知っていたのは，使用者の68％，経営協議会委員の60％，被用者の29％にとどまった．しかし，「知っている者」の中でも，それに該当する規定が労働協約にあることを知っていたのは，使用者と経営協議会委員の場合で50％，被用者では47％のみであった．

## （4）法律知識

1　労働時間の弾力化

　労働時間の弾力化はあらゆるメディアで長い間公に議論の対象となっているのみならず，1997年4月24日の労働時間法改正（官報Ⅰ 1997/46）の重要部分であった．その際，労働時間を個々の週に不規則的に配分するための様々な方法が導入された．けれどもそれは基本的に，労働協約で規定された場合にのみ利用することが可能である．

　「超過勤務手当を支払うことなく，何週かは労働時間を増加させ（たとえば週45時間），何週かは減少させる，という具合に労働時間を配分することはできるか」との質問に対し，経営協議会委員の100％，使用者の84％，被用者の54％が正しく「はい」と回答した．さらに，正しく回答した者に対して，どのような要件のもとでこうしたことが可能かについて質問を行ったが，これに正しく「労働協約」と回答した者は，経営協議会委員の30％，使用者の60％，被用者の60％にとどまった．

2　労働契約の終了

　一般的解雇保護は数十年来存在しているが，近時は公の議論の対象にはなっていない．しかし，それは労働法上のもっとも重要な保護手段の一つであり，とくに失業率が高い時期はそうである．それは零細事業所では適用されないが，それより大きな事業所のすべてで，かつ，経営協議会の選出いかんにかかわらず適用されている．

　一般的解雇保護の存在する事業所において，使用者の30％，経営協議会委員の20％，被用者の27％がそのことに関して何も知らなかった．他方，零細事業所においては，少なくとも使用者の83％，被用者の64％が，職場が法的な手段によって守られる可能性がある，と誤って信じていた．

　最高裁の判例によると，不当に言い渡された即時解雇もまた，労働契約を終了させる．しかし，被用者はそれに対して身を守る二つの可能性を有する．経営協議会設置義務のある事業所では，彼は即時解雇を裁判所で争うことが可能であり，それに勝利した場合は職場を維持できる．しかし，彼は即時解雇を受

け入れ，使用者から損害賠償を求めることもできる．けれども，零細事業所の場合，被用者には第2の可能性についてしか権利がない．

この可能性の両方について知っていたのは，経営協議会設置義務のある事業所では使用者の36％，経営協議会委員の10％，被用者の22％にすぎなかった．取消の可能性に関してのみ知っていたのは，使用者36％，経営協議会委員80％，被用者34％であり，損害賠償請求に関してのみ知っていたのは，使用者23％，経営協議会委員10％，被用者25％であった．少なくとも20％の被用者と4,5％の使用者は両方の可能性とも知らなかった．

零細事業所においては，6人中4人の使用者が損害賠償請求の可能性のみが存すると正確に答えたが，被用者で正しい回答をしたのは11人中1人だけであった．残りの2人の使用者と4人の被用者が，取消も可能であると考えており，また，3人の被用者が両方の可能性があると考え，2人の被用者が制裁の可能性は何ら存在しないと考えていた．

以上をまとめると，被用者が通常解雇ないし誤った即時解雇を受けた場合の法的なリアクションの可能性に関する不知は，その他の点では知識の多い経営協議会委員についてさえ驚くほど大きいということになる．

## 3　親の育児休暇

最近公によく議論されている問題に，母親の育児休暇，そして，それの父親への拡大という問題がある．現在の法律では，育児休暇の請求権は子どもが生まれた後にまず第1に母親に認められるが，彼女は父親のためにそれを放棄するか，あるいは父親と請求権を分轄することができる．これに関連する規定は個々について非常に込み入っている．我々は詳細な知識を問題としたのではなく，父親もまたこの育児休暇を請求できるか，ないし，それを母親と分轄できるかどうかについてだけを知ろうとした．請求権に関してはすべての使用者が知っていたが，分轄可能性については90％であった．被用者については，ほぼすべて(97％)の者が請求権について知っており，86％が分轄可能性についても知っていた．つまり，この問題に関して見る限り，大体の知識は中小事業所にまで広く普及している．

## （5）判例に関する知識

　多くの事業所では，使用者は自由意思に基づいて追加的な社会給付（編者注：クリスマス一時金，永年勤続報奨など）を提供している．使用者はそのような任意の給付をふたたび停止しうるか，そして，それはいかなる前提のもとで可能か，ということはもっぱら判例によって規律されている．判例によれば，そうした給付が反復的に無条件で提供されると，被用者は将来的にこれらの給付に対する法的請求権を獲得し，その請求権は使用者によって一方的には廃止されえないことになる．

　質問を受けた使用者全員の3分の2以上が任意の社会給付を導入していた．しかし，この使用者の半数以上は，彼らがこれらの給付を不景気時には簡単には廃止できないことを知らなかった．任意の社会給付を行っていなかった16人の使用者についてみると，法的な拘束をおそれてこれを行わなかったと述べた者はただ1人で，他の多くは，とくに給付によって生ずるコストを理由に挙げていた．

　つまり，明らかに使用者の圧倒的多数は任意の社会給付の撤回についての判例を知らないのである．

## （6）労働法の一般的な評価

　最後の質問で我々は，すべての使用者と被用者から，彼らがどこに労働法の利点と欠点を見ているかということを知ろうとした．調査では利点と欠点をそれぞれ三つずつ指摘してもらった．

　予期したとおり，15人の使用者（つまり30%）が労働法には利点がないと見ていた．残りの35人の使用者は利点を認めているが，彼らの見解は分かれていた．もっとも多くの（12意見）一致を見たのは，労働法が労働関係に秩序の枠組みをもたらしているという事情であった．それには法的安定性を肯定的に評価した五つの答えを加えてよいであろう．また七つの指摘は被用者保護法に関するものであった．残りの指摘については多くても3人が挙げるにとどまった．労働法の欠点についての質問では，10人の使用者が何も挙げず，労働法は使用

者に対して敵対的であるとしたのはただ1人であった．もっとも多い不満（19意見）を呼び起こしたのは，明らかに労働時間の規制（女性の夜間労働に関する規定を含めて）および法律の氾濫であって，労働法が柔軟性を欠くことと結びついていた（合計12意見）．さらに通常解雇保護を挙げたものが6，実習生保護が5，母性保護（育児休暇）が4あった．

しかし，驚くべきことに，質問を受けた103人の被用者の30％もまた，労働法に利点を認めていない．残りはとくに休暇（26意見）および労働時間の規制（21意見）を利点と考え，また被用者保護（18意見）も利点と考えられていた．さらに，これらから少し離れるが，最低基準の導入と母性保護が各々14意見，そして労働休止の際の報酬継続支払（11意見），通常解雇保護（9意見）と続く．予期したとおり，78人の被用者（つまり76％）が労働法に欠点を認めなかった．残りの被用者の批判は，とくに労働時間の規制（11意見）に対して向けられたが，いかなる理由からこれらの規定が拒否されるのかはわからない．しかし，労働法が柔軟性を欠くことを訴えた意見が六つ，女性の夜間労働禁止についてが三つあったことから，批判はむしろ —— 使用者側と同様に —— 労働時間法が非常に硬直していることにかかわっている．これ以外に複数の指摘があったものとしては，十分とは思えない通常解雇と実習生の保護および労働協約によって導入された最低基準があった．

### （7）よりよく知られているのは法律か，労働協約か？

この質問への答えはアンケート結果から単純には得られない．法知識は問題が近い時期に集中してメディアで議論されていたかどうかに強く影響されることがわかっているので，我々は，当時そうではなかった問題のみを考慮した．それゆえに，法律によって規制される問題としては，解雇保護に対する回答，経営協議会のある事業所での経営協定交渉の失敗についての回答，経営協議会のない事業所での経営協議会選出の前提要件に関する回答のみを利用した．また，労働協約の知識に関しては，最低賃金，住居移転の際の休暇，休暇手当計算にあたっての超過勤務についての質問への回答が利用された．

回答がどの程度正しかったかは，表5-7のとおりである．

また，補足的に，経営協議会のある事業所と，ない事業所を区別してなされ

た質問に対する回答も考慮した（表5-8）.

労働協約によって規制された問題の方が，法律で規制された問題よりもよく知られていた．これは，使用者，被用者の双方に当てはまる．しかし，労働協約による規制の内容について知識のある回答者の50％以上までが，その規制が労働協約の中に存在するということを知らなかった．ここから示唆されるのは，労働協約の当事者は，使用者および被用者に対してこうした規制が労働協約によって導入されたことを十分に意識させることができなかったということである．法律の規制に関して，それが法律によって導入されたことの認識がほぼ同様の程度になるのは，メディアがそれに関して長期にわたって詳細に報道した

表5-7 法律と労働協約の内容に関する質問に対する正答率

|  | 使用者側 | 被用者側 | 経営協議会 |
|---|---|---|---|
| 解雇保護 | | | |
| 経営協議会設置義務のある事業所 | 70% | 73% | 80% |
| 義務のない零細事業所 | 17% | 36% | |
| 即時解雇保護 | | | |
| 経営協議会設置義務のある事業所 | 36% | 22% | 10% |
| 義務のない零細事業所 | 67% | 9% | |

|  | 使用者側 | 被用者側 | 経営協議会 |
|---|---|---|---|
| 最低賃金請求権の存否 | 100% | 92% | 100% |
| 協約に根拠があること | 90% | 76% | 100% |
| 転居時の休暇請求権 | 94% | 90% | 100% |
| 協約に根拠があること | 62% | 51% | 90% |
| 休暇手当計算への残業算入 | 68% | 20% | 60% |
| 協約に根拠があること | 34% | 17% | 30% |

表5-8 経営協議会のある事業所とない事業所で行った異なる質問に対する回答の正答率

|  | 使用者側 | 被用者側 | 経営協議会 |
|---|---|---|---|
| 経営協定交渉の挫折時の手続 | | | |
| 　手続が存することの知識 | 64% | | 80% |
| 　手続の内容に関する知識 | 27% | | 0% |
| 経営協議会選挙 | 64% | 61% | |

場合のみであることは明らかである(例　父親の育児休暇問題).

　続いて我々は個々のグループにおける知識水準を調査した．被用者については，昨今公には議論されていない法律規制の場合，それが非常に重要な通常解雇保護もしくは経営協議会委員の選任といった問題にかかわることでも知識水準は非常に低かった．中小事業所の被用者の4人に1人は，自分に通常解雇保護があることを知らず，他方，零細事業所では3人に2人が自分にそうした通常解雇保護があると誤って信じていた．

　こうした結果はある点で矛盾しているように見える．経営協議会設置義務のある事業所で多くの被用者が誤って通常解雇保護がないと信じているのなら，零細事業所の場合，そのように考える(この場合は正しい)者の数はいっそう多くなると予想される．しかしこの場合は逆なのである．これは，調査を受けた零細事業所におけるホワイトカラーの割合が，より大きな事業所の3倍になっていたからと思われる．ホワイトカラーはブルーカラーよりも労働法をかなりよく知っている．

　経営協議会委員は一般的に使用者や他の被用者と比べて格段に知識が多い．しかし，強制可能な経営協定の交渉が失敗した場合，調整委員会に依頼できることを知っていた経営協議会の構成員は1人もいなかった．また，10人中8人の経営協議会委員が一般的通常解雇保護のことを知っていたものの，不当に解雇された被用者はその解雇を取り消すことも損害賠償を求めることも可能であることについて知っていた者はただ1人であった．労働協約については，常に詳細(休暇手当の計算，労働時間の弾力化)を知っているとは限らないものの，よく知悉していた．

　使用者は一般的に被用者よりも優れた知識水準を有しており，とくに労働協約に関してそうであった．通常解雇保護に関してのみ彼らの知識は相当劣っており，零細事業所においてすらそうである．困難なのは，なぜ経営協議会設置義務のある事業所では30％の使用者が一般的通常解雇保護について知らないにもかかわらず，零細事業所では使用者の83％が，自分の被用者にそうした通常解雇保護があると誤って考えているのかということについての解釈である．考えられる説明は，使用者の大部分は確かに一般的には通常解雇保護の存在を知ってはいるものの，より詳細な内容や，とくにこの保護の適用範囲については知らない，ということではなかろうか．それはまた，なぜ零細事業所の使用

者がより高い誤答率を示すのかということの説明ともなるだろう．ともかくも，使用者の労働法とのかかわり合いは従業員数が増えるにともなって増加し，それにともなって知識水準も向上するということは，納得できることである．

### （8）法知識の全体的な比較

我々は最後に，全体的な評価を試みた．質問全部に関する正答率の平均は，58％（経営協議会委員71％，使用者67％，ホワイトカラー58％，ブルーカラー54％）にとどまった．つまり全被用者のほぼ半数が法的状況を誤って評価していたことになる．とくに知られていなかったのは，休暇手当の計算に際しての超過勤務の扱い，自分自身の即時解雇保護，労働時間の弾力化に関してであり，彼らがもっともよく知っていたのは，親の育児休暇，最低賃金請求権，住居移転についてであった．使用者の場合，もっとも知識が少なかったのは零細事業所での通常解雇保護，および即時解雇保護全般に関してであり，もっとも知識があったのは —— 被用者の場合と同様に —— 最低賃金請求権，親の育児休暇，住居移転であった．経営協議会委員は最低賃金請求権，住居移転，親の育児休暇，労働時間の弾力化可能性についての質問には完全に回答することができたが，それに対し驚いたことに即時解雇保護，経営協定締結の争いに関する調整，労働時間の弾力化のためのより詳細な前提については知識が欠けていた．

経営協議会のある事業所とない事業所の間における知識水準の相違は，驚いたことに小さかった．平均した正答率は，経営協議会のある事業所で65％，ない事業所で61％であった．

## 5-3 結論

残念なことに質問を受けた人間の数が少ないため，信頼に足る一般化は許されない．けれども，これまでのところこの調査に匹敵する調査が存在しないため，少なくともこの調査は，中小事業所における労働法の実際の適用状況に関し，その一端をはじめて伝えるものと言える．

中小事業所において現行の労働法に関する知識水準は低いであろうという推定は確認された．立法者も，労働協約当事者も，その規制内容を規範に服する者たちに十分に伝えることに成功していない．とりわけ奇妙なのは，労働協約の意義でさえ実際には浸透していないことである．被用者の3分の1が，自らの最低賃金請求権が労働協約に基づくことすら知らず，住居移転時の休暇請求権が労働協約に根拠をもつことを知っていたのは半数，超過勤務を休暇手当に際し考慮するよう求める権利が労働協約に規定されていることを知っているのは5人のうち1人にすぎない．この結果は，数年前にオーバーエスタライヒですべての規模の事業所で得られたアンケート結果と一致する．それによると27%の労働組合員が，自分の年間賃金額が労働協約に，つまり労働組合が交渉して得られた法的基礎に基づいていることを知らなかった．彼らはこの賃金額を立法者によるものと考えているのである[3]．

　経営協議会を設置するための前提条件もあまり知られていない．それゆえ，経営協議会設置義務のある事業所の4分の1にしか実際には経営協議会が存在しないことについて驚いてはならない．法律による共同決定のモデル全体が，経営協議会の存在の上に築かれているのであるから，このことは，中小事業所の圧倒的な部分にとって，労働組織法に規定された事業所組織法がわずかな意義すらもたないことを意味するのである．

　労働法自体についてはよく教えられている経営協議会委員の場合でさえ，労働時間の弾力化および休暇手当の計算にとっての労働協約の意義は少数の者にしか知られていない．このため，労働協約の他の内容に関しても，多くの労働者にかかわり，かつ常に問題となるようなものを除いては，不十分にしか知らないのではないか，と推測される．

　それにもかかわらず，労働協約当事者は立法者に比べてその規定をよりよく浸透させることに成功していた．立法者が同程度の知識水準を獲得したのは，最近，長期にわたり公的に議論され，そのためメディアにおいて長らく集中的に報道された問題についてだけであった．これに対し，関係者にとり死活的な問題の場合でさえ，最近に公的な討論の対象となっていないものについては，お粗末なものである．長年失業率が高く，それゆえすべての被用者が職場の喪失に脅かされていることから，一般的な解雇保護は認知度が高いものと，本来は予想すべきであろう．しかしながら，そうではないのである．被用者がこの

通常解雇保護を実際にもっている事業所の場合，それについてブルーカラーの3人に1人，ホワイトカラーの4人に1人が何も知らない．経営協議会委員でも5分の1がこの保護について知らないのである．他方で奇妙なことに，零細事業所では3分の2の被用者が誤って通常解雇保護を有するものと信じていた．不当に即時解雇された被用者が使用者に損害賠償を求めることも，また，経営協議会設置義務のある事業所で就業していたケースでは即時解雇の取消を労働裁判所に求めることもできる可能性については，経営協議会委員の知識の程度がもっとも低かった．この場合の知識は被用者で2倍，使用者では3倍の高さであった．

そのため中小事業所においては，通常解雇保護の労働市場政策上の意義に関するこれまでの推測がこの調査によって相対化されるのである．つまり，経営協議会設置義務のある事業所の使用者の30％が，被用者にそうした通常解雇保護があることを知らないのであるから，彼らにとってこの通常解雇保護は，新しい被用者を採用しないことの理由とはならないのである．他方で，零細事業所では少なくとも83％の使用者が，そうした通常解雇保護が存在すると誤って信じている．彼らについては，現行法に関する誤ったイメージが現実に新規採用を抑制することへと繋がる可能性があるのである．

判例法に関する知識が問われたのは，使用者に向けられた質問ただ一つ，すなわち不況時における任意的社会給付の廃止の可能性に関する質問だけであった．そうした諸々の給付を行っている使用者の56％は，それらを簡単に廃止することは許されないという判例について知らなかった．けれども，任意の社会給付を提供していない使用者についてもまた，知識水準は低かった．それゆえ，いずれにせよ中小事業所においては判例法は法律および労働協約法ほど知られていないと推測されるのである．

調査は，回答者が現行法に関しておおよそのイメージを有しているか否か，また，回答者が規制の根拠がどこにあるのか（法律か労働協約か）を知っているか否かを探ることに限定されていた．しかし，得られた結果からすれば明らかに，詳細についての知識が関係者にまで届くことはさらに少ないであろう．けれども，規制が遵守されるのは，それが知られている場合に限られるのであるから，詳細で込み入った規制が中小事業所の分野で貫徹されうる機会は非常に少ないであろうという，これまでの推測をこの調査は裏付けている．そうした

具体化が明白なものでなければないほど，これが実際に貫徹される機会も少なくなるのである．

　驚かされたのは，現行労働法への一般的な評価の結果である．もっとも，回答者のほぼ半数は明らかに労働法の内容について非常に曖昧なイメージしかもっていない，という点は考慮しておく必要がある．使用者の約30％が労働法に何ら利点を認めないことは予期しえた．それに比べて少なくとも20％の使用者が労働法の欠点を挙げなかったことは予想しにくかった．しかし，いっそう驚かされるのは，30％の被用者が労働法の利点を何も認めなかったことである．けれども，使用者と被用者全員のほぼ3分の1が労働法に不満を抱いているならば，立法者および社会的パートナーに対して警鐘が鳴らされる必要があるだろう．

　使用者が認めた利点で一番多かったのは，労働法によって保障される法的安定性であった．むしろ驚かされるのは，使用者が被用者保護に対し一貫して肯定的な態度を取ったことである．使用者が主に批判した点は，労働時間規定と，立法者の硬直的な態度および過剰規制の傾向であった．これが被用者の側においても主たる批判点であったことは驚くべきことではない．立法作業や労働協約の締結にかかわったすべての者が，それを心に留めておくべきであろう．使用者と被用者のいずれもが，硬直的で複雑な規制の創出など望んでいないのである．つまり，簡潔で弾力的な解決が望まれているのにそれを無視すると，そのことが現行法の遵守を危うくする主因の一つになりかねない，との再三述べた推測には経験的な裏付けが存在するのである．

　中小事業所で共同決定は大きな役割を果たしていない．けれども，経営協議会のために企業経営が難しくされていると3人の使用者が考えていたにもかかわらず，事業所における共同決定に反対したのは（経営協議会のある使用者11人中）ただ1人であったということは予期できなかった．この唯一の反対意見は，経営協議会と過去に争議のあった使用者から出されたものであろう．しかし，経営協議会委員の中で使用者との関係が悪いとしたのも10人中1人のみであった（実際に争議中であった委員の意見は聞かれていない）．奇妙なことに，共同決定に対する肯定的な反応がもっとも少なかったのは，被用者の場合であった．経営協議会思想は使用者および被用者に受け入れられているものの，被用者に特別の熱情はないことがそれによって示唆されている．

経営協議会のある事業所では，法定の参加可能性と現実との間の乖離が明らかにされた．立法者は経営協議会委員の任務を厳格に限定しているにもかかわらず，使用者と被用者の双方で多数の者が，その主な任務を包括的な利益代表にあると見ている．これは，使用者が挙げた経営協議会委員の具体的任務がまちまちであることの説明となっているであろう．被用者は一般的な利益代表以上に，とくに存続保護（配転，通常解雇，即時解雇からの保護）および賃金決定への参加を経営協議会委員に期待している．しかし，まさに賃金政策において，ここで問題としている現行法との不一致が明白となる．立法者は労働組合のために，経営協議会委員に賃金決定への参加を認めないことを意図して，これに関連する共同決定の可能性を本来の賃金政策ではなく付随的問題に限定したのである．中小事業所での現実は異なるようである．使用者および被用者の4分の1以上が，経営協議会は確かに賃金に影響力があると述べている．こうした事業所においては，経営協議会が公認された形で賃金政策に結びつけられていることは明らかである．

しかし，また，この調査により，中小事業所における労使関係の他の面についても，いくつかの重要な知見を得ることができた．小規模事業所の場合，ウィーン地区においてすら労働組合の組織はほとんど存在しなかった．そのため，質問を受けた被用者のうち，自らの事業所における何らかの労働組合活動について知っていたのは8％だけであり，労働組合が何か肯定的なことをしてくれると考えた者が被用者の5人に1人（労働組合員のいる事業所では何と20人中1人！）だけであったことは不思議なことではない．被用者の70％は最低賃金請求権が労働協約によることを知っているのだが，労働組合員は，自らの賃金政策への関与を被用者に意識させることには成功していない．賃金政策に関する場合でも，労働組合による労働協約締結が個人的にも利益となったと考えた被用者が7％しかいないわけであるから，労働組合の関与の意義が被用者にほとんど知られていないことが確認されたのである．

有意義な回答を得られたのは，法律上は経営協議会設置義務のある事業所であるにもかかわらず，なぜそれが設置されないのかという質問であった．被用者では7％，使用者では18％が，使用者が経営協議会を望まないという理由を挙げた．被用者側と使用者側の両方が望まないから，という回答でも，同じような見解の相違が確認できた．すなわち，被用者の13％，使用者の30％がその

ように回答した．他方，被用者が経営協議会に関心をもたないと考える使用者は15％であるのに，被用者でこうした考えを表した者は23％にのぼった．これを合計すると，なるほど使用者は被用者側の無関心を過大評価していたが（45％が指摘した），それでも36％の被用者が実際に被用者側の無関心を理由に挙げたことがわかる．数十年間にわたって経営協議会の制度が存続してきた現在，オーストリアでは相当高いパーセンテージの者が無関心層なのである．

　経営協議会がない場合には，どのようにして事業所全体にかかわる争いが解決されるのであろうか．もっとも多いのは非公式な協議であり，とくに全体的な話し合いによるものだが，また，個々の信任委員あるいは被用者グループが間に入る場合もある．中小事業所では，使用者が一方的に家父長的なやり方で自分を誇示する，というイメージは，被用者の側では17％の者から指摘されるにとどまった．この結果は予想されなかったが，社会的パートナーシップの精神が労働生活の中で効果をもっていることの明らかな徴候であると解釈するほかない．

　こうした理解は，経営協定締結交渉が失敗した場合についての経営協議会委員の姿勢において確認される．20％が，使用者との合意がなければ進まないと考え，40％が労使の団体が間に入ることによって解決されることを期待している．つまり経営協議会委員の60％は，社会的パートナーシップの趣旨に沿った非公式の解決手段を肯定しているのである．10人の経営協議会委員のうち，拘束力ある決定を行う権限のある調整委員会の設置について知っていた者は1人もおらず，裁判所を間に入れることができると考えていた者は1人だけであった．それに比べ使用者は法的状況に関してよく知っていたため，先に挙げた非公式な解決を肯定した（利益諸団体の仲介を肯定したのは1人のみ）者は36％にとどまった．この結果も，なお社会的パートナーシップに対し肯定的なものと解釈されうる．というのも，残りの回答は様々な意見を述べており，明白な全体的傾向は確認できないからである．

　最終的な結果において最初の仮説が確認された．つまり，オーストリアにとって重要な経済構成要素である中小事業所において，公式な労働法は非常に限定的にしか実施されていないということである．社会的パートナーですら，彼らの規制を土台にまで浸透させることが不十分にしかできていない．労働組合は，中小事業所の被用者について，ほとんどその活動を目に見えるものにできてい

ない．公式な労働法は，マスメディアで幅広くかつわかりやすく議論されることがなければ，実施される機会は増えないように思われる．労働法の条項が込み入って詳細な部分が多くなると，法が認知される機会，したがってまた遵守される機会はそれだけ少なくなる．現在通用している労働法の大部分はこうした要求に応えていないのであるから，少なくとも10人中3人の被用者が労働法に何ら利点を認めないとしても不思議はないのである．政党の指導的な代表者のみならず，社会的パートナーの指導的代表者がこうした見解を自らのものとしないならば，将来彼らは当事者にとって的外れな規制を行うこととなるだろう．

　他方で明らかとなったのは，公式な労働法が浸透していないところでは，関係者は自分たちの問題を非公式な方法で解決することを心得ているように思われる点である．いずれにせよ，家父長的な経営のスタイルは中小事業所においてすら過去のものとなったようである．

第5章　註
1） Pichler/Giese, Rechtsakzeptanz; eine Zusammenfassung der Hauptergebnisse findet sich bei Pichler/Giese, Rechtskenntnis, Rechtsbewußtsein und Rechtsgesinnung in Journal für Rechtspolitik 1993, 108ff.
2） Quelle für die statistischen Angaben: Bundeskammer für Arbeiter und Angestellte, Wirtschafts- und sozialstatistisches Taschenbuch 1998, 273ff.
3） Gumplmaier, in Gstöttner, Hofer ua, Was ist morgen noch normal？(1997) 261 を参照．

# 第2部
# 中小企業における労使関係と法運用

# 第6章　日本経済の発展と中小企業政策
「格差是正」から「ダイナミズムの源泉」へ

荒山裕行

　バブル崩壊，続くアジア経済危機と大きな試練を経験した我が国経済は，現在，その全精力をあげて経済再生の道を探っている．大企業は，いわゆるリストラにより経営の合理化をいち早く断行した結果，収益率に改善の兆しが見え始めた．しかし，この一方で，失業率は近年最高の水準に達するなどまだまだ，国全体としての景気回復には至っていない．いち早く IT 革命（情報技術革命）を成し遂げた米国は，戦後最高にして最長の好景気にわいている．IT 革命において，中小企業のイノベーションが大きな役割を果たしたとされる．この中にあって，我が国の中小企業には，情報通信技術をはじめとするイノベーションによる経済の活性化，雇用の吸収に大きな期待がかけられることとなった．

　本章では，以下の順に従い，我が国の中小企業の問題と現状，および今後の展望を明らかにすることを試みる．第1に，大企業でない企業，中小企業がなぜ問題とされ研究の対象となったのかについて経緯を明らかにすることで中小企業が置かれた状況とその認識の変遷についての理解を深める．第2に，我が

国の中小企業政策を展望することで,復興期(1945年〜54年),高度成長期(1955年〜72年),安定成長期(1973年〜84年)そして転換期(1985年〜現在)において,中小企業が置かれた状況および中小企業行政の変遷に関する整理を行う.第3に,大企業と比較し数量的に中小企業の置かれた現状を明らかにする.

## 6-1 中小企業の何が問題であったのか

　歴史的に見ると,工業化の進展にともない規模の大きな企業が出現したことで,中小企業問題が生じた.しかし,企業数からいえば,時代を問わず大半の企業が中小企業であることから,中小企業こそが企業の一般的形態であり,ことさら中小企業を特別扱いするのはおかしい.にもかかわらず,企業数からみて明らかに特殊な大企業ではなく,中小企業が関心を集めてきたのはなぜであろうか.

### (1) 中小企業に関する認識の変遷

　瀧澤は「中小企業とは何か」のなかで,中小企業に関する認識の歴史的変遷を,以下のように,①問題型中小企業認識論,および②貢献型中小企業認識論に分けて整理している(表6-1参照)[1]).
　まず,問題型中小企業認識論は,産業革命による大工業の出現により手工業・家内工業の淘汰問題を主たる関心とする淘汰問題型中小企業認識論として,19世紀後半のドイツ社会政策学会メンバーが行った機械と動力を使う大工業と手工業に関する諸研究を嚆矢とし,その影響を受けた1910年代前半の日本における「小工業問題」の認識に進む.30年代に入りアメリカにおける大不況下でルーズベルト政権が設置した「経済力集中委員会」の中小企業の倒産問題への取り組みとして現れた.淘汰の波を超えて中小企業が多く残存したことから,この後の展開としては,大規模経済利益を持たないにもかかわらず残存する企業を,大企業と区別し認識する必要性に焦点を当てた残存問題型中小企業認識論の形をとることとなった.31年のイギリスにおける『マクミラン委員会報告書』は

表6-1 中小企業認識の時代的変化

|  | 日本 | イギリス | 独仏ほか | アメリカ | 途上国 |
|---|---|---|---|---|---|
| 19世紀後半<br>20世紀前半 | 問題型中小企業認識（消極的な評価）<br>淘汰問題型<br>↓<br>残存問題型 | | | | |
| 20世紀後半 | 格差問題型<br>　　　積極<br>　　　評価型 | 貢献型中小企業認識（積極的な評価） | | | |
| | | 苗床貢献型 | 需要貢献型 | 競争貢献型 | 開発貢献型 |

出典：小林靖雄・瀧澤菊太郎『中小企業研究五十五年　中小企業とは何か』有斐閣，1996年，第1章を基に作成．

格差の問題を指摘している．この流れは，第二次大戦後の日本においては典型的で最も明確な形として格差問題型中小企業認識が主流となった．経済白書（57年版）は，生産性・技術，賃金・労働条件，金融，経営安定性，環境変化など広範囲にわたって存在する大企業と中小企業との格差を日本経済の「二重構造」として取り上げ，格差の是正が63年に制定された中小企業基本法の中心をなすことになる．

　20世紀後半になると，中小企業だけが経済・社会において果たしうる貢献が存在するからこそ，大企業と区別し研究する必要があることに注目する貢献型中小企業認識論が展開されるようになった．問題を持たない中小企業が存在する一方で，問題を持つ中小企業が多いことから，企業それぞれが置かれた状況を考慮しつつ，その対策を講じることの必要性への認識が高まった．この範疇に属する中小企業認識としては，①経済発展最盛期を過ぎ，硬直化・沈滞化した経済の経済活性化のための苗床（独立開業機会，新製品・技術・サービス，新企業など）としての存在意義を強調する苗床貢献型（英国），②独占の弊害除去には独占禁止政策だけでは不十分であり，「独占の対抗勢力」となる「自由競争制度の大黒柱」たる「活力ある多数」としての中小企業を育成する必要があるとする競争貢献型（米国），③手工業重視の伝統に立ち，成熟化社会における需要の多様性に適合できる企業としての中小企業の役割を重視する需要貢献型（独仏），④途上国における経済開発の結果生ずる不均衡・格差拡大などに対して，先進国の量産技術と途上国の土着技術との中間の「途上国に適合した技術」の

活用を可能にする中小企業の役割に焦点を当てた開発貢献型（途上国）がある．

実際，英国では，71年にボルトン委員会が，中小企業が活力を失ったことがイギリス病の原因と指摘したことがきっかけとなり，その後，さまざまな「中小企業」活性政策がとられることとなった[2]．欧州諸国では70年代後半から80年代にかけて経済不振と失業問題が広がったことから，「予想される欧州単一市場形成を好機として中小企業が生かせるような環境の整備」をめざして83年に「EC中小企業のための共同体政策行動計画」がとられ，中小企業への金融支援，経営者や従業員への職業訓練，中小企業への情報・経営情報の提供などを課題とする企業設立の促進のためのプログラムが提起された[3]．また，米国において，中小企業政策は，市場経済重視の伝統から政府の介入は自由かつ公正な取引の保証の役割にとどまっていたが，強いアメリカ復活をめざし80年代初頭から自由競争を支える活力ある中小企業の支援策として，①政策金融，軽減税制，②ベンチャー企業の創業支援（SBIC：Small Business Investment Company）③中小企業革新研究プログラム（SBIR：Small Business Innovation Research）および技術競争力の強化支援（MEP：Manufacturing Extension Partnership）④地域における指導事業（SBDC：Small Business Development Centers）などの政策が相次いで実行に移された[4]．

我が国においては格差是正という後追い政策が長く中小企業政策の中心を占めたのに対して，米国においてはいち早くベンチャー企業の創業支援，中小企業革新研究プログラムなどの前向き政策がとられた．この違いこそが，我が国経済の停滞と，現在の米国経済の好調をもたらした要因のひとつと考えられることから，近年になり，我が国においても，新規創業の促進や創造的な技術の研究開発支援のための中小企業政策が，長期にわたって低迷を続ける日本経済再生の鍵として認識され始めた．

## （2）新中小企業基本法

このような中小企業への認識変化を受けて，99年12月に中小企業庁が『新時代の中小企業政策～日本を元気にする～』を発表した[5]．政策の柱が中小企業構造の高度化および事業活動の不利の是正であったことを見直し，中小企業を機動性，柔軟性，創造性を発揮する「我が国経済のダイナミズムの源泉」と位置

表6-2　中小企業の定義

|  | 製造業その他 | 卸売業 | 小売業 | サービス業 |
|---|---|---|---|---|
| 旧基本法<br>(1963) | 5千万円以下<br>300人以下 | 1千万円以下<br>50人以下 | | |
| 旧基本法改定<br>(1973) | 1億円以下<br>300人以下 | 3千万円以下<br>100人以下 | 1千万円以下<br>50人以下 | |
| 新基本法<br>(1999) | 3億円以下<br>300人以下 | 1億円以下<br>100人以下 | 5千万円以下<br>50人以下 | 5千万円以下<br>100人以下 |

資料：『中小企業白書』および中小企業庁ホームページから作成

づけ，「独立した中小企業の多様で活力ある成長発展」を21世紀に向けた中小企業政策の根本理念とし，中小企業が①市場競争の苗床，②イノベーションの担い手，③就業機会創出の担い手，④地域発展の担い手といった役割を果たすことをめざすもので，政策の柱として，①経営革新・創業の促進，②経営基盤強化，③セイフティネットの整備を掲げている．

これからの中小企業を経済のダイナミズムの源泉として捉え直したことで，中小企業政策の対象となる企業に対する考え方も，「生産性，賃金などで大企業との格差が存在する層」から「企業が積極的な事業活動を行う際に必要な各種の経営資源を，市場化から調達することが困難な層」へと変わることとなった．また，中小企業の定義が定められた73年以来，経済活動の規模が大幅に大きくなったことから基準となる資本金の金額が3から5倍引き上げられた（表6-2）．さらに，経済のサービス化に即応して，従来は小売業として分類されていたサービス業を新たに独立して扱うこととなった．この結果，中小企業に分類される企業数が幾分増加し，全企業に占める中小企業の比率は，99.4％から99.7％へと上昇した．

## 6-2　中小企業政策の展開

『平成10年版　中小企業白書』は，戦後の日本における中小企業と中小企業政策の推移を，①復興期（1945年～54年），②高度成長前期（1955年～62年），③

高度成長後期(1963年〜72年)④安定成長期(1973年〜84年)そして⑤転換期(1985年〜現在)に分け,以下のように概観している[6].

### (1) 復興期(1945年〜54年)

　復興期は,敗戦後の混乱から朝鮮戦争特需により日本経済が復興の手がかりをつかんだものの特需の終了とともに景気が後退した時期にあたる.
　まず47年には,「私的独占の禁止及び公正取引の確保に関する法律」(独禁法)および「過度経済力集中排除法」が制定され,健全で独立した中小企業の発展をめざすため続く48年には,「中小企業庁設置法」に基づき中小企業庁が設置された.
　復興期の中小企業政策は,金融,組織化,診断・指導に大別される.金融面では,戦前からの商工組合中央金庫に加え,小規模企業の金融難解消を目的とする国民金融公庫が49年に,また中小企業を対象とする政府系金融機関中小企業金融公庫が同じく49年に設立され,中小企業向け長期資金の供給が開始された.同時に経済力の集中を防止し中小企業の地位の向上を図る目的で,その組織化を促進するため「中小企業等協同組合法」が49年に制定された.また,朝鮮特需後の景気後退に際し,中小企業によるカルテルを認める「特定中小企業の安定に関する臨時措置」が52年に制定され翌53年には「中小企業安定法」として恒久化された.48年には,中小企業の経営の近代化および合理化を図るための指導・診断のため中小企業診断制度および中小企業相談所が設置された.

### (2) 高度成長期(1955年〜72年)

　高度成長前期は,国民所得水準が戦前のそれを回復する55年から,池田内閣の国民所得倍増計画開始までの時期をさす.当初,生産性,賃金,技術,資金調達力など大企業と中小企業間の格差が拡大しいわゆる二重構造論が盛んとなった.その後経済の高度成長とともに労働の需給が逼迫を見せたことから,賃金格差に改善が見られ,また,企業間の安定した下請け分業の定着,中小企業の合理化など近代化が進展したことから,生産性格差なども解消の方向へと向かった.

この時期，中小企業向け産業政策としては，56年の「機械工業振興臨時措置法」および「繊維工業設備臨時措置法」，57年の「電子工業振興臨時措置法」など業種別政策がとられ産業構造の高度化に寄与した．金融政策としては，56年の「中小企業振興資金等助成法」(63年「中小企業近代化資金助成法」に改正された)が制定され，中小企業における設備の近代化のための融資が促進された．また，税制面でも，中小法人に対して軽減税率が適応されるなどの優遇措置がとられた．

　組織面では，「中小企業安定法」を発展させ57年には「中小企業団体の組織に関する法律」を制定し，商工組合および商工連合会の設立が認められ，これまでの生産制限などの調整事業と相互扶助のための共済事業を同一組合が実施できることとなった．診断・指導面では，60年に「商工会等の組織に関する法律」が制定され，家計と経営の未分化などの問題を抱えていた小規模企業の経営改善が促進された．

　高度成長後期は，池田内閣の国民所得倍増計画の開始およびその高度経済成長の実現から第一次石油危機までの時期にあたる．

　高度経済成長後期は，中小企業行政の観点からいうと，63年の「中小企業基本法」の成立に始まる．「中小企業基本法」は，経済の自立と完全雇用を目標とした鳩山内閣の「経済自立五カ年計画」，成長の極大を図る佐藤内閣の「新長期経済計画」が順調に成果をもたらすとともに顕在化した，「二重構造論」の指摘する諸格差の拡大を踏まえ，中小企業の成長発展を図り国民経済の均衡ある発展を促すことを目的として制定された．また，63年には，日本がGATT 11条国，翌64年のIMF 8条国への移行を控えていたことから，「中小企業基本法」は，産業構造の高度化と産業の国際競争力向上に向けた方向性を示す役割も担うこととなった．

　「中小企業基本法」の施行とともに，63年に生産性および取引条件の向上のために「中小企業近代化促進法」が制定され，中小企業比率の高い業種のなかから，その業種に属する中小企業の競争力強化をめざす施策が講ぜられた．同じく63年には中小企業構造の高度化と設備近代化を金融面から促進する目的で「中小企業振興資金等助成法」が改正され「中小企業近代化資金助成法」となり，中小企業高度化貸付金制度が創設され対中小企業金融政策が拡充された．66年には，同法は「中小企業近代化資金等助成法」に改正され設備貸与制度等

が加えられその充実が図られた．さらに，中小企業の自己資金の充実を図るための金融措置として，63年に「中小企業投資育成株式会社法」が制定され中小企業投資育成会社が設立された．

その他の中小企業政策としては，65年には小規模事業者が廃業等の事態に備え積み立て資金による共済事業を行う「小規模企業共済法」が制定され，それに基づき小規模企業共済事業団が設立された．また，資本取引等の自由化により国際的競争力の強化が急務となったことから70年には下請企業の近代化を促進する「下請中小企業振興法」が制定されるなどの施策がとられた．

### （3）安定成長期（1973年〜84年）

73年の第一次石油危機を契機に，我が国は，それまでの，重厚長大型産業による高度成長の見直しが迫られた．しかし，徹底した省エネ努力によるエネルギーコスト削減に指向するとともに，米国のドル高容認政策の恩恵もあり，多品種少量生産技術の確立によるきめの細かい需要対応などにより国際競争力の増進に成功を収めた安定成長期に移行した．この安定性長期は，第一次石油危機から，85年のプラザ合意に基づく外国為替市場への協調介入によりドル高が一変し円高に変化するまでの期間をさす．

第一次石油危機がもたらした大きな環境の変化のなかで，とりわけ中小企業にとって事業の転換は急務となった．これを受け，76年に「中小企業事業転換対策臨時措置法」が制定された．また，この環境変化による構造問題が地域性とのかかわりが強かったため，74年に地域単位で中小企業構造の改善を進める「伝統的工芸品産業の振興に関する法律」，78年に「特定不況地域中小企業対策臨時措置法」，翌79年には業種別を基本としつつ産地振興を図る「産地中小企業対策臨時措置法」が制定されたが，これらは，その後の地域振興の視点に立つ中小企業政策のさきがけとなった．

この時期，小売商業に関する政策として，大規模店の進出による地域中小商業への影響の観点から73年に「大規模小売店舗における小売業の事業活動の調整に関する法律」，同じく73年に小売商業振興の高度化をめざす「中小小売商業振興法」，77年には中小企業と大企業間の事業分野に関する紛争解決の手続きを定めた「中小企業の事業活動の機会確保のための大企業の事業活動の調整

に関する法律」が制定された．

　第一次石油危機以降，企業の倒産が増加したこともあり，中小企業が取引先の倒産から受ける影響を最小限にくい止めるため，77年には中小企業倒産防止共済制度が開始された．80年には，中小企業振興事業団および中小企業共済事業団を中小企業事業団に統合するとともに，中小企業の海外進出支援を図る目的で翌81年には海外投資アドバイザー事業が開始された．

### （4）転換期（1985年〜現在）

　転換期は，85年のプラザ合意に始まり現在までの時期をさす．円高不況対策としての金融緩和と内需拡大により一時的には企業収益は増大したが，バブルの崩壊とともに銀行の不良債権問題が顕著化し，信用の収縮により日本経済は出口の見えない平成の大不況へと突入することとなった．

　円高不況期以降，我が国経済は内需主導型経済への転換が強く求められるようになり国際協調型産業構造の形成を促進する政策の一環として，86年には，「特定中小企業事業転換対策等臨時措置法」が制定され中小企業の産業構造転換が進められるとともに，円高の影響が大きな地域の転換事業等の調整のため「特定地域中小企業対策臨時措置法」の制定も行われた[7]．バブル崩壊後の92年には，上記2法を統合し「特定中小企業集積の活性化に関する臨時措置法」が制定され中小企業の集積による事業の活性化が図られた．97年には同法を発展させ我が国のモノづくりを支える基盤技術の集積を対象とした「特定産業集積の活性化に関する臨時措置法」が制定された．また，急激な円高等により構造転換が必要となった中小企業を支援する目的で，「中小企業新分野進出等円滑化法」が制定された．

　技術開発を促進するため85年「中小企業技術開発促進臨時措置法」が制定され組合単位での技術力の強化が図られた．さらに，バブル崩壊以降，規制緩和とともに国境を超えた競争がその厳しさを増したこともあり，95年には，「中小企業の創造的事業活動の促進に関する臨時措置法」が制定され，中小企業の創業と研究活動を支援し新規事業の開拓が図られることとなった．同法を96年に改正することで，ベンチャー財団を設立し，法律的位置づけを与えることで，創業段階の中小企業への支援体制の整備が進められた．

## （5）近年の中小企業施策

　長引く不況脱出への道が見えないこともあり，中小企業政策における中小企業の位置づけに大きな変化が生じ始めた[8]．最後に，近年の中小企業政策の特徴について簡単にふれておこう．
　これまでの中小企業は，「大企業の下請け工場」であるとか，「分断された労働市場」であるとか，その脆弱性やマイナスイメージが取り沙汰されてきた．近年になり大企業にはない「機動性」と「柔軟性」，そして「創造性」を強みとしている点への認識と期待が高まり，その強みを生かすような政策が施行され始めた．
　近年はつぎのような内容を持つ中小企業政策が実施されている[9]．金融対策としては，景気回復の停滞などによる金融機関の貸出姿勢の悪化，いわゆる「貸し渋り」による中小企業の資金調達の困難さを取り除くべく，①政府系金融機関による相談窓口の設置，②中小企業金融公庫による新規事業育成関連資金の担保徴求特例の導入，③国民金融公庫の小企業等経営改善資金（マル経）融資枠の拡大等が行われた．経営革新を推進する方策として，①新規創業の促進，②創造的な技術の研究開発の支援，③中小企業の経営革新を推進するための，情報提供，相談窓口の設置，④前向きな改廃業による再編成の推進がとられた．また，特定産業集積の活性化を図るため，①国内産業の空洞化による部品加工や金型成形，試作等基盤技術的産業集積の崩壊の防止促進，②第3セクターによる地域産業のための研究開発施設の設置支援，③集積地域における設備投資を促進するための税制優遇措置がとられた．小規模企業支援策としては，①商工会等の経営指導環境の充実強化，および②小規模企業共済制度の拡充による人的資金的経営安定化が推進促進された．さらに，流通対策として，事業協同組合の設立による物流効率化の促進が図られることとなった．

## 6-3 中小企業の現状

経済学の観点からは，中小企業も大企業も企業であり，平均費用が逓増かどうか，市場独占力が有るかどうかなどを除き，規模の違いによる本質的な区別は存在しない．このため，現実的には，中小企業庁が「中小企業」の定義を定めたことが，「中小企業」を作り出し，それが「大企業」と比較された結果として，企業規模間の格差の存在が明らかとなったという側面があることは注目に値する．ここでは，我が国における中小企業の位置づけを大企業と比較しながら，中小企業の置かれた現状を概観する[10]．

### （1）事業所数および付加価値の推移

表6-3（136頁）は規模別事業所数（全産業），表6-4（137頁）は規模別従業者数（全産業）の推移を示している．これらを相互に対照することで日本における中小企業の位置づけが明らかになる．60年では，中小企業事業所（従業員数300人未満）が354.8万ヶ所，大企業事業所数は1.3万ヶ所と圧倒的に中小事業所数が多いが，一方，従業者で見ると中小企業事業所で働くもの1862万人，大規模事業所で働くもの452万人となっている．その後，中小企業事業所数の伸びは78年頃から低迷を見せ88年の657.8万ヶ所をピークに減少に転ずる．一方，大企業事業所は6.9万ヶ所に増加した．従業者数は，96年には中小企業事業所で4449万人，大企業事業所で1286万人となり大企業事業所で働く者の数がより早い伸びを示した．

表6-5（138頁）が示すように，GDP（付加価値の合計）の内訳の推移が日本における中小企業（資本金1億円以下）の経済的位置づけを端的に表わしている．第一次オイルショック期までは，大企業（資本金1億円以上）の生み出した付加価値が中小企業のそれを上回っていたが，その後中小企業の生み出す付加価値が大企業のそれを超えた．96年における中小企業（資本金1億円未満）の付加価値生産額は，147.4兆円で，総額としては，大企業の122.3兆円を越える．一人

表6-3 規模別事業所数

|  | 全産業事業所数<br>300人以下<br>（左目盛） | 全産業事業所数<br>300人以上<br>（右目盛） |
| --- | --- | --- |
| 1960 | 3,548.8 | 12.9 |
| 1963 | 3,881.8 | 18.4 |
| 1966 | 4,209.9 | 20.8 |
| 1969 | 4,624.4 | 26.1 |
| 1972 | 5,083.3 | 30.5 |
| 1975 | 5,358.0 | 31.3 |
| 1978 | 5,814.9 | 34.4 |
| 1981 | 6,229.6 | 39.5 |
| 1986 | 6,448.1 | 46.2 |
| 1989 | 6,571.9 | 50.3 |
| 1991 | 6,484.3 | 57.4 |
| 1994 | 6,470.5 | 61.4 |

出典：工業統計表

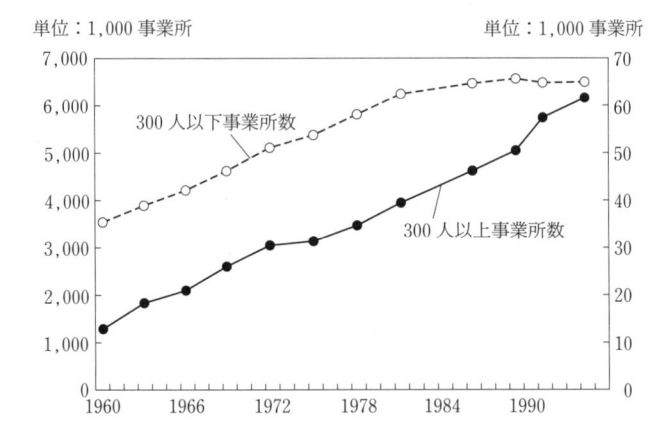

当たり付加価値額（付加価値生産性）で比べると，中小企業の484.0万円に対して，大企業では1028.7万円と大企業の付加価値生産性が大きくなっている．

### （2）生産性および収益率の推移

企業規模別に資本装備率（資本―労働比率），総資本利潤率，付加価値生産性，

表6-4 規模別従業者数（全産業）

|  | 300人以下 | 300人以上 |
|---|---|---|
| 1960 | 18.62 | 4.54 |
| 1963 | 21.59 | 5.65 |
| 1966 | 24.75 | 6.33 |
| 1969 | 27.41 | 7.61 |
| 1972 | 30.40 | 8.39 |
| 1975 | 31.53 | 8.11 |
| 1978 | 34.29 | 8.01 |
| 1981 | 37.21 | 8.51 |
| 1986 | 39.51 | 9.49 |
| 1991 | 43.40 | 11.39 |
| 1994 | 42.27 | 11.89 |

出典：工業統計表

単位：万人

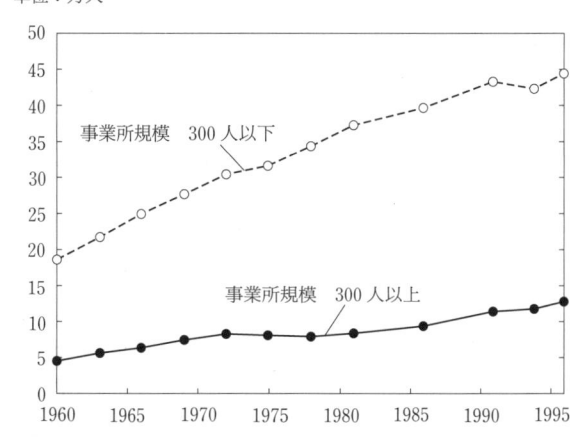

　資本生産性，資本回転率などの経営状態を表わす経済指標を比較することで，中小企業の経営の特徴が，大企業との比較で明らかになる。

　表6-6（139頁）は，企業規模別資本装備率（資本労働費率）と総資本利益率の関係を示している。中小企業は大企業に比べて早い速度で資本装備率を高めたものの，95年における資本装備率の差は依然として約3倍と，大きな違いとなって現れている。一方，資本装備率に大きな格差が存在するにもかかわらず，資本に対するリターンを示す総資本利益率に大きな差は見られない。第二次オ

表6-5　GDP の推移及び企業規模別付加価値生産額

|  | GDP | 内　訳<br>中小企業付加価値額 | 内　訳<br>大企業付加価値額 |
|---|---|---|---|
| 1965 | 32 |  |  |
| 1970 | 74 | 19 | 17 |
| 1975 | 149 | 45 | 32 |
| 1980 | 236 | 77 | 56 |
| 1985 | 316 | 102 | 73 |
| 1990 | 425 | 139 | 108 |
| 1995 | 483 | 159 | 119 |

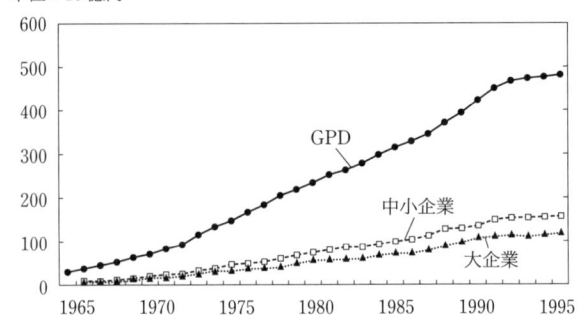

出典：法人企業統計年報

単位：10億円

イルショックまでは，僅かに中小企業の総資本利益率が大企業のそれを上回る形で推移し，その後は逆に，大企業の総資本利益率が中小企業を僅かに上回る形で推移している．

表6-7（140頁）は，企業規模別資本装備率と資本の生産性の関係を示している．大企業では資本装備率が高いことで，付加価値生産性は中小企業に比べて高く，逆に，資本一単位当たりの付加価値額を示す資本生産性は低くなっている．しかし，大企業における付加価値生産性の伸びが中小企業のそれを上回るものであるのに対して，資本生産性の企業間格差は減少傾向を見せ，資本生産性における中小企業の優位が失われてきている．

表6-8（141頁）は，付加価値生産性（労働生産性）および企業が支払う賃金費用を代表する一人当たり人件費を示している．いうまでもなく，大企業の付加

表6-6 企業規模別資本装備率および資本利益率

|  | 資本装備率<br>(中小企業)<br>単位：1,000円<br>(左目盛) | 資本装備率<br>(大企業)<br>単位：1,000円<br>(左目盛) | 総資本利益率<br>(中小企業)<br>単位：％<br>(右目盛) | 総資本利益率<br>(大企業)<br>単位：％<br>(右目盛) |
|---|---|---|---|---|
| 1965 | 476 | 2,290 | 3.7 | 3.0 |
| 1970 | 953 | 3,612 | 4.9 | 4.2 |
| 1975 | 1,788 | 6,602 | 2.6 | 1.8 |
| 1980 | 2,695 | 9,711 | 3.8 | 4.3 |
| 1985 | 3,715 | 13,887 | 2.5 | 3.6 |
| 1990 | 5,487 | 18,506 | 3.2 | 3.7 |
| 1995 | 7,290 | 22,719 | 1.5 | 1.9 |

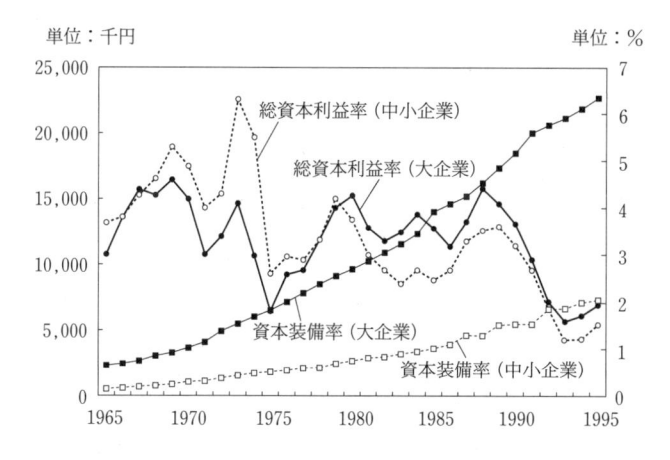

出典：法人企業統計年報

価値生産性および一人当たり人件費は中小企業のそれらを上回る．さらに，大企業においては，付加価値生産性と一人当たり人件費の差が中小企業のそれを大幅に上回るものとなっている点は注目に値する．

　表6-9（142頁）は，企業規模別の総資本回転率を示す．65年には中小企業の総資本回転率は大企業のそれを大幅に上回っていたものの，75年以降，中小企業の総資本回転率の低下が大企業のそれを上回る速度で進んだことから，総資本回転率の企業規模格差は減少傾向を示す．中小企業は総資本の回転率を高めることで大企業のそれに肩をならべる総資本利益率を確保していたものの，80年

表6-7　企業規模別資本装備率及び資本生産性

|  | 資本装備率<br>(中小企業)<br>単位：1,000円<br>(左目盛) | 資本装備率<br>(大企業)<br>単位：1,000円<br>(左目盛) | 資本生産性<br>(中小企業)<br>単位：1,000円<br>(右目盛) | 資本生産性<br>(大企業)<br>単位：1,000円<br>(右目盛) |
|---|---|---|---|---|
| 1965 | 476 | 2,290 | 1.180 | 0.540 |
| 1970 | 953 | 3,612 | 1.190 | 0.650 |
| 1975 | 1,788 | 6,602 | 1.251 | 0.619 |
| 1980 | 2,695 | 9,711 | 1.200 | 0.722 |
| 1985 | 3,715 | 13,887 | 1.022 | 0.579 |
| 1990 | 5,487 | 18,506 | 0.883 | 0.544 |
| 1995 | 7,290 | 22,719 | 0.685 | 0.442 |

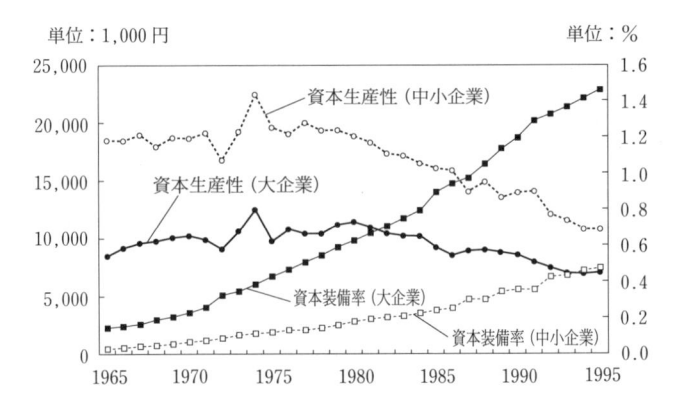

出典：法人企業統計年報

を境に中小企業の総資本利益率は大企業のそれを下回ることとなった．

　表6-10（143頁）は，企業規模別売上高利益率を示す．売上高利益率は，大きな変動を見せているが，平均してみると，大企業は3％強の売上高利益率をあげ，一方，中小企業はせいぜい2％の売上高利益率にとどまっている．

　これらのことを総合的に見ると，大企業でのオペレーションが中小企業と比べて際立って資本集約的な設備（技術体系）を持っていることがわかる．売上高純利益率を見ると，大企業が中小企業に比べて高い利益率を保っているが，おそらくこれは，大企業が最終消費財を，中小企業が中間財の生産の生産に従事することが多いことによるものと思われる．この売上高純利益率の企業規模間

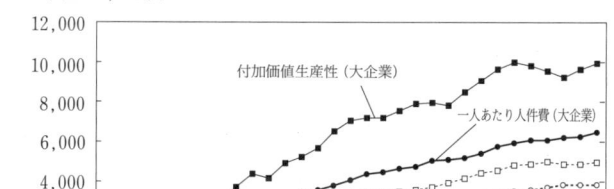

表6-8 企業規模別付加価値生産性及び一人あたり人件費

| | 付加価値生産性<br>（中小企業）<br>単位：1,000円 | 付加価値生産性<br>（大企業）<br>単位：1,000円 | 一人あたり人件費<br>（中小企業）<br>単位：1,000円 | 一人あたり人件費<br>（大企業）<br>単位：1,000円 |
|---|---|---|---|---|
| 1965 | 560 | 1,226 | 392 | 625 |
| 1970 | 1,138 | 2,338 | 769 | 1,192 |
| 1975 | 2,236 | 4,086 | 1,743 | 2,674 |
| 1980 | 3,234 | 7,015 | 2,464 | 4,054 |
| 1985 | 3,796 | 8,040 | 2,986 | 5,066 |
| 1990 | 4,845 | 10,062 | 3,550 | 6,005 |
| 1995 | 4,993 | 10,032 | 3,921 | 6,568 |

出典：法人企業統計年報

格差は，資本装備率の高い大企業が中小企業とほぼ同じレベルの総資本利潤率を確保しつつ中小企業を越える一人当たり人件費を支払っていることと対応する．一方で，中小企業と大企業の間に，資金の調達金額および調達期間に相当の格差が存在し，中小企業は常に資金のより有効な利用に迫られていることが見て取れる．

## （3）雇用および給与水準の推移

規模別雇用者数（製造業）に男女の違いが明確に現れている．表6-11-1（144頁）および表6-11-2（145頁）では，男子では，従業員数500人を超える大規模事業所で働くものの割合が最も高くなっているが，一方女子では従業員数1-29人

表6-9 企業規模別総資本回転率

|      | 総資本回転率<br>(中小)<br>単位：回転 | 総資本回転率<br>(大企業)<br>単位：回転 |
| --- | --- | --- |
| 1965 | 2.0 | 1.1 |
| 1970 | 1.9 | 1.2 |
| 1975 | 1.9 | 1.2 |
| 1980 | 1.9 | 1.5 |
| 1985 | 1.7 | 1.4 |
| 1990 | 1.5 | 1.1 |
| 1995 | 1.2 | 1.0 |

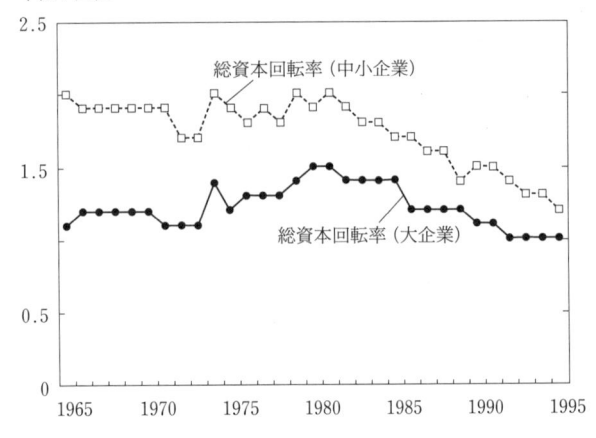

出典：法人企業統計年報

の中小企業事業所で働くものが高い．

　この事実は，従業員の男女構成比が企業規模によって大きく異なることを示す．そこで，以下の事業所規模別の比較では，従業員の男女の構成比が異なることから生ずる影響を回避するため，男女の数値を別に扱うこととする．

　男女が最も大きな違いを示すのは，規模別労働者一人当たり週平均労働時間数である．表6-12（146頁）に見られるとおり，第1に，男子の週平均労働時間が，事業所規模を問わず女子のそれより長い．第2に，男子では，企業規模が大きくなるほど週平均労働時間は減少を示すが，一方，女子では従業員数が

表6-10　企業規模別売上高純利益率

|  | 売上高純利益率<br>（中小企業）<br>単位：％ | 売上高純利益率<br>（大企業）<br>単位：％ |
| --- | --- | --- |
| 1965 | 1.9 | 2.7 |
| 1970 | 2.6 | 3.6 |
| 1975 | 1.4 | 1.5 |
| 1980 | 1.9 | 2.8 |
| 1985 | 1.4 | 2.7 |
| 1990 | 2.1 | 3.2 |
| 1995 | 1.2 | 1.9 |

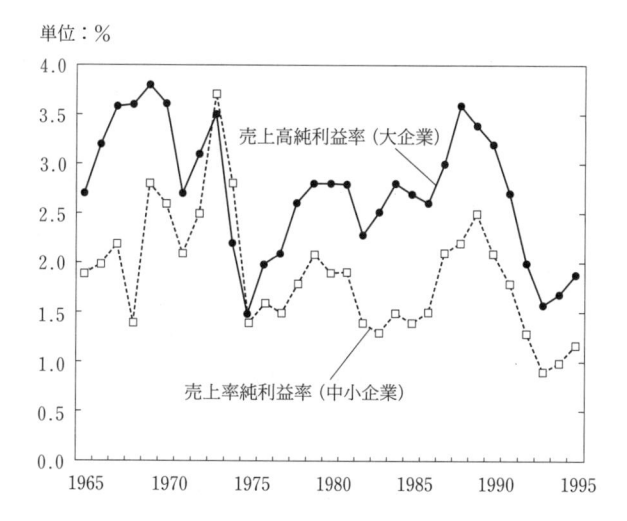

出典：法人企業統計年報

1-29人の事業所で働くものの週平均労働時間が短く，30-99人および100-499人の事業所における労働時間が最も長くなっている．第3に，男子の週労働時間はオイルショック期の落ち込みから増加傾向を示したが，一方女子の週労働時間は，オイルショック期以降も趨勢的減少を続けた．第4に，87年に40年ぶりに労働基準法が改正され週労働時間が48時間から46時間に短縮され，88年に施行となったことを受け，男子週労働時間は減少に転じ女子週労働時間は減少の速度を速めた．

　企業規模別の平均勤続年数を見ると，表6-13（147頁）が示すとおり，第1

表6-11-1　規模別製造業雇用者数（女性）

単位：万人

|  | 1〜29人 | 30〜99人 | 100〜499人 | 500人以上 |
|---|---|---|---|---|
| 1960 | 76 | 47 | 41 | 69 |
| 1965 | 91 | 63 | 67 | 91 |
| 1970 | 114 | 77 | 79 | 119 |
| 1975 | 119 | 81 | 72 | 89 |
| 1980 | 134 | 92 | 79 | 80 |
| 1985 | 147 | 103 | 96 | 88 |
| 1990 | 154 | 114 | 103 | 100 |
| 1995 | 151 | 110 | 100 | 95 |

出典：労働力調査

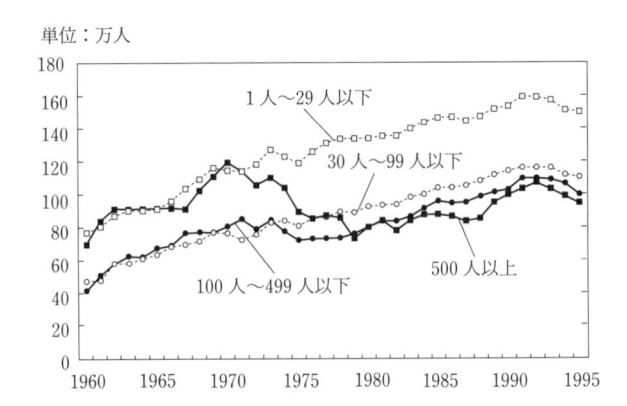

に，規模にかかわらず男子の平均勤続年数が女子の平均勤続年数より長い．第2に，男子では従業員数の増加とともに平均勤続年数が高まるが，女子では大企業における勤続年数が長いものの一番勤続年数が短いのは従業員数が100-999人の企業となっている．

　規模別従業者の年齢を見ると，表6-14（148頁）の示すとおり，小規模事業所で働く者の平均年齢が最も高くなっておりこの傾向は男女ともに変わらないが，女子の場合，小規模事業所で働く者の平均年齢が著しく高く男子とほぼ同水準となっている．

　企業規模別従業者の給与を見ると，表6-15（149頁）の示すとおり，男女ともに，従業員数の多い事業所ほど給与水準が高くなっている．また，男子の従業

表6-11-2　規模別製造業雇用者数（男性）

単位：万人

|  | 1～29人 | 30～99人 | 100～499人 | 500人以上 |
|---|---|---|---|---|
| 1960 | 160 | 95 | 90 | 174 |
| 1965 | 175 | 118 | 120 | 261 |
| 1970 | 189 | 124 | 145 | 295 |
| 1975 | 189 | 127 | 145 | 313 |
| 1980 | 193 | 127 | 142 | 285 |
| 1985 | 188 | 135 | 158 | 318 |
| 1990 | 195 | 141 | 172 | 325 |
| 1995 | 188 | 140 | 173 | 348 |

図表：労働力調査

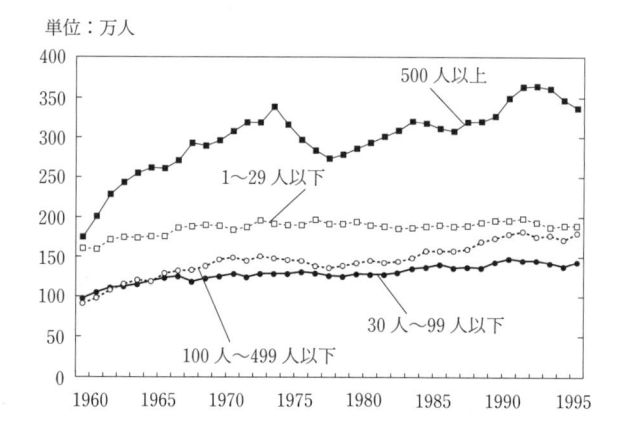

員数1-9人の事業所における給与水準が，女子の従業員数が1000人以上の事業所の給与水準を上回っている．

表6-16（150頁）は，中小企業関連予算（通産省他省庁分）および財政投融資（中小企業向け）の動きを示している．額で見ると，97年で中小企業対策費が約1870億円，財政投融資（中小企業向け）5兆1150億円となっている．平成に入ってからの不況対策として中小企業関連予算が増やされているものの，オイルショック以後GDPの趨勢に比べて中小企業関連予算の伸びが低くなっている．

表6-12 規模別平均労働時間数

|  | 1-29 男性 | 1-29 女性 | 30-99 男性 | 30-99 女性 | 100-499 男性 | 100-499 女性 | 500- 男性 | 500- 女性 |
|---|---|---|---|---|---|---|---|---|
| 1970 | 52.9 | 46 | 52.2 | 46.2 | 51.6 | 45.9 | 49.6 | 44.6 |
| 1975 | 50.4 | 42.5 | 49.6 | 44.0 | 48.5 | 43.9 | 45.6 | 41.9 |
| 1980 | 51.9 | 41.7 | 51.5 | 43.9 | 50.5 | 43.7 | 48.1 | 41.9 |
| 1985 | 52.5 | 40.4 | 52.4 | 43.2 | 51.6 | 43.1 | 49.7 | 41.8 |
| 1990 | 51.6 | 38.8 | 51.5 | 41.2 | 50.7 | 41.3 | 49.3 | 39.4 |
| 1995 | 48.5 | 36.7 | 48.3 | 38.7 | 47.9 | 38.7 | 46.6 | 37.5 |

出典：労働力調査

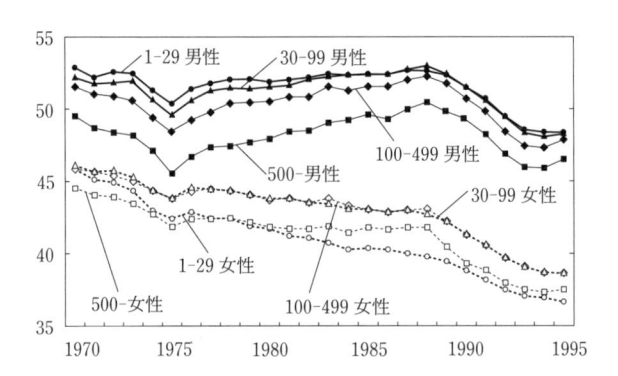

## 6-4 経済の活性化と雇用の創出

　日本経済の再建との関連で中小企業に関しては大企業との比較で，①イノベーションに中小企業が大きく貢献できるかどうか，②雇用吸収に中小企業が貢献できるのかどうかに関心が集まっている．

　大企業は，資本装備率が高く，その雇用関係も従業者の平均勤続年数が長いなど，安定的ではあるが同時に硬直的一面も併せ持つ．製品が高度化を続け，まためまぐるしく需要が変化する現代社会で，大企業が，その内生率を高めることは，いっそう社会の硬直性を強めることになり変化への対応力を失うこと

表6-13 規模別平均勤続年数

|  | 10〜99人 男性 | 10〜99人 女性 | 100〜999人 男性 | 100〜999人 女性 | 1000人以上 男性 | 1000人以上 女性 |
|---|---|---|---|---|---|---|
| 1960 | 4.8 | 3.3 | 5.9 | 3.5 | 11.2 | 5.3 |
| 1965 |  |  |  |  | 11 | 4.9 |
| 1970 | 6.4 | 4.4 | 7.1 | 3.8 | 11.7 | 5.3 |
| 1975 | 7.4 | 5.1 | 8.5 | 4.8 | 13 | 6.1 |
| 1980 | 8.5 | 6.2 | 10.2 | 5.7 | 14.8 | 7.1 |
| 1985 | 9.3 | 6.8 | 11.4 | 6.5 | 15.6 | 7.6 |
| 1990 | 10 | 7.3 | 11.9 | 7 | 16 | 7.9 |
| 1995 | 10.3 | 7.6 | 12.6 | 7.6 | 16.2 | 8.6 |

出典：日本統計年鑑

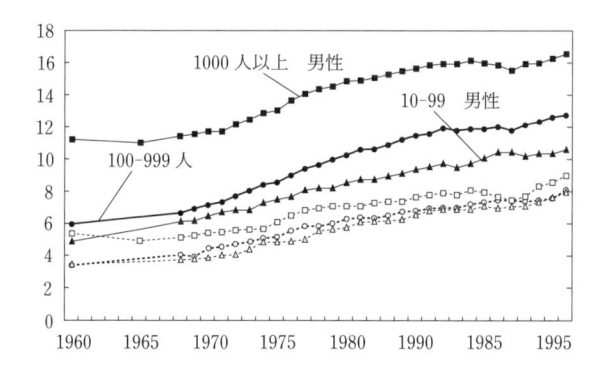

を意味する．一方，資本装備率が低く，大企業に比べて柔軟な雇用関係を保っている中小企業は，社会・経済情勢の変化に対して相対的に大きな対応力を発揮できる．中小企業の現状を分析すると，大企業では雇用関係が相対的に「非流動的」でかつ生産設備投資が大きいのに比べて，資本装備率の低い中小企業は，資本の回転率をあげることのできる生産に特化し，さらに，柔軟な雇用関係を維持することで支払賃金を低く押さえ，大企業にほぼ並ぶ総資本利益率を確保していることが明らかになる．一部上場の大企業部門に限定された研究であるものの，研究開発支出は企業規模を超える割合で増加するが，特許出願件数や新製品開発件数で測った成果には比例を越える増加は見られないとする研究報告がある[11]．この報告は，大企業による研究の派生効果として中小企業の製品開発を助ける可能性（スピルオーバー効果）に言及している．このことは，経済

表6-14 規模別平均年齢

|  | 10-99人 男性 | 10-99人 女性 | 100-999人 男性 | 100-999人 女性 | 1000人〜 男性 | 1000人〜 女性 |
|---|---|---|---|---|---|---|
| 1960 | 31.1 | 28.0 | 31.8 | 24.8 | 34.6 | 25.5 |
| 1965 |  |  |  |  | 34.1 | 26.4 |
| 1970 | 35.5 | 33.4 | 33.5 | 28.4 | 34.5 | 27.4 |
| 1975 | 37.6 | 36.8 | 35.4 | 32.0 | 35.7 | 29.4 |
| 1980 | 39.0 | 38.2 | 37.1 | 33.8 | 37.5 | 31.1 |
| 1985 | 39.8 | 38.7 | 38.0 | 34.1 | 38.1 | 32.0 |
| 1990 | 41.0 | 39.0 | 38.7 | 34.7 | 38.8 | 32.2 |
| 1995 | 41.5 | 39.3 | 39.5 | 35.9 | 39.3 | 33.3 |

出典：労働力調査

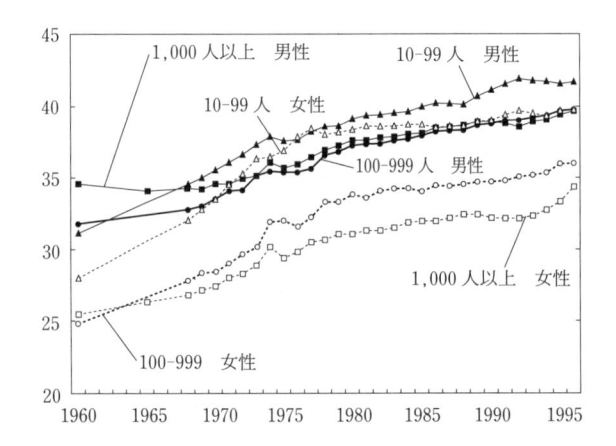

活性化における大企業と中小企業の役割分担のあり方に対する示唆を与えてくれる．

　中小企業と雇用に関しては，中小企業による雇用の維持と中小企業による雇用の創出をはっきりと区別して考えることが重要である．日本経済の二重構造の上に立つ中小企業基本法は，格差是正を柱とする後ろ向きの姿勢を持っていた．このため，中小企業行政は，我が国の中小企業の活力の養成という点では積極性を欠いた．対GDP比でみた中小企業関連予算および財政投融資（中小企業向け）も，80年代に入り伸びが停滞を示している．我が国経済が成熟期に入った80年代後半からは，経済環境の大きな変化を受け中小企業政策が転換され，

表6-15 規模別従業者一人あたり給与（製造業）

単位千円

|  | 4～9人 | 10～19人 | 20～99人 | 100～299人 | 300～999人 | 1000人以上 |
|---|---|---|---|---|---|---|
| 1960 | 119 | 150 | 182 | 217 | 268 | 359 |
| 1965 | 225 | 313 | 359 | 401 | 461 | 561 |
| 1970 | 465 | 622 | 686 | 754 | 879 | 1,067 |
| 1975 | 1,366 | 1,524 | 1,804 | 2,123 | 2,510 |  |
| 1980 | 2,041 | 2,218 | 2,643 | 3,200 | 3,823 |  |
| 1985 | 2,102 | 2,578 | 2,746 | 3,202 | 3,956 | 4,847 |
| 1990 | 2,642 | 3,115 | 3,293 | 3,809 | 4,705 | 5,801 |
| 1995 | 2,985 | 3,557 | 3,759 | 4,366 | 5,367 | 6,485 |

出典：工業統計表

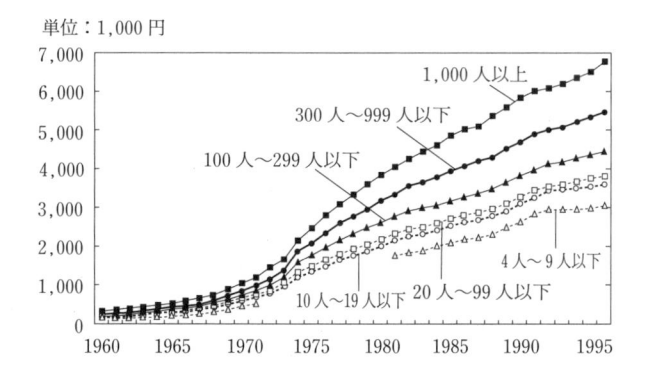

ベンチャー企業の創業支援や中小企業革新研究プログラムなど米国型の積極前向き政策が取り入れられ始めた。90年代に入り中小企業関連予算は急増しているが，このうちの多くはあくまでその場しのぎの景気対策にしか過ぎない。新しい産業分野において新規雇用を着実に創出していくにあたっては，21世紀の産業構造の変化をしっかりと見据えた上で，中長期的展望に立った財政支出に裏付けられた施策を展開することが不可欠となろう。

第6章 註

1) 小林靖雄・瀧澤菊太郎『中小企業研究五十五年　中小企業とは何か』(1996年，有斐閣) 第一章による。

表6-16　中小企業対策費及びGDP

| | 中小企業関連予算<br>（右目盛）<br>単位：10億円 | 中小企業財投<br>（左目盛）<br>単位：10億円 | GDP<br>（右目盛）<br>単位：10億円 |
| --- | --- | --- | --- |
| 1965 | | | 32 |
| 1970 | 50 | 552 | 74 |
| 1975 | 128 | 1,451 | 149 |
| 1980 | 243 | 3,400 | 236 |
| 1985 | 212 | 3,764 | 316 |
| 1990 | 241 | 4,338 | 425 |
| 1995 | 639 | 6,162 | 483 |

出典：図説日本の財政

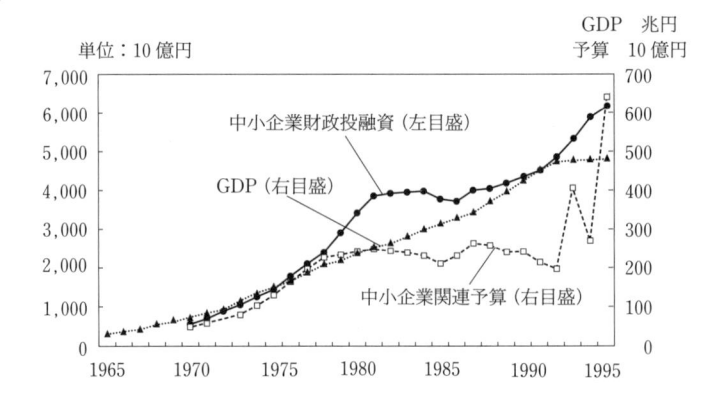

2）土屋守章・三輪芳郎『日本の中小企業』(1989年，東京大学出版会) 第2章　清成忠男「経済の構造変化と中小企業」による．G．バノック『中小企業の経済学』末岡俊二・藤田正孝訳 (1983年，文眞堂) 第7章もこの経緯に詳しい．
3）三井逸友『EU　欧州連合と中小企業政策』(1995年，白桃書房) 第3章，35-52頁．
4）中小企業庁編『平成10年版　中小企業白書』(1998年，大蔵省印刷局) 第2章第1節，272-276頁．
5）中小企業庁ホームページ『中小企業施策情報』を参照．
6）中小企業庁編・前掲書　第3部第1章，253-270頁．
7）有田辰夫『中小企業論　歴史・理論・政策』(1997年，新評論) 終章では，『中小企業施策のあらまし』(中小企業庁) が示す全施策の分類が87年から重点施策を中心に体系図が編成されたことに関して，「事業活動の不利の是正」という基本法の柱が大項目から消えるなど基本法体系が実質的に崩壊したことが指摘されている．
8）96年版『経済白書』は，従来，景気回復側面では，中小企業の設備投資が大企業のそれ

に先行するパターンが一般的であったにもかかわらず，平成不況ではそれが見られないと指摘している．中小企業が投資の先行性を失ったという危機認識が，中小企業政策の見直しに大きく影響したものと考えられる．

9）中小企業庁編・前掲書「平成9年度において講じた中小企業施策」および中小企業庁編『平成11年版　中小企業白書』(1999年，大蔵省印刷局)「平成10年度において講じた中小企業施策」．

10）大企業と比較することで中小企業の特質を明らかにすることを試みる場合，各統計の企業規模別の集計結果を利用することになる．しかし，各統計の性質により，企業規模の区分が従業員数で行われるかまたは資本金で行われるかがまちまちで，また区切りとなる従業員数や資本金が異なるため，中小企業の定義に沿った統一的な視点に立って一貫した分析を行うことが困難となる．さらに，中小企業の定義の変更などにより，図表の作成に当たりいくぶん恣意性の入り込む余地が残されてしまう点には注意を要する．

11）若杉隆平・谷地正人・和田義和・小谷田文彦「研究開発，イノベーションと規模の経済——一つの謎」『通産研究レビュー』6号(1995年，通商産業省通商産業研究所)．

# 第7章　日本における中小企業の雇用と労使関係

瀧　敦弘

　中小企業における雇用と労使関係の現状を，大企業との比較を考慮して統計データから明らかにしようとすることが，この章の目的である[1]．1957年『経済白書』が「二重構造」という用語を用いた[2]．それから，40年余を経た現時点で，中小企業の雇用が大企業のそれと比較して，どのようなものであるかを捉えることは，後の各章を理解するうえでも有意義であろう．ただし，このような統計データを用いた中小企業の実態の解明については，中堅企業といわれるような企業群と零細企業といわれる企業群を，各統計の規模別集計からは識別できないという限界がある．この限界を留保して，統計データを解釈する必要があることを予めことわっておかなければならない．

　また，雇用に関する各項目について詳細にみる紙幅もなく，第6章においても雇用に関するいくつかの統計について，規模間の相違が触れられているので，ここでは，労働移動と賃金格差，さらに労働時間に関わる制度の規模間格差を詳細に検討することにする．その後，労使関係に関する統計データについて検

討する．なぜ，これらに焦点をあてるかといえば，日本的雇用慣行であるといわれる「終身雇用」「年功賃金」「企業別労働組合」は，大企業に特徴的にみられるものであるとされてきた．これらの諸点が，中小企業においてはどのような現状であるかを吟味することで，中小企業を取り巻く労働市場の構造の多くの側面を解明できると考えるからである[3]．

ところで，「終身雇用」は，それが経済全体にとって利点にも欠点にもなりうるものである．日本経済の状態が良好なときにはその利点が強調された．また，昨今のように，日本経済が厳しい状況におかれているときには，その欠点が強調される．中小企業も暗いイメージと，日本経済の担い手としてその特性を評価するイメージの両方が併存する[4]．大企業をはじき出された労働力の吸収先としての中小企業の雇用と，新しい産業分野において新規雇用を着実に創出していく担い手としての中小企業の両面を読みとらなければならない．つまり，勤続年数の長さや離職率の高さは，一概に評価できない面がある．

次に，賃金について統計データを調べるが，企業規模間で大きな賃金格差があるとすればその要因について考える必要がある．そこで，単に格差の有無を調べるだけではなく，その要因についての議論も整理したい．

労働時間に関する制度については，中小企業の労働条件を考えるうえで重要な指標となるので，大企業のそれと比較して調べる．またこれに関しては，法律と密接に関係する制度の普及について現状を把握し，本章の後半で検討する労使関係の現状の分析に繋げたい．

最後に，中小企業の労使関係の現状について，どのような特徴があるかを統計データから調べる．日本の労使関係の特徴は「企業別労働組合」にあるとされるが，中小企業は労働組合組織率が低い．では，中小企業の労使間コミュニケーションはどのようにとられているのであろうか．それについて，ふたつのアンケート調査の結果を整理する．

## 7-1 労働移動

いわゆる終身雇用慣行が大企業を中心に存在するといわれている．大企業で

も中途採用が増えつつあるが，その数はまだ限られたものである．正規従業員の確保は主に新規学卒者の採用によって行われる．このため，労働者の勤続年数は大企業ほど長い．終身雇用は景気後退期においても解雇しないシステムであると解釈されがちであるが，むしろ，入職について，原則として中途採用をしないシステムであると考えたほうがよい[5]．

第6章で規模間の平均勤続年数については調べられている．ここでは，まず，規模別にみた入職率と離職率をみて，フロー変量の側から検討する．「二重構造」は，労働市場が横断的でないとも説明されてきた．大企業と中小企業との間の労働移動は自由ではなく，大企業では特に男子の場合，自発的な離職が少ないシステムであると理解できるであろう．入職・離職の面に注目することで，その状況を確かめたい．その後，開業と廃業による雇用変動を調べることによって，雇用創出の担い手としての中小企業の姿を統計データから検討する．

### （1）入職と離職

1997年1年間の入職者について，企業規模ごとに年齢別，職歴別の内訳をみると，すべての入職者のうち学卒者がしめる割合は，男子の場合は，1000人以上規模で31.4%に対して，30-99人規模で14.8%，5-29人規模で10.5%である．新卒者以外の未就業者の割合には，企業規模による差はあまりない．ところが，既就業者については，100人以上規模が50%台であるのに対して，100人未満規模では約70%にもおよぶ．一方，女子の場合は，企業規模については，男子ほど差がない（表7-1）．

また，離職率は，企業規模別では男子は大きな差があり，70年代半ばから80年代半ばにかけて各規模とも低下しているが，中小企業での低下が顕著である[6]．各規模ごとに年齢別の離職率をみると，男子は各年齢層での規模間の格差が明らかに存在するが，特に若年層での格差が大きい．女子の場合，離職率は中小企業のほうがむしろ低く，30歳以上の各年齢で中小企業のほうが大企業を下回る（表7-2）．

では，離職理由に企業規模間の格差があるであろうか．「就業構造基本調査」（1992年）によれば，離・転職理由別内訳で大企業と比較して中小企業に多いのは，(ｱ)「人員整理・会社解散・倒産のため」，(ｲ)「一時的・不安定な仕事だった

表7-1 企業規模別入職者数の構(1997年)

|  | 合計(千人) | 未就業者(%) | うち新規学卒者(%) | 既就業者(転職入職者)(%) | 既就業者の年齢別構成 | | |
|---|---|---|---|---|---|---|---|
|  |  |  |  |  | -29歳 | 30-44歳 | 45歳- |
| 男子 | 2870.8 | 37.2 | 18.5 | 62.8 | 41.0 | 28.0 | 31.0 |
| 1000- | 376.0 | 49.7 | 31.4 | 50.3 | 43.7 | 27.6 | 28.7 |
| 300-999 | 272.1 | 48.2 | 33.0 | 51.8 | 46.2 | 25.6 | 28.2 |
| 100-299 | 493.8 | 41.2 | 22.4 | 58.8 | 38.0 | 26.4 | 35.5 |
| 30-99 | 640.5 | 29.9 | 14.8 | 70.1 | 37.5 | 25.5 | 37.0 |
| 5-29 | 1017.4 | 32.0 | 10.5 | 68.0 | 42.9 | 30.7 | 26.3 |
| 女子 | 2745.3 | 53.2 | 20.2 | 46.8 | 46.0 | 32.0 | 22.0 |
| 1000- | 466.7 | 55.5 | 21.4 | 44.5 | 48.6 | 32.9 | 18.5 |
| 300-999 | 328.3 | 60.1 | 28.5 | 39.9 | 51.7 | 30.1 | 18.2 |
| 100-299 | 527.0 | 56.6 | 22.4 | 43.4 | 46.1 | 31.8 | 22.1 |
| 30-99 | 547.5 | 46.8 | 19.5 | 53.2 | 42.5 | 31.6 | 25.9 |
| 5-29 | 788.3 | 52.0 | 15.3 | 48.0 | 45.4 | 32.2 | 22.4 |

注：既就業者の年齢別構成比は，既就業者の数に対するパーセントである。
資料：「雇用動向調査」

表7-2 規模別・年齢別雇用者離職率(1997年)

(%)

|  | 男子 | | | | | 女子 | | | | |
|---|---|---|---|---|---|---|---|---|---|---|
|  | 1000- | 300-999 | 100-299 | 30-99 | 5-29 | 1000- | 300-999 | 100-299 | 30-99 | 5-29 |
| 計 | 7.3 | 9.8 | 12.5 | 12.5 | 13.1 | 21.5 | 20.3 | 20.4 | 17.9 | 18.2 |
| -19 | 19.7 | 26.0 | 18.0 | 30.8 | 22.6 | 25.7 | 26.4 | 17.7 | 16.9 | 30.9 |
| 20-24 | 12.4 | 18.4 | 25.5 | 22.3 | 26.6 | 22.5 | 26.1 | 31.6 | 26.7 | 33.9 |
| 25-29 | 9.0 | 10.5 | 16.6 | 14.8 | 15.2 | 30.7 | 32.4 | 32.2 | 33.7 | 31.4 |
| 30-34 | 5.1 | 6.9 | 11.3 | 9.4 | 10.1 | 19.5 | 14.1 | 19.2 | 17.9 | 17.5 |
| 35-44 | 2.8 | 4.8 | 7.1 | 8.5 | 9.2 | 18.8 | 12.9 | 13.8 | 13.6 | 11.0 |
| 45-54 | 3.3 | 4.3 | 6.0 | 6.6 | 8.9 | 15.1 | 12.7 | 14.5 | 13.7 | 14.0 |
| 55-59 | 10.2 | 10.1 | 7.9 | 10.7 | 8.4 | 16.1 | 13.1 | 16.2 | 14.4 | 9.0 |
| 60- | 59.5 | 32.3 | 28.0 | 20.9 | 17.8 | 19.4 | 26.2 | 22.8 | 18.2 | 11.6 |

資料：「雇用動向調査」

から」(男子のみ)，(ウ)「収入が少なかったから」，(エ)「労働条件が悪かったから」である(表7-3)。

　では，規模間の労働移動はどうであろうか．日本においては労働移動する者もまだ多くはないが，規模間の移動者はさらに少ない[7]．その少ない移動について，中小企業から大企業への移動割合は，明らかに年齢の低い層で高く，年齢

表7-3 規模別・離転職理由別離転職者の割合(1992年)

(%)

| 男子 | 1000- | 500-999 | 300-499 | 100-299 | 30-99 | 10-29 | 1-9 |
|---|---|---|---|---|---|---|---|
| 総数 | 100.0 | 100.0 | 100.0 | 100.0 | 100.0 | 100.0 | 100.0 |
| 人員整理等 | 2.8 | 1.8 | 4.7 | 5.5 | 7.0 | 7.4 | 10.5 |
| 一時的な仕事 | 5.9 | 5.5 | 4.7 | 5.2 | 6.5 | 7.2 | 9.3 |
| 収入が少ない | 5.9 | 9.1 | 10.3 | 11.1 | 11.0 | 11.7 | 13.3 |
| 労働条件が悪い | 12.1 | 18.2 | 17.8 | 17.3 | 17.5 | 18.9 | 18.1 |
| 向かない仕事 | 13.0 | 13.6 | 12.1 | 12.5 | 12.5 | 11.3 | 10.5 |
| 家族 | 2.2 | 2.7 | 1.9 | 1.7 | 1.5 | 1.4 | 0.7 |
| 定年 | 25.1 | 19.1 | 17.8 | 15.2 | 12.0 | 7.4 | 4.0 |
| 病気・高齢 | 4.3 | 4.5 | 6.5 | 8.7 | 10.0 | 10.1 | 10.0 |
| 結婚・育児・介護 | 0.9 | 0.9 | 0.0 | 0.7 | 1.0 | 0.9 | 0.7 |
| その他 | 27.2 | 24.5 | 23.4 | 21.5 | 20.7 | 23.9 | 22.8 |
| 女子 | 1000- | 500-999 | 300-499 | 100-299 | 30-99 | 10-29 | 1-9 |
| 総数 | 100.0 | 100.0 | 100.0 | 100.0 | 100.0 | 100.0 | 100.0 |
| 人員整理等 | 1.9 | 3.5 | 3.0 | 4.0 | 7.2 | 7.4 | 10.9 |
| 一時的な仕事 | 4.4 | 3.5 | 4.5 | 3.5 | 3.7 | 4.1 | 5.3 |
| 収入が少ない | 4.4 | 5.0 | 5.2 | 5.9 | 6.8 | 7.4 | 8.0 |
| 労働条件が悪い | 9.5 | 12.1 | 13.4 | 14.5 | 14.9 | 14.9 | 13.9 |
| 向かない仕事 | 13.3 | 11.3 | 12.7 | 10.5 | 10.9 | 8.6 | 8.0 |
| 家族 | 4.7 | 2.8 | 2.2 | 3.5 | 3.7 | 3.0 | 3.2 |
| 定年 | 3.0 | 2.8 | 3.0 | 3.8 | 3.9 | 2.4 | 0.9 |
| 病気・高齢 | 5.1 | 5.7 | 6.0 | 6.2 | 9.3 | 10.8 | 10.3 |
| 結婚・育児・介護 | 29.6 | 29.1 | 23.9 | 23.9 | 19.4 | 18.8 | 16.9 |
| その他 | 24.1 | 24.8 | 26.1 | 23.7 | 20.2 | 22.7 | 23.0 |

資料:「就業構造基本調査」

が上がるにしたがって低下する．一方，大企業から中小企業への移動割合は，年齢が高くなるにつれて高まる．しかし，この傾向は，近年では，特に顕著であるとはいえず，労働市場が流動化してきている傾向を示しているのかもしれない．規模間にみられる労働者の年齢構成の違いは，新規学卒者の採用状況の違いのみならず，転職者の中途採用状況の違いも反映されている．転職入職者の企業規模間労働移動の構成比をみると，前の企業規模より大きな規模に移動したものが36.1%，同じ規模に移動した者が35.7%，より小さい規模に移動した者が28.2%となるが，それを年齢別にみると，上向き移動は若年者が若干多いが50歳以上では顕著に減少する．さらに，50歳以上では同一規模への移動が

表7-4 年齢階級別転職入職者の企業規模間移動構成比(1996年)

(%)

| 年齢階級 | 合計 | 上向き移動 | 平行移動 | 下向き移動 |
| --- | --- | --- | --- | --- |
| 合計 | 100.0 | 36.1 | 35.7 | 28.2 |
| 19歳以下 | 100.0 | 44.8 | 31.7 | 23.5 |
| 20-24 | 100.0 | 40.3 | 28.6 | 31.1 |
| 25-29 | 100.0 | 36.7 | 31.5 | 31.8 |
| 30-34 | 100.0 | 37.3 | 34.9 | 27.7 |
| 35-39 | 100.0 | 38.9 | 33.9 | 27.3 |
| 40-44 | 100.0 | 37.2 | 38.5 | 24.3 |
| 45-49 | 100.0 | 36.6 | 36.7 | 26.7 |
| 50-54 | 100.0 | 32.3 | 40.6 | 27.1 |
| 55-59 | 100.0 | 27.4 | 44.3 | 28.3 |
| 60歳以上 | 100.0 | 18.5 | 60.1 | 21.3 |

規模区分は, ①1000人以上, ②300-999人, ③100-299人, ④30-99人, ⑤5-29人の5区分で, より大きい規模に移動した者を「上向き移動」, 同一区分の移動を「平行移動」, より小さい規模への移動を「下向き移動」である. ただし, 前職が1-4人規模であるものを含み, 官公営であるものを除く. 規模不詳は含んでいない.
資料：「雇用動向調査」

多くなる（表7-4）.

　以上により，中小企業の転職・離職について簡単にまとめると，大企業をはじき出された労働力の吸収先としての中小企業の雇用は，やはり高年齢者ほど多いこと（中小企業から大企業に移動する労働者は少なく，かつ若年齢層であること）．また，中小企業から中小企業へと移動している多くの移動層が存在する姿が読みとれよう．

### （2）開業・廃業による雇用変動

　新規開業（創業）する企業と廃業する企業はつねに併存する．特に，大企業と比較すると中小企業についての開業率，廃業率は高い[8]．そして，従業者数の増減の動きを，事業所新設に伴う増加寄与，既存事業所の従業者数増加による寄与と，事業所廃止に伴う減少による寄与のそれぞれに分けてみると，既存事業所の寄与には年により変動がみられるのに対し，新設事業所による寄与は過去からほぼ一貫して大きいことがわかる[9]．このように，新たな雇用の創出には新規企業あるいは事業所の創出が重要であるといえる．しかし，日本では廃業率が高水準で推移するなか，開業率は1980年代以降低下傾向にあり，新規事業所

の開設は現在必ずしも多いとはいえない．

　雇用変動については玄田計測の結果を示す[10]．それによると，企業規模別には 1991-1995 年の期間において，期首における企業規模 5-29 人では，雇用創出率 5.2％，雇用喪失率 4.6％となり，ネットでは，0.6％の増加となっているが，企業規模 1000 人以上では，雇用創出率，雇用喪失率はそれぞれ 3.1％と 3.3％となり，ネットでは，0.1％の減少となっている．全体でみても，雇用の創出や喪失全体の半数以上は，従業員 100 人未満の企業から生じているとしている．しかし，米国も小規模企業ほど雇用創出率，雇用喪失率は高いが，各規模で日本を上回っており，さらに，日本と同じく中小企業の就業者比率が高いイタリアと比較すると，従業員 100 人未満の企業では，日本はイタリアに比べて，雇用創出率，雇用喪失率ともに低いとしている．

　このように，現状では雇用創出の担い手としての中小企業の役割は，まだまだ不十分であり，諸外国と比べても高くはない．中小企業がさらに雇用機会の創出の担い手であるためには，創業支援の積極的な施策が必要であろう[11]．

## 7-2 賃　　金

### （1）賃金格差

　規模間賃金格差については，先進工業地域（特に関西およびその周辺）で 1910 年代から発生し，1920 年代中頃から 1930 年代前半には全国に波及したという[12]．戦後については，1954 年以降，「賃金構造基本統計調査」が整備され比較可能である．それらの統計データによれば，格差は 1970 年頃までは急速に縮小した．その後，格差は縮小も一部認められるが，概して横ばいに近い状態である．しかし，20-29 歳層に限ってみると，格差は消滅したといえよう[13]．

　最近のデータについて詳細にみてみよう．「賃金構造基本統計調査」（1997 年 7 月）により規模別にまず男性の賃金をみると，大企業（企業規模 1000 人以上規模）の賃金は 38 万 8200 円（平均 39.8 歳，勤続 16.8 年），中企業（企業規模 100-999

人) で32万5400円 (平均39.9歳,勤続12.9年),小企業 (企業規模10-99人) 30万2400円 (平均39.9歳,勤続8.0年) となっている．対前年上昇率で見ると，大企業が1.2%，中企業が0.9%，小企業が0.7%となっている．これを年齢階級別にみると，各企業規模とも50-54歳層がピークで，52万2000円 (20-24歳層の約2.5倍)，中企業では，42万1100円 (同2.1倍)，小企業では35万5800円 (同1.7倍) となっている．

大企業を100として企業規模間格差をみると，中企業が84，小企業が78となっている．企業規模間格差を年齢階級別にみると，中企業，小企業とも若年層では格差は小さいが，30-54歳までは年齢とともに格差が広がり，50-54歳層では中企業が81，小企業が68となっている．

次に，規模別に女性の賃金をみると，大企業 (企業規模1000人以上規模) の賃金は23万9600円 (平均34.8歳，勤続9.5年)，中企業 (企業規模100-999人) で21万2700円 (平均36.3歳，勤続7.9年)，小企業 (企業規模10-99人) 19万4700円 (平均39.9歳，勤続8.0年) となっている．対前年上昇率で見ると，大企業が2.0%，中企業が1.8%，小企業が0.7%となっている．これを年齢階級別にみると，大企業では50-54歳層がピークで，29万4200円 (20-24歳層の約1.6倍) となっているが，中企業では，35-39歳層がピークで，23万9400円 (同1.3倍)，小企業では30-34歳層がピークで20万7800円 (同1.2倍) となっている．

大企業を100として企業規模間格差をみると，中企業が89，小企業が81となっている．企業規模間格差を年齢階級別にみると，おおむね年齢が高くなるほど格差が広がり，50-54歳層では中企業が77，小企業が69となっている．

5年前 (1992年) と比較すると，大企業との企業規模間格差は中企業，小企業ともに縮小しており，格差の大きい40歳以上の年齢層で5ポイント以上格差が縮小している．

これらの格差が生じる要因について考えてみたい．もちろん，賃金格差に影響を与えるのは企業規模だけはなく，男女の構成，年齢構成，勤続年数，産業，職種，地域などが複合して影響している．これらのなかの影響をコントロールした純粋の企業規模間格差を考察する必要がある．計量経済分析の手法を用いた橘木計測によれば，これらをコントロールしても1988年のデータで見ると，大企業 (企業規模5000人以上) では平均から27.2%賃金が高く，逆に，小企業 (企業規模10-29人) では平均に比べて28.8%低い．さらに，この格差は，1978年

のデータと比較すると広がったとしている[14]．

これらの格差の要因として，次のような点が考えられる．まず，(1)大企業は機械設備のような資本設備の機会にめぐまれているので，資本との補完効果が働いて平均生産性が高くなること．(2)研究開発能力に優れていること．(3)資金調達が中小企業に比べて有利であること．低い資本コストで調達できる．(4)大企業は販売能力も高く，産業内の市場支配力をもつ．(5)優秀な労働力を確保しやすい．これらの点がお互いに相乗効果を発揮して，大企業の賃金支払い能力は高くなるとしている[15]．

## （2）賃金決定のメカニズム

賃金水準になお企業規模による差が存在することがわかった．若年者の賃金は，新規学卒者を対象とする労働市場を通じて平滑化するだけでなく，もともと職業歴の少ない若年者の賃金にそれほどの差が生じる理由もない．中高年齢者の賃金も，企業間の移動が自由に行われれば，労働市場を通じて平滑化される．事実，中途採用者の賃金に企業規模間格差が小さい（「賃金構造基本統計調査」(1997年7月）によると，勤続年数1-2年の男子賃金は大企業を100とすると中企業で96，小企業でも91である）．しかし，大企業の正規従業員の採用は新規学卒者中心であり，正規従業員としての中年以上層の中途採用は少ないから，この年齢層の賃金は企業間を通じて平滑化しにくい．

春闘では，賃金の水準そのものより，むしろ賃金引き上げ額ないし賃金引き上げ率が交渉の目的となる．賃金引き上げ額の決定について，最も重視した点については，その時々の経済状況で異なるが，近年「企業業績」が非常に高い比率をしめている（1989年には50.3%であったが，その後，90年，91年と減少したものの，以後，上昇をつづけ，1999年には81.5%に達した）．その次の比率をしめる項目は「世間相場」である．規模の小さい企業は，「労働力の確保定着」を挙げているが数パーセントでしかない．また，賃金引き上げにあたり，「世間相場」を重視した企業についてみると，「同一産業同格企業」を最も参考にする割合が高いが，大企業では「同一産業上位企業」が次いで多く，規模300人未満の小さい企業では，「系列企業」「同一地域企業」「同一産業上位企業」の順になる．他産業を参考にする企業はなくはないが，中小企業ではごくわずかでしかな

第2部　中小企業における労使関係と法運用

い[16]。

　ここで、中小企業が「系列企業」を参考としている点に留意したい。賃金引き上げに当たって参考にするのみならず、製造業の中小企業は下請け企業が多いので、実質的に賃上げを規制されていることとなる。また、賃金の水準や労働時間の水準の決定にも、下請け中小企業は親企業の労働条件を意識しなければならないといわれる[17]。

## （3）退　職　金

　賃金についての最後として、中小企業の退職金制度についてみる[18]。日本においては生涯所得にしめる退職金の割合が非常に高いので、賃金とは別に検討しておく必要がある。

　労働省「賃金労働時間制度等総合調査」(1997年)によると、退職金制度は300人以上規模で99.5%、100-299人規模で95.9%の企業に存在しているが、30-99人規模では85.7%と低下している。ただし、30-99人規模の企業では、1981年が90.0%であったが、1989年に86.1%、1997年には85.7%とむしろその割合は低下傾向にあり、退職金制度を前提としない雇用関係の整備が一方では進んでいる。

　では、退職金の給付水準のおける企業規模別格差はどの程度存在するのであろうか。勤続年数を考慮する必要があるので、データとしては、少し古いが、標準労働者について労働省調査「退職金制度・支給実態調査」1993年からモデル退職金額をみる。

　企業年金を考慮せず、退職一時金のみを比較しても、60歳定年の男子標準労働者では、大卒（管理・事務・技術職）では、1000人以上規模が1956万円であるが、100-999人規模では1360万円、さらに、30-99人規模では1134万円と、小企業では大企業の60%にも満たない。また、高卒（現業職）では、1000人以上規模が1705万円であるが、100-999人規模では1078万円、さらに、30-99人規模では833万円と、大企業と小企業の格差はさらに広がる。

　1997年における実際に支払われた実績でみても、「大学卒（管理・事務・技術職）」男性定年退職について企業規模別にみると、1000人以上3219万円（月収換算49.1カ月分）、300-999人2393万円（同39.0カ月分）、100-299人2045万円（同

35.1カ月分),30-99人1222万円(同24.0カ月分)となっている.

したがって,規模間の賃金格差は縮小したものの,生涯所得でみると,まだまだ大きな差が存在するといえる.

しかしながら,分断的な労働市場が続く限り,賃金格差が完全に解消することはないであろうが,大きな格差が再び生じることもないであろう[19].

## 7-3 労働時間制度の規模間比較

ここでは,週休2日制の実施状況,年次休暇の取得状況,および変形労働時間制の採用状況の三つについて,「賃金労働時間制度等総合調査」(1997年)により調べる.労働時間そのものの企業規模間格差については,第6章の第6-12表に示されているので,ここではふれない[20].

### (1) 週休2日制

「完全週休2日制」採用企業数割合は,企業規模計で33.6%で,前年に比べ5.1%ポイント上昇,適用労働者数割合は60.9%で前年に比べ1.6%ポイント上昇.なお,「何らかの週休2日制」採用企業数割合は90.0%,適用労働者数割合は95.4%となっている.さらに,企業規模別にみると,「完全週休2日制」は1000人以上規模では79.4%の企業が,100-999人規模では45.5%,30-99人規模では27.6%と非常に規模間格差があることがわかる.

### (2) 年次有給休暇の取得状況

年次有給休暇の付与日数(繰越日数を除く)は,企業規模計で労働者1人平均17.4日,うち労働者が取得した日数は9.4日でともに前年と同じであり,取得率は53.8%である.これを企業規模別にみると,1000人以上規模では取得日数が11.3日(取得率60.0%),100-999人規模では取得日数が8.3日(取得率49.5%),30-99人規模では取得日数が7.5日(取得率48.0%)となっており,

1000人以上と未満ではある程度の差が認められる．

### （3）変形労働時間制

変形労働時間制の採用企業数割合は，企業規模計で54.4%で，前年に比べ13.9%ポイントの上昇．内訳は「1年単位の変形労働時間制」が35.9%で前年に比べ20.8%ポイント上昇，「1カ月単位の変形労働時間制」は16.3%，「フレックスタイム制」は4.4%となっている．企業規模別にみると，採用企業割合は，1000人以上で68.7%，100-999人で55.6%，30-99人で53.5%となっている．さらに，フレックスタイム制でみると，1000人以上で33.4%，100-999人で6.9%，30-99人で2.5%となっており，1000人以上と未満では大きな差があることがわかる．

### （4）労働時間制度の規模間格差について

労働時間の短縮についていえば，改正労働基準法の施行が小規模事業所や特定の業種には一定期間猶予されたため，90年代に短縮率は規模の小さい事業所ほど急速に高まったと考えられる．しかし，個別の制度をみると，年次有給休暇の取得状況は90年代にある程度格差は縮まったものの，週休二日制は80年代，90年代を通して，規模の小さな企業ではまだ進んでおらず，格差が存在しているといえる[21]．

## 7-4　中小企業の労使関係

### （1）労働組合組織率

この節では，中小企業の労使関係についていくつかの指標について検討する[22]．まず労働組合組織率についてみる．まず，労働組合組織率は，企業規模計

表7-5　企業規模別民営企業の労働組合員数の推移

(単位労働組合)

| 企業規模 | 企業規模計 | | 1000人以上 | | 100-999人 | | 99人以下 | |
|---|---|---|---|---|---|---|---|---|
| | 労働組合員数 | 推定組織率 | 労働組合員数 | 推定組織率 | 労働組合員数 | 推定組織率 | 労働組合員数 | 推定組織率 |
| 1990 | 9514654 | 21.9% | 5634861 | 61.0% | 2479589 | 24.0% | 462587 | 2.0% |
| 1991 | 9668444 | 21.4% | 5770854 | 58.7% | 2467485 | 23.3% | 453020 | 1.8% |
| 1992 | 9820602 | 21.3% | 5895085 | 57.2% | 2487197 | 22.5% | 447013 | 1.8% |
| 1993 | 9940596 | 21.3% | 5967109 | 58.2% | 2483028 | 22.0% | 436812 | 1.8% |
| 1994 | 9988761 | 21.2% | 5958249 | 59.8% | 2506921 | 21.6% | 430136 | 1.7% |
| 1995 | 9882497 | 20.8% | 5872342 | 59.9% | 2481857 | 21.2% | 416884 | 1.6% |
| 1996 | 9742745 | 20.2% | 5772986 | 58.1% | 2438001 | 20.5% | 405754 | 1.6% |
| 1997 | 9609888 | 19.8% | 5697418 | 58.4% | 2407550 | 20.1% | 400234 | 1.5% |

資料：「労働組合基礎調査」

でも減少傾向にある．では，中小企業については，どうであろうか．もともと中小企業の労働組合組織率は低く，労働組合勢力が順調に伸張した高度経済成長期においても，組織化における企業規模別の構造的な格差はほとんど是正されることがなかった．また，近年の労働組合の組織率が低下するなかで，そのような構造は固定化した（表 7-5）．

中小企業の労働組合の組織化については，新設される労働組合と解散する労働組合がそれぞれどのような状況であるかが問題となる．近年は解散組合数が新設組合数をずっと上回った状態になっている（表 7-6）．このような「フロー・ストック分析」により，組織率低下の原因は，新設企業において労働組合が組織されないことであることが明らかになっている[23]．

## （2）労働争議

また，労働争議も，1970 年代半ばを境にして減少傾向にあり，第 2 次石油危機後はさらにその傾向は強まっている．日本の労働争議の件数や規模は景気感応的であると同時に，日本経済の環境に対しても感応的であるといわれている．それは，企業別組合の思想や行動様式の結果であるといってよいかもしれない．企業規模別には，1000 人以上の大企業ほど争議発生企業の割合が低下し，99 人以下の小規模企業の割合が増加していることがわかる（表 7-7）．ただし，労働損失日数では，変動が大きいものの，大企業のほうが長いという傾向は変わらない（表 7-8）．

表7-6 企業規模別労働組合の新設数と解散数

| 新設 | 300人未満 | | 300-999人 | | 1000人以上 | | 計 | |
|---|---|---|---|---|---|---|---|---|
| | 組合数 | 組合員数 | 組合数 | 組合員数 | 組合数 | 組合員数 | 組合数 | 組合員数 |
| 1986.7-1987.6 | 559 | 31039 | 78 | 12867 | 819 | 110714 | 1456 | 154620 |
| 1987.7-1988.6 | 542 | 19665 | 79 | 11360 | 214 | 35425 | 835 | 66450 |
| 1988.7-1989.6 | 498 | 22045 | 99 | 12377 | 323 | 39411 | 920 | 73833 |
| 1989.7-1990.6 | 483 | 19567 | 94 | 12758 | 251 | 39920 | 828 | 72245 |
| 1990.7-1991.6 | 443 | 19351 | 87 | 16064 | 220 | 33378 | 750 | 68793 |
| 1991.7-1992.6 | 435 | 15975 | 94 | 11740 | 207 | 18375 | 736 | 46090 |
| 1992.7-1993.6 | 395 | 14285 | 90 | 13447 | 249 | 34769 | 734 | 62501 |
| 1993.7-1994.6 | 480 | 15998 | 96 | 10079 | 235 | 38014 | 811 | 64091 |
| 1994.7-1995.6 | 447 | 14770 | 96 | 13277 | 240 | 53503 | 783 | 81550 |
| 1995.7-1996.6 | 410 | 12692 | 69 | 10951 | 219 | 33103 | 698 | 56746 |

| 解散 | 300人未満 | | 300-999人 | | 1000人以上 | | 計 | |
|---|---|---|---|---|---|---|---|---|
| | 組合数 | 組合員数 | 組合数 | 組合員数 | 組合数 | 組合員数 | 組合数 | 組合員数 |
| 1986.7-1987.6 | 946 | 23032 | 80 | 6649 | 763 | 54970 | 1789 | 84651 |
| 1987.7-1988.6 | 797 | 18241 | 104 | 7855 | 300 | 23694 | 1201 | 49790 |
| 1988.7-1989.6 | 718 | 19486 | 100 | 6509 | 183 | 19694 | 1001 | 45689 |
| 1989.7-1990.6 | 749 | 18809 | 82 | 6396 | 245 | 23771 | 1076 | 48976 |
| 1990.7-1991.6 | 744 | 16553 | 76 | 8030 | 208 | 30179 | 1028 | 54762 |
| 1991.7-1992.6 | 659 | 13451 | 108 | 6402 | 157 | 10528 | 924 | 30381 |
| 1992.7-1993.6 | 632 | 13088 | 93 | 8020 | 263 | 70698 | 988 | 91806 |
| 1993.7-1994.6 | 579 | 13438 | 69 | 6310 | 157 | 16989 | 805 | 36737 |
| 1994.7-1995.6 | 600 | 14707 | 90 | 6600 | 365 | 24327 | 1055 | 45639 |
| 1995.7-1996.6 | 689 | 16426 | 84 | 6283 | 240 | 24386 | 1013 | 31358 |

資料:「労働組合基礎調査」

　争議発生企業の比率は大企業よりは高いといえ，労働損失日数は大企業のほうが長く，労働組合組織率が低いこととあいまって，労働組合運動のパワーという意味においては，大企業に比べて弱いものであるといえよう．

## (3) 労働協約

　労働組合運動の発展と団体交渉慣行の蓄積によって，団体交渉事項の範囲は拡大されるようになったが，団体交渉事項について，企業規模間に格差は存在するのであろうか．労働省「労働協約調査」(1991年調査)によれば，賃金や手当に関しては大きな規模間格差は存在しない．たとえば，賞与・一時金について，何らかの規定ありとする企業は，5000人以上で88.6%，30-99人規模でも

表7-7 企業規模別労働争議企業数

| | 合 計 | 1000人以上 | 300-999 | 100-299 | 99人以下 |
|---|---|---|---|---|---|
| 1970 | 5192 | 915 | 1018 | 1461 | 1488 |
| | (100.0) | (17.6) | (19.6) | (28.1) | (28.7) |
| 1975 | 6374 | 1010 | 1324 | 1843 | 1881 |
| | (100.0) | (15.8) | (20.8) | (28.9) | (29.5) |
| 1980 | 2549 | 328 | 481 | 775 | 892 |
| | (100.0) | (12.9) | (18.9) | (30.4) | (35.0) |
| 1985 | 2057 | 264 | 379 | 594 | 770 |
| | (100.0) | (12.8) | (18.4) | (28.9) | (37.4) |
| 1990 | 1591 | 326 | 299 | 455 | 481 |
| | (100.0) | (20.5) | (18.8) | (28.6) | (30.2) |
| 1991 | 1328 | 217 | 250 | 400 | 385 |
| | (100.0) | (16.3) | (18.8) | (30.1) | (29.0) |
| 1992 | 1111 | 177 | 232 | 350 | 295 |
| | (100.0) | (15.9) | (20.9) | (31.5) | (26.6) |
| 1993 | 1024 | 159 | 213 | 301 | 319 |
| | (100.0) | (15.5) | (20.8) | (29.4) | (31.2) |
| 1994 | 1037 | 193 | 222 | 293 | 304 |
| | (100.0) | (18.6) | (21.4) | (28.3) | (29.3) |
| 1995 | 823 | 138 | 191 | 225 | 250 |
| | (100.0) | (16.8) | (23.2) | (27.3) | (30.4) |
| 1996 | 772 | 117 | 180 | 198 | 255 |
| | (100.0) | (15.2) | (23.3) | (25.6) | (33.0) |
| 1997 | 1094 | 142 | 210 | 307 | 386 |
| | (100.0) | (13.0) | (19.2) | (28.1) | (35.3) |

資料:「労働争議統計調査」
注:( )内は,構成比(%)であるが,規模不明があるために,各規模の合計は100.0%には必ずしもならない

84.9%である.ただし,労働協約の有無については格差が広がる.そして,「配置転換」「出向・派遣」「新技術の導入に関すること」については,やはり大きな格差が存在する.労働組合の組織,活動に関することについては,さらに大きな差がある[24].

(4)無組合企業の労使のコミュニケーション

無組合企業の労使のコミュニケーションについて調べよう.先に調べたように,中小企業の労働組合組織率は,大企業のそれに比べて非常に低いものであ

表7-8 労働損失日数

|  | 合 計 | 1000人以上 | 300-999 | 100-299 | 99人以下 |
|---|---|---|---|---|---|
| 1992 | 231424 | 128250 | 37958 | 14406 | 11137 |
|  | (100.0) | (55.4) | (16.4) | (6.2) | (4.8) |
| 1993 | 115850 | 54740 | 15473 | 19453 | 13610 |
|  | (100.0) | (47.3) | (13.4) | (16.8) | (11.7) |
| 1994 | 85372 | 22900 | 17757 | 29449 | 11402 |
|  | (100.0) | (26.8) | (20.8) | (34.5) | (13.4) |
| 1995 | 76971 | 20342 | 13199 | 28874 | 12095 |
|  | (100.0) | (26.4) | (17.1) | (37.5) | (15.7) |
| 1996 | 42809 | 8185 | 12531 | 9909 | 10331 |
|  | (100.0) | (19.1) | (29.3) | (23.1) | (24.1) |
| 1997 | 110171 | 50672 | 19749 | 17810 | 13566 |
|  | (100.0) | (46.0) | (17.9) | (16.2) | (12.3) |

資料:「労働争議統計調査」
注:( )内は,構成比(%)であるが,規模不明があるために,各規模の合計は100.0%には必ずしもならない.

る.では,中小企業では,労使間でどのような手段でコミュニケーションがとられているのであろうか.ここでは,二つの調査結果から考察する.

無組合企業の労使関係について,1995年7月から8月にかけて行われた日本労働研究機構の調査「無組合企業の労使関係」をもとに紹介したい[25].この調査は東京近郊で個別訪問調査票留置法により行われ,有効回答を516社(回収率41.3%)より得ている.

無組合企業において,集団的発言機構としては,労使協議と従業員組織が注目される.1994年度に労使協議会(経営,生産,労働条件,福利厚生等の事項に関する労使間の話し合い.ただし,あとで調べる従業員組織を通じた話し合いを除く)を開催した企業の割合は24.6%であり,企業規模別では,1000人以上の企業では37.0%であるのに対して,300-999人規模では21.0%,100-299人規模では25.6%,50-99人規模では24.1%であり,このように1000人以上とそれ未満の企業とでは大きな差が存在する.有組合企業では実施率が79.3%であるので,無組合企業での実施率はかなり低い.さらに,協議の内容についても,無組合企業では,労働時間・休日・休暇を取り上げる割合が高く,有組合企業のように賃金改定や一時金を取り上げる割合は少ない.

また,従業員組織があるとする無組合企業は全体では63.6%,企業規模別で

は100-299人規模で66.4%と最も高く，1000人以上企業では55.6%とやや低い．従業員組織には，親睦型と発言型があるが，後者の比率は18.0%となっている．すなわち，無組合企業においても，何らかの従業員組織が存在するが，その多くは親睦的な組織であるということである．

個人的発言機構については，有組合企業とあまり差がなく，自己申告制度と巡回個人面談が採用率，有効度評価とも高い．

さらに，この調査は，無組合企業は，有組合企業に比べて，賃金決定基準として世間相場を重視し，賃金改定の決定をより遅い時期に行う傾向が強いことを指摘している．すなわち，無組合企業は，独自の決定基準で賃金改定が行えていないということである．

このような傾向があることは，企業内コミュニケーション研究会が1990年に実施した調査「中小企業における企業内コミュニケーションの実態」(財団法人労働問題リサーチセンター)をみてもこの傾向が確かめられる(ただし，郵送自計式であり，有効回答数も371，回収率18.6%と低い)．すなわち，労働組合がない中小企業であっても，59社(15.7%)の企業には発言型の従業員組織があり，133社(35.5%)には親睦型の従業員組織がある．しかしながら，労働組合のある企業のうち66社(63.5%)は経営計画等を会社と話し合うとしているが，従業員組織のある企業でも，そのような話し合いを行っているのは21社(10.8%)に過ぎないとしている[26]．

## （5）中小企業の労使関係について

日本の労使関係の特徴は「企業別労働組合」にあるとされるが，多くの中小企業においては，労働組合が組織されていない．そのために，組合にかわる集団的発言機構(労使協議や従業員組織)が存在する企業もあるが，経営計画や経営方針について発言しているのは少数派でしかない．ただ，中小企業において労働組合は必要かという議論も絶えず存在する．

次のような指摘がある[27]．「中小企業といっても千差万別であり，そのなかには大企業をしのぐ近代的な経営理念や産業民主主義の思想に基づく労働政策をとり，労使関係を円滑に運営しているところも多い．(中略)けれども，中小企業は一般に所有と経営が未分離であり，ワンマン型のオーナー・マネージャー

や同族会社的支配が強く，従業員にも縁故関係の人々が多数という例も多いし，労働組合と団体交渉制度のような産業民主主義的諸制度を受け入れる経済的または心理的余裕を欠いているため，前近代的とみなされるような労使関係となりがちなのも事実である．多くの中小企業経営者は，自分たちの企業のおかれた環境的条件は，到底大企業におけるような労働組合とか団体交渉制度とはなじまないし，それらを許容する余裕を与えないものと信じている．（中略）彼らのなかには労働基本権とか，それを保障する法律のしくみ，たとえば，不当労働行為制度について全く無知の人々もあるが，それらを承知の上でやみくもに反労働組合の政策や行動をとる人々もあとを絶たない．（中略）もっとも，この点では，労働組合の側にも責任がなくはない．中小企業では，従業員が自立的な企業別組合を結成してそれを維持してゆくことが困難な場合が多いから，企業外の地域的な産業別組合や一般組合によって組織化が行われることが多い．いわゆる合同労働組合によって組合に加入した従業員の氏名を秘匿したまま，ある日突然組合結成を経営者に通告し，即日団体交渉（これはしばしば従業員以外の支援者を含めていわゆる大衆団交の形式をとる）を要求し，交渉が不調に終われば争議行為に入る．その間の交渉過程や争議中に労使の対立感情が異常にたかまり，時には暴力行為が惹起される．（中略）それが中小企業の使用者一般に対して，労働組合や団体交渉について，少なくとも一部の組合とその交渉のやり方について，嫌悪や恐怖や忌避の態度をとらせ，結局はこの分野における組合の組織勢力の拡大を阻止し，労働組合に対する社会的評価をおとしめる結果となっている」

このように中小企業における労使関係には，大企業とは異なるが，本質的に重大な問題を抱えている．さらに，中小企業を組織化する方法としての企業系列や企業グループによる労協・労連にも課題が残っている[28]．

企業別組合を根幹とする我が国の労使関係において，中小企業に関する問題は，今後大いに検討される必要がある．

第7章 註
1)「中小企業の労働問題」というテーマについては，経済学の分野でも，過去，膨大な研究がなされてきた．それらについては，日本労働研究機構編『リーディングス日本の労働⑩

中小企業』(1997 年，日本労働研究機構) の序章および各章の解題を参照されたい．また，逆瀬川『中小企業と労働問題』(日本労働研究機構，1996 年) は，中小企業の労働問題について丁寧に統計データを分析している．本章も，この著書を大いに参考とした．

2) 尾高 (1984) によれば，「二重構造」という概念は，1957 年に有沢広巳によって提唱された概念であるという．尾高煌之助『労働市場分析』(1984 年，岩波書店)，1 頁．
3) ここでは，直接には言及しないが，労働災害の発生率に，規模間格差があることが知られている．
4) 中小企業のイメージについては，土屋守章・三輪芳郎『日本の中小企業』(1989 年，東京大学出版会) 第 3 章，三輪芳朗「日本の中小企業の『イメージ』，『実態』と『政策』」に詳しい．
5) 逆瀬川前掲書，11 頁．
6) 労働省「雇用動向調査」によれば，男子規模計で，1000 人以上規模では 1971 年と 1990 年の比較で 1.1%ポイントの低下にすぎないが，30-99 人規模では 4.3%ポイント，5-29 人規模では 4.9%ポイント低下している．
7) Tachibanaki and Taki, *Capital and Labour in Japan*, (2000 年，Routledge) の第 3 章を参照されたい．そこでは，「就業構造統計調査」を用いて，公務員から民間企業の雇用者への移動や，自営業から雇用者への移動の少ないことも明らかにした．
8) 小規模事業所ほど開業率，廃業率が高い傾向がある．森川正之・橘木俊詔「参入・退出と雇用変動」(通産省通産研究所ディスカッションペーパー No. 97-DOJ-85，1997 年) を参照．
9) 『労働白書』平成 10 年版，119 頁を参照．
10) 玄田有史「雇用創出と雇用喪失」(中村二朗・中村恵編著『日本経済の構造調整と労働市場』第 2 章，日本評論社，1999 年) による．
11) 雇用政策に限らず，中小企業への施策を網羅した資料として，中小企業庁編『中小企業施策総覧』本編および資料編が毎年出版されているので，詳細については，この資料を参照されたい．
12) 尾高前掲書は，その事実を 19 世紀末から 1970 年代まで分析した著作である．
13) 小池和男『仕事の経済学』第 2 版 (東洋経済新報社，1999 年)，170-175 頁．
14) Tachibanaki, *Wage Determination and Distribution in Japan*, (Oxford University Press, 1996 年)，第 4 章を参照．
15) Tachibanaki 前掲書．さらに，賃金格差を説明する理論としては，このような支払能力説のほかに，過剰供給説，労働需給状況説などがある．これらは小池前掲書，178-182 頁に簡潔にまとめられている．
16) 労働省「賃金引上げ等の実態に関する調査」によった．主に，ここでは 1998 年と 1999 年の調査結果に基づいた．
17) 逆瀬川前掲書，48-51 頁．
18) 逆瀬川前掲書の第 4 章は中小企業における退職金制度を取り扱っている．制度の詳細については，それを参照されたい．
19) 経済学では，この意味づけとして，大企業独自の技術体系がもつ意義がかつてほどではないことや，中小企業の技能形成の拡充を挙げたりしている．
20) 労働時間の短縮について考察することも重要であるが，それについては，逆瀬川前掲書，第 2 章が詳細に述べているので，それを参照されたい．

21) 労働省中小企業対策室編『生き活き中小企業――労働施策のしおり』平成10年版をみても，完全週休2日制導入を労働時間短縮の最も重要な項目として，一つの節をあてている。
22) 中小企業の労使関係に注目した研究は，思いのほか少ない。近年は，むしろ未組織労働者の問題として取り扱われているように思う。ここでも，後半は，労働組合のない企業におけるコミュニケーションについて検討する。
23) たとえば，フリーマン・レビック「支柱がゆれる？――低下する日本の労働組合組織率」『日本労働協会雑誌』No. 361，1989年を参照せよ。
24) 労働省労政局編著(1994)『最新　労働協約等の実態』平成5年編集版，労務行政研究所。
25) 都留康・林大樹他『無組合企業の労使関係』(日本労働研究機構調査研究報告書　No. 88，1996年)による。
26) 企業内コミュニケーション研究会『中小企業における企業内コミュニケーションの実態』(1991年，財団法人労働問題リサーチセンター)による。
27) 白井泰四郎『労使関係論』(1996年，日本労働研究機構)，64頁。
28) 中村圭介・佐藤博樹・神谷拓平『労働組合は本当に役に立っているのか』(1988年，総合労働研究所)第6章，および橘木俊詔「労働組合参加率低下の社会経済的背景」(橘木・連合総合生活開発研究所編『労働組合の経済学』第1章，1993年，東洋経済新報社)，27頁参照。

# 第8章　中小企業の経済的意義と
　　　　ヨーロッパ法

ゴットフリート・ヴィンクラー
高畠淳子・村中孝史訳

## 8-1 │ 中小企業の経済的意義

　ヨーロッパ共同体委員会が推奨する定義によると[1]，中小企業（KMU）とは，従業員数が250人以下で，かつ年間売上高が4000万ユーロ以下であるか，または総収支が2700万ユーロ以下のものをいう．また，従業員数50人以下で，年間売上高が700万ユーロ以下または総収支が500万ユーロ以下である企業は小規模企業といい，従業員数10人以下の企業は零細企業と呼ばれる[2]．この最後のグループは，オーストリアでは全企業の約85％，EU平均では92％を占める[3]．

　ヨーロッパ共同体の全労働者の約3分の2が中小企業で就業しており[4]，まさにこの分野で，近時は比較的高い雇用者数の増加が見られる．オーストリアでは，1990年から1996年の間に，従業員数100人までの事業所での就業者数が，6％以上増加したが，それよりも大きい事業所ではわずかに増加しただけであり，500人以上の事業所に限ってみると若干減少している[5]．

　それぞれのEU加盟国で行われた調査から，零細企業における就業者増が優

勢であることがわかる[6]．（もっとも，零細企業で新たに生み出された雇用の多くがパートタイム労働に関するものであり，したがって低い資格の職場あるということを見逃してはならない[7]．）

それゆえ，EUには約1800万人の失業者がおり，平均失業率が11%を超えることを考えると，共同体レベルでの雇用政策において，とりわけ90年代の初頭から中小企業に特別な目が向けられてきたことは，驚くべきことではない[8]．

中小企業分野において雇用が増加している経済的要因としては，主として，変化する市場データに迅速に対応する能力，それに基づく大企業よりも高い柔軟性を挙げることができる．このような特質は，中小企業の構造から生じる不利な点を埋め合わせるものである．中小企業のもつ不利な点としては，一般的に次のようなものが挙げられる．すなわち，場所的に限られた市場に限定されてしまうこと（とくにマーケティングの可能性が規模に応じて逓減してしまう点），はっきりとしたコストの逓減がないこと，そして企業規模が縮小するに従って，資本不足（資本市場からの資金調達が困難なため），従業員の能力不足，研究・開発にとって重要ないわゆる「批判的大衆」の欠如のために自己革新の能力が下がっていくことなどである[9]．それゆえ，ヨーロッパ共同体は，中小企業に対する技術革新プログラムや，そのようなプログラムにあたっての中小企業の優遇策を提案したし[10]，また，ヨーロッパ共同体の研究プログラムは様々な形で中小企業に特別な考慮を払っている[11]．（たとえば，独自の研究能力を十分にもたない中小企業は，研究・開発を他の法人に自己の名で行ってもらうことができる[12]．）

しかし，中小企業の経済活動を枠付ける法的条件もまた，柔軟性に影響を及ぼす決定的な要因の一つである．この場合，労働法と社会（保障）法が重要な地位を占める．賃金，賃金に応じて使用者の負担となる社会保険料，休業中（疾病，休暇など）の賃金継続支払，雇用関係が終了する際の支払（たとえばオーストリアでは「離退職手当」）は，直接的なコスト要因である．しかし，労働市場への参入規制，労働者保護規定，雇用関係を解消する可能性の制限，労働者または労働者代表の共同決定（経営参加）権といった他の労働条件もまた，コスト面や企業の柔軟性に関して重大な影響を与える．さらに言えば，以上の他にも，とくに労働組合の組織率といった純粋な事実レベルの相違も，賃金額の法的規制とコスト面に間接的な影響を及ぼす．

以下の説明は，ヨーロッパ労働法が以上の問題にどのような配慮をしている

かについて述べるものである．なお，ここで扱う問題については，(主として) 抵触法たるヨーロッパ社会法の中に関連する規定は見られない．

## 8-2 ヨーロッパ労働・社会法と中小企業

### （1）ヨーロッパ法形成前の各国の法状況

　中小企業の存続や競争力にとって労働法規制が有する意義は，中小企業が共同体政策の視野に入るよりずっと以前から個々の国家レベルで考えられてきた．とくに解雇保護，労働者保護，ならびに事業所・企業組織（共同決定）は，立法者が中小企業に配慮する際に主として考慮の対象となったものである．これを説明するために，ヨーロッパ共同体創設国の法秩序に関して，二つの領域（解雇保護と事業所組織）に簡単に触れておこう．（詳細な比較はここでは行わない．なお，オーストリアの法状況に関しては次章参照のこと．）

　たとえばドイツにおいては，小規模企業の優遇措置として，一般的解雇保護の適用が一定人数以上の労働者を雇用している事業所に限定されていることと，労働者数の計算にあたってパートタイム労働者を算入しないことが規定されている[13]．（この限定は，政権交代後にふたたび使用者側にとってより厳しい基準へと引き下げられ（1999年1月1日施行），11人[14] 以上から6人以上へと元に戻された．また，パートタイマーを算入しないための基準も厳格にされた[15]．）

　フランスでは，事業所を代表する組合の代表者と選出された従業員代表（後述）は，経済的理由による解雇がなされる場合，一定の関与権をもつ．使用者の自由な解雇を制限するこの関与権は，従業員11人以上の事業所に与えられる[16]．

　事業所レベルで労働者利益を代表させる独自の制度を規定している諸国の場合，一定の就業者数以下の事業所をこの制度から除外している．ドイツでは，常時5人以上の選挙権を有する労働者が就労する事業所でのみ適用がある[17]．

　フランスでは，事業所レベルでの労働者利益の代表に関し，組合と特別な従

業員組織との間である種の競合がある．つまり，従業員が50人以上の企業では，1968年からそれぞれの代表的な[18]組合は事業所代表（部門）を設置でき，1人あるいは複数の組合の役員を代表として，経営指導者に対して指名することができる．従業員200人以上の企業では，使用者はこの組合代表の活動についてある種の実質的な財政援助をしなければならない[19]．しかし，従業員が11人以上の企業では，独自の従業員代表も選出されうるのであり[20]，また，従業員が50人以上の企業では，いわゆる企業委員会（編者注：使用者側委員と，従業員によって選出された労働者側委員からなる委員会で，本来使用者に決定権限のある経済的事項に関し情報提供や諮問を受ける権利が与えられ，また，福利厚生に関しては決定権も与えられている．）が選出されうる[21]．

オランダの場合，従業員100人以上の企業では，従業員代表委員会を設置しなければならない[22]．

共同体法が一定の企業グループについて従業員数に応じた労働法上の特別規制を行うとしても，それがまったく新しい試みではないということは，以上から十分明らかとなったであろう．

### （2）ヨーロッパ法の規制

ヨーロッパ共同体法における労働法（と社会法）規範の目的は，まず労働者の移転の自由を確立し，社会保障の領域でそれを確保するために必要な措置をとること[23]，さらにヨーロッパ共同市場の設立と機能に直接影響を与える加盟国の法規の調整にあった[24]．それゆえ，共同体機関には，労働法・社会法領域についての包括的な立法権限は与えられなかった．その結果，包括的なヨーロッパ労働法・社会法体系は形成されなかったし，現在もされていない[25]．

マーストリヒト条約の付属文書である議定書14号と社会政策協定は[26]，労働法・社会法に関する共同体の権限を拡大した（イギリスとスカンジナビア諸国を除く）．さらにそれらの協定は，ヨーロッパの労使団体を正式に社会政策上重要な共同体の立法手続きの中に組み入れた[27]．アムステルダム条約（同条約により整理されたヨーロッパ共同体創設に関する条約136条以下——従前の117条以下）は[28]，社会政策に関するマーストリヒト条約の諸規定を引き継いだ（これについてはいまやイギリスにも及ぶ）．これにより共同体機関は，従来以上に広い範囲の（す

なわち域内市場を機能させることに限定されない本格的な）社会政策を形成する可能性を手に入れた．それにもかかわらず，まだ共同体が包括的な労働法の立法権限を有するとは言えない．すなわち，社会政策に関するマーストリヒト条約におけるのと同様，労働報酬（賃金）問題や，団結権および争議権の規制は，共同体の権限に属さずに残されているからである[29]．

あらかじめ共同体の立法権限の特質に触れておくのがよいであろう．すなわち，ヨーロッパ共同体創設に関する条約189条は，いわゆる「第2次共同体法[30]」の枠内で規則と指針を共同体の一般的な規範設定の形式としている．「規則は，一般的に妥当する．規則は，その全体が拘束力を有し，直接それぞれの加盟国で適用される．指針は，指針が向けられたそれぞれの加盟国に対して，達成すべき目的について拘束力を有するが，その形式と方法の選択は，国内の立法機関に委ねられる」（国内法での具体化）．

労働力の移転の自由に関する規定とその社会法部分（48条以下）を除き，ヨーロッパ共同体創設に関する条約は，労働法の領域に関し，主として指針の形式でのルール設定を規定する．それゆえ，国内法への具体化は，加盟国の立法に委ねられている．様々な労働法の指針は，明文をもって，加盟国は労働協約当事者に具体化を委ねうることを定めている[31]．（たとえばベルギーでは，この方法を非常によく利用している．）もちろん加盟国は，完全で包括的な具体化を保障しなければならない．

## I 企業規模との明示的な関連

個別的労働関係法の領域では，まずヨーロッパ共同体創設に関する条約118a条2項2文の規定に留意する必要がある．この規定では，この規定に基づいて出される労働者保護に関する指針には，「中小企業の創設と発展の妨げとなる行政上，財政上，法律上の義務を定めてはならない」と規定されている．118a条は，1986年の単一欧州議定書（EEA）[32]によって条約に挿入された．しかし，これに関しては，単一欧州議定書条約国の次のような（制限的な）宣言もある．すなわち，共同体は，労働者の安全と健康を保護するために最低基準を定める場合，中小企業の労働者を合理的理由なく不利な地位におくことを意図するものではない，という宣言である．したがって，118a条の中小企業条項は，いずれにせよ中小企業を恣意的に優遇する権限を与えるものではない．

ヨーロッパ共同体創設に関する条約118a条に基づいて1989年6月12日に理事会から出された，労働時における労働者の安全と健康保護の改善のための措置の実施に関する指針 (89/391/EWG)（いわゆる「第2労働保護基本指針」）は[33]，前文において同じような表現で次のように述べている．すなわち，「協定の118a条に従って，指針では中小企業の創設と発展の妨げになりうる行政上，財政上，法律上の責任は放棄される」と．

第2基本指針（ここでは，実施のために出されている「個別指針」，たとえば作業場指針，労働手段指針，放射線指針といったものは考慮する必要はない[34]）の諸規定を分析すると，何度も業種かまたは企業規模が，また，場合によってはそのどちらもが考慮されていることがわかる．たとえば7条7項によると，加盟国は，使用者が自ら保護措置と危険防止の措置を行うことで足りる，すなわち，そのために労働者を雇用したり，あるいは外部の専門家に委託する必要のない（7条1項から3項）企業の範囲を定めることができる．このような可能性の具体化は，加盟国に委ねられる．応急措置，火災予防，労働者の避難などの措置に関する8条においても，業種と企業規模が同様に基準にされている．重要なのは，危険の評価，保護措置と保護方法の決定，労災リストの管理，これらに関する報告義務についての使用者義務を規定する9条である．これらの問題においても，9条2項は，加盟国に企業のカテゴリーに応じて記録の管理について異なる規制をする権限を与えた．最後に，適切な予防医学的監督の保障に関する原則的な義務（14条）の具体化についても，加盟国の立法者に裁量が認められる．

したがってこれらの場合はみな，具体化について加盟国に裁量が認められている．加盟国は，そもそも区別を規定するかどうか，また，どの業種あるいはどの企業規模を基準とすべきかということについても裁量を有する．憲法上の平等原則によって，オーストリアでは（そしてたいていの大陸の加盟国では），合理性を欠く優遇が許されないのと同様に，本質的に異なる条件を考慮しない不合理な中小企業の取り扱いも許されない．その場合，上述した（注18）ヨーロッパ共同体創設に関する条約118a条に関する宣言が，中小企業労働者の合理性を欠く不利益取り扱いを禁じている点が問題になるが，これは，平等原則という問題のもとでは考えられる複数の審査基準のうちの一つにすぎない．

集団的労働関係法において，企業規模に対するもう一つの配慮が見られる．ヨーロッパ経営協議会指針である[35]．ヨーロッパ経営協議会指針は，まず，加盟

国全体で少なくとも1000人の従業員がおり，かつ2加盟国にそれぞれ150人以上の従業員がいる企業が，共同体レベルで活動している場合に適用される[36]。これだけであれば，共同体レベルで活動する中小企業は当然適用対象外ということになる。しかし，この指針は，1企業がこの条件を満たす場合だけでなく，2以上の企業からなる企業グループ（コンツェルン[37]）が同じ条件を満たす場合にも，適用される。したがって，中小企業からのみなるコンツェルンの場合，この要件を満たして，指針の適用をみる可能性が生じる。もっとも，この結果，コンツェルンとコンツェルン企業の柔軟性が決定的に阻害されるかどうかは，疑わしい。というのも，たとえばオーストリアやドイツの事業所あるいは企業組織法と比較すると，ヨーロッパ従業員代表委員会指針が求める共同決定の範囲は狭いものと言わなければならないからである。すなわち，それは，情報取得権と聴取権に限定されているのである。ともかく，共同決定にコストはつきものである[38]。

## 2　企業規模との間接的な関連

先ほど示した企業規模に応じた直接的な区別と同時に，間接的な区別も存在する。これは，中小企業の場合にはそもそも到達できないか，またはまれにしか到達できないような値が規制の適用条件とされることによって生じる。たとえば，労働法・社会法以外では，公的な発注制度に関する共同体法の規制が挙げられる[39]。すなわち，個々の領域の公的発注に関する指針（「領域指針」[40]）が適用される条件として，一定額の受注総額があげられることにより，この額以下の公的な発注が指針の適用から排除されうる。このことから，（個々の加盟国の規定によるが）このような公的な発注に関して，中小企業の優遇が生じうるのである。

労働法の領域において，一般的規制の適用範囲から特定の中小企業を間接的に排除する重要な例としては，大量解雇指針[41]を挙げることができる。この指針は，特別の解雇保護（つまり，解雇計画の文書による通知が管轄官庁に出された後30日が経過する前に解雇が行われると，その解雇は無効）に服する「大量解雇[42]」を次のように定義している。すなわち，労働者側の事情ではない一つあるいは複数の理由によって使用者が行う解雇であって，その解雇の数が加盟国の選択によって，次の1）または2）に達する場合である（1条1項a）。

1）30 日の期間内に
　　—常時 21 人以上 100 人未満の労働者のいる事業所で，10 以上
　　—常時 100 人以上 300 人未満の労働者のいる事業所で，少なくとも当該事業所の労働者の 10％
　　—常時 300 人以上の労働者のいる事業所で，30 以上
　2）あるいは就業者数にかかわらず，90 日内に少なくとも 20 以上

　零細企業に大量解雇指針が適用されないということは，すぐに理解できる．零細企業の柔軟性を優遇する指針の効果は，明白である．しかし，労働者にとって有利な規定を創設するかどうかは，個々の加盟国の自由裁量に委ねられている（指針 5 条）．

## 8-3　総　　括

　共同体レベルでの労働法規制の形成にあたり，企業規模が考慮されているかどうかを考察しても，収穫が非常に多いというものではない．たとえば，加盟国間でまちまちの解雇保護規定を統一することは，共同市場の達成と機能という点から見て大きな意義があることは明らかであるから，ヨーロッパ共同体創設に関する条約 100 条に基づきこれを行うことは可能であろう．しかし，大量解雇指針の例外を除けば，これに関する包括的な共同体法の規制は存在しない．おそらく，同条が理事会での満場一致という議決方法を定めているために，こうした試みが最初から実現不可能なものと考えられているのであろう．この点については，アムステルダム条約でも，何の変更もなかった．創設条約 137 条 3 項（アムステルダム条約で修正された文言）は，まさに労働契約終了時における労働者保護について引き続き満場一致を求めているのである．

　したがって，残るのはとりわけ労働者保護である．ここでは共同体法は，次のような前提に立っている．それは，小企業労働者のために一般的に設定された保護水準は，これらの企業の実情に適合的な，より小額の管理費用で遵守さ

れうる，という前提である．もっともこれを行うかどうか，そしてその方法は加盟国に委ねられている．

集団的労働関係法の場合，現行共同体法で見られる企業規模による区別は，とくに各国で異なる経営組織法の適用範囲の確定に関して存在する．このことは，共同体の規制意思に根拠づけられている．合意が可能だと思われたのは，とりあえずは，多国籍企業とコンツェルンの労働者のための情報取得権と聴取権のみであり，それを超えて加盟国の経営組織法を調和させることは不可能と思われた[43]．もちろん，そのような国内規制が競争に対してもつ意味（とくにいわゆる「デラウエア効果」[44]）は疑いようがない．ごく最近になってようやく，共同体における労働者の情報取得と意見聴取に関する一般的枠組を設定する理事会指針に関する委員会提案が出され[45]，ふたたび[46]これに関する包括的な立法者のイニシアティブを提案している．それによると，50人以上の労働者がいる企業（2条1項a）が適用対象となり，各加盟国は，これを100人以上にまで引き上げることが許されている（4条3項）．

第8章 註
1) Empfehlung 96/280/EG der Kommission, Amtsblatt (ABl) L 107 v 30. 4. 1996, S 4.
2) この基準に加え，さらに所有をめぐる独立性が問題とされる．すなわち，注1で引用した勧告の付随文書1条3項によれば，独立しているとみなされるのは，資本または議決権の25％以上が一つまたは複数の企業に占められている企業であり，これらは中小企業の定義を満たさない．
3) Quelle: EUROSTAT, ÖSTAT.
4) Report of the CREST Ad Hoc Working Group on SMEs (1996), 6.
5) Quelle: Hauptverband der österreichischen Sozialversicherungsträger.
6) Vgl Zweiter Jahresbericht des europäischen Beobachtungsnetzes für KMU (1994), 15.
7) AaO (FN 6).
8) Vgl etwa "Für Beschäftigung in Europa", WSA (96) 1 endg; Integriertes Programm für die kleinen und mittlerem Unternehmen (KMU) und das Handwerk, KOM (96) 329 endg; sowie die Entschließung des Rates v 15. 12. 1997 zu den beschäftigungspolitischen Leitlinien für 1998, ABl 1998 C 30, S 1.
9) Zweiter Jahresbericht (注6), 18f.
10) Green Paper on Innovation, EU Bulletin Supplement 5/95; Entschließung des Rates über KMU und technologische Innovation v 27. 11. 1995, ABl C 341/02.
11) Beschluß Nr 1110/94/EG des Europäischen Parlaments und des Rates über das

Vierte Rahmenprogramm über Forschung und Entwicklung, ABl L 126, S 1.
12) Beschluß Nr 94/763/EG des Rates über die Regeln für die Beteiligung von Unternehmen, Forschungszentren und Hochschulen an den Tätigkeiten der Europäischen Gemeinschaft im Bereich der Forschung, der technologischen Entwicklung und der Demonstration (Art 8), ABl L 306, S 8. 最近決定された第5次基本プログラムは，基本的部分の変更にもかかわらず，この優遇措置を継続している．
13) §23 Kündigungsschutzgesetz.
14) §23 KSchG idFd Arbeitsrechtlichen Beschäftigungsförderungsgesetzes v 25. 9. 1996, BGBl I S 1476.
15) Gesetz zu Korrekturen in der Sozialversicherung und zur Sicherung der Arbeitnehmerrechte v 19. 12. 1998, BGBl I S 3834.
16) Art L. 321-1 Code du Travail.
17) §1 Betriebsverfasungsgesetz idFd Bekanntmachung v 23. 12. 1988, BGBl I S 1, BGBl III 801-7.
18) 国家レベルで代表的組合として承認されている組合は，ここでも自動的に代表的組合と認められる（とくに CGT や CFDC）．その他の組合については，組合員数，自主性，設立からの年数などの一定の基準を法律が挙げており，これらについて個別に審査が行われることになる．
19) Art L. 412-6 et seq. CT.
20) Art L. 421-1 et seq. CT.
21) Art L. 431-1 et seq. CT.
22) Kap II 2. Betriebsrätegesetz 1971.
23) Art 48 ff des Vertrags zur Grundung der Europäischen Gemeinschaft (EGV).
24) Art 100 ff EGV; Ausnahme: Art 118a Abs 2 EGV — Verbesserung der Arbeitsumwelt.
25) Vgl *Ulrich Preis*, Arbeitsrecht als Gegenstand des Gemeinschaftsrechts, in: Oetker/Preis (Hrsg), Europäisches Arbeits- und Sozialrecht (EAS), B 1100. Die subsidiäre Generalklausel des Art 235 EGV ist nach hA restriktiv zu interpretieren.
26) ABl 1992 C 191.
27) Art 4 Abs 2 Abk über die Sozialpolitik.
28) ABl 1997 C 340.
29) Art 137 Abs 6 EGV id konsolidierten Fassung.
30) この概念は，第1次共同体法との区別を行うために用いられる．ちなみに第1次共同体法とは，主として設立条約自体からなる．
31) So zB die sogenannte Nachweis-RL, 91/533/EWG, ABl L 288, S 32; die Arbeitszeit-RL, 93/104/EG, ABl L 307, S 18; die Jugendarbeitsschutz-RL, 94/33/EG, ABl L216, S 12.
32) ABl 1987 L 169, S 1.
33) ABl L 183, S 1.
34) Siehe dazu etwa *Silvia Hellmer* (Hrsg), Arbeitsrecht, Gesundheitsschutz und Sozialpolitik in der EU und im EWR (1994, Loseblatt), Anlagenband Teil E.
35) RL 94/45/EG des Rates v 22. 9. 1994 über die Einsetzung eines Europäischen

Betriebsrates oder die Schaffung eines Verfahrens zur Unterrichtung und Anhörung der Arbeitnehmer in gemeinschaftsweit operierenden Unternehmen und Unternehmensgruppen, ABl L 254, S 64 (gestützt auf Art 2 des Abk über die Sozialpolitik); durch die RL 97/74 des Rates v 15. 12. 1997, ABl 1998 L 10, S 22, wurde der Geltungsbereich dieser RL *auf das Vereinigte Königreich Großbritannien und Nordirland* ausgedehnt.

36) この指針は，ヨーロッパ経済地域（EWR）についても拘束力をもつので，ここにいう「加盟国」には，EU には加盟していない EWR 諸国も含まれる。Vgl § 171 Abs 2 Arbeitsverfassungsgesetz — ArbVG.

37) ヨーロッパ経営協議会指針 2 条 1 項 b にいう「企業グループ」の定義（「一つの支配的企業とそれに従属する企業からなるグループ」）は，上下関係のコンツェルンだけを意味するが，オーストリアの企業組織法は，並列関係のコンツェルンも含んでいる（§ 88a ArbVG iVm § 15 Aktiengesetz 1965). Vgl dazu *Gottfried Winkler*, Ein neuerlicher Versuch der europarechtlichen Regelung des Betriebsverfassungsrechts in internationalen Unternehmen, ZAS 1994, 109. もっとも，指針のオーストリア法における具体化である労働体制法 171 条以下においては，上下関係のコンツェルンだけを適用対象としている（§ 171 Abs 3 ArbVG)。

38) Siehe etwa die Z 7 des Anhangs der EBR-RL (Kostentragung für die Tätigkeit des EBR durch das Unternehmen).

39) Vgl etwa *Karl Korinek*, Vergaberecht, in: Raschauer (Hrsg), Grundriß des osterreichischen Wirtschaftsrechts (1998) 289 ff mwN.

40) Liefer-, Bau- und Dienstleistungs-RLen und eine Sektoren-RL.

41) RL 75/129/EWG des Rates v 17. 2. 1975 zur Angleichung der Rechtsvorschriften der Mitgliedstaaten über Massenentlassungen, ABl L 48, S 29; geändert durch die RL 92/56/EWG v 24. 6. 1992, ABl L 245, S 3; ersetzt mit Wirksamkeit v 1. 9. 1998 durch die RL 98/59/EG v 20. 7. 1998, ABl L 225, S 16.

42) オーストリア法では，通常解雇と即時解雇が区別されるが，ここでは通常解雇が問題となっている。即時解雇も使用者による一方的解約であるが，重大な事由に基づいて行われる必要がある。この指針は，即時解雇には適用がない。

43) 被用者代表の情報取得と意見聴取の規制は理事会における特別多数で行うことができるが，それ以上の共同決定条項に関しては全会一致が必要となる（Art 137 Abs 1 u 2 EGV id kons F）。このことは，従来，ヨーロッパ株式会社についての共同決定規制を創設する際の決定的問題でもあった。

44) デラウエア効果とは，（まずアメリカで観察された）企業がより「快適な」会社（企業組織）法をもった地域を選択するという傾向のことである。

45) KOM (98) 612 endg.

46) これに関連する努力は，70 年代初頭にまで遡る（vgl etwa den sog "Vredeling"-Entwurf, ABl 1980 C 297）。

# 第9章　日本における中小企業と労働法

村中孝史

## 9-1　はじめに

　本章においては，中小企業における労使関係や労働条件に関し，現行法がとっている基本的態度について検討を加える．まず中小企業に対して現行法上とられている特別な規制を明らかにした後，中小企業における雇用をめぐる様々な問題に対して，今後，いかなる法的対応が必要か，という視点から検討を試みたい．以下，本論に入る前に，本章における検討のベースとなる問題意識について触れておきたい．

　わが国の労働法は，労働者に団結権，団体交渉権，その他の団体行動権を与えることにより（憲法28条），集団的な労使関係が形成され，それを通じて公正な労働条件が確保されるという基本的な枠組に依拠している．こうした枠組は，労使関係に大きな違いが見られるものの，各国において見られるところであり，また，ILO設立以来の基本的枠組でもある[1]．もちろん，労働法においては，最低労働条件の法定という，もう一つの重要な分野が存在するが，こうした法定基準を引き上げる原動力となるのは労働運動であるし，また，法定労働基準が

遵守されているかを日常的に監視し得るのも労働組合であることを考えると，現行労働法にとって，労働組合の存在が決定的に重要な役割を果たしていることは否定できない[2]．

　こうした法状況を前提に中小企業をめぐる労働法上の問題を考えると，その最大の問題点が，労働組合の不在にあることは明らかである[3]．第7章で指摘されているように，中小企業における組織率はきわめて低く，ほとんど組合不在といっても過言ではない．もちろん，中小企業の労働者が直面している最大の問題は，大企業労働者に比して相対的に劣悪な労働条件であり[4]，その原因を組合不在にのみ求めることは早計に過ぎる．この問題の背景には，日本の経済構造や，労使関係の特質，とりわけ企業別組合を中心とした労使関係，さらにはそれを成立させる要因などが存在しており，たとえば，中小企業に企業別組合を作りさえすれば，大企業と中小企業の間に存する労働条件格差が解消するものでもない．ただ，組合が存在すれば，限られた範囲ではあっても一定の労働条件向上をもたらすであろうし，法定労働基準の遵守の監視といった機能もある程度は果たすであろう．また，労働者と使用者との間に紛争が生じても，労働者に代って労働組合が使用者と対峙する可能性が出てくる．しかし，労働組合が存在すれば，何よりも労働者はそれを通じて主体的に自らの労働条件の決定にかかわることができる．

　労働基準法2条が労使対等決定原則を規定しているように，戦後に展開をみたわが国の労働法は，まずもって労働条件が使用者によって一方的に押し付けられるといった前近代的状況の克服から出発しなければなかった．しかし，こうした課題は，実際のところ組合を通じてのみ実現可能なのであって，いかに労働者個々人が使用者と形式的に対等平等な人格であることを強調してみても，問題の解決にはならない．個々の労働者の自己決定を尊重し，労働者を個人として尊重していくためには，そのための基盤を形成する必要があり，そのための装置として労働組合が想定されてきたのである．したがって，少なくとも現行法のスキームを前提にする以上，労働組合の不在という現象は，労働者を一個の人間として尊重するという課題から見ても，きわめて深刻な問題を提起していると言える．

　もっとも，以上のことは，もっぱら法制度的側面からの規範的議論であり，実際に未組織の中小企業労働者が一般的に人間扱いされていないなどと，述べ

ているわけではない．多くの中小企業主は，労働者に対して最大限の配慮を払っているし，それが，中小企業の強みを支えているとも言える．とくに，従業員数の少ない企業においては，まさに労使関係は「人間関係」であって，そこでの信頼に依拠する形で日々の業務が行われることが少なくない．また，従業員数が増加し，使用者が労働者1人1人と対話することが困難になっても，たとえば，労働組合とは異なる従業員組織を作って，それを通じて労使のコミュニケーションをはかるといったことも行われている（第7章参照）．ただ，こうしたコミュニケーション・チャンネルは，一旦労使間に紛争を生じると，必ずしもうまくは機能しない．あくまでも労使の協調関係を前提としているためである．

　以上のように，中小企業における労使関係は，現行労働法の想定するスキームとは相当に異なる状況にある．このような事情は，一方において上記のような問題を惹起するとともに，他方で，労働法の実効性という問題を提起する．たしかに，現行法はすべての労働者が労働組合に組織されるべきことを求めているわけではなく，ただ，労働者に労働組合を結成し，また，それに参加する権利を与えているだけである．中小企業労働者のほとんどが未組織だとしても，それは労働者が選択した結果とも言えるのであり，少なくとも現行法に違反した状況とは言えない．しかし，上記のように，現行法は労働組合に重要な機能を期待している．労働組合の不在は，そのような期待が満たされていないことを意味しているのであり，その限りで，現行法の実効性が問われるのである．

　この問題に関しては本書第1部において取り上げられているが，本章においても，この点に留意しつつ，以下，冒頭に述べた順序に従い，検討を行うことにする．

## 9-2　制定法における中小企業

　最初に，制定法において中小企業に対してなされている特別な規制に関して概観するが，その際，労働組合などが当事者となる集団的労使関係に関する法分野（集団的労働関係法）と使用者と個々の労働者との関係を規律する法分野（個別的労働関係法）という一般的な区分に従って説明することにする．また，

（3）項においては，中小企業に対する様々な援助措置を概観するが，これらはすでに第6章で明らかにされた部分もあり，また，必ずしもすべてが労働法の範疇に属するものではない．したがって，中小企業労働者の労働条件に少なからぬ影響を与えるものについて，ここでは取り上げておく．

## （1）集団的労働関係法

集団的労働関係法の分野においては，企業規模に関する配慮はとくに見られない[5]．団結権，団体交渉権，争議権はすべての労働者に認められるものであり，労働者が働く企業の規模は一切考慮されない．ただ，従業員が1人しかいない企業において，企業別組合を結成することは不可能である．労働組合を結成するためには，少なくとも複数の労働者の存在が必要である．もっとも，我が国の法律において，労働組合を企業別に組織しなければならないといったルールは存在しない．我が国における企業別組織は，完全に事実レベルの問題である．したがって，中小企業の従業員が，合同労組や地域ユニオンに加入することはまったく自由であり，実際，数は少ないもののそのような労働者も存在する．

ヨーロッパ各国において見られるような法定の従業員組織は，我が国においては存在しない．ただ，後述するように，労働基準法においては過半数代表制度が見られ，限られた事項に関し従業員の集団的意思が反映されるような仕組が用意されている．これについても，とくに従業員規模は考慮されていないが，後述するように，中小企業と大企業とでは事実上の相違が生じている．

## （2）個別的労働関係法

個別的労働関係法の分野において中心的な位置を占める労働基準法は，原則としてすべての労働者に適用され，事業規模は適用要件とされていない[6]．事業場における従業員が1人でも，その従業員が労働者と判断される以上，労働基準法は適用される．法に定められた基準が，人間の生存権の確保にとって不可欠な条件であると判断されたものである限り，事業規模が小さいからといって適用除外とすることは原則として許されないからである．しかし，基準法にお

いていくつかの例外が見られることも事実であり，企業規模に対する配慮がまったく行われていないわけではない．また，同様に，労働安全衛生法などにおいても企業規模に応じた特別規制が見られる．

## 1 就業規則の作成義務

まず就業規則の作成義務を定める89条であるが，本条は，常時10人以上の労働者を使用する事業場について，就業規則の作成義務を課している．したがって，労働者の数がこれに達しない事業場については，就業規則の作成義務は存在しない[7]．10人未満の事業場について作成義務が課されないのは，事務能力を勘案してのことと説明されている[8]．したがって，そのような事業場についても就業規則を定めることは望ましいこととされ，実際に，そのような事業場が就業規則を作成した場合，その就業規則は法所定の効力を有するものと解されている[9]．

これと同様に，96条の2は，常時10人以上の労働者を就業させる事業などについて，付属寄宿舎を設置する場合，設備や安全衛生に関する基準に従って定められた計画を届け出る義務を定めている．本条が10人未満の事業場を除外する趣旨も，89条の場合と同様と解してよい．

## 2 労働時間規制

就業規則の作成義務と並んで重要な事項は，労働時間に関するものである．労働基準法は長らく，1週間あたりの法定労働時間を48時間としてきたが，1987年の法改正により40時間へと変更された．しかし，実際には，段階的な引下げが実施されたのであり，40時間がほぼ完全な実施を見たのは1997年4月のことである．この過程において，事業規模に応じた段階的引下げが行われており，規模が小さい事業場ほど40時間制への移行が遅かった．そして，現在においても，特定業種，すなわち商業，映画演劇業，保険衛生業，接客業に属する10人未満の事業については46時間制が特例として実施されている[10]．

また，1987年の法改正は法定労働時間の短縮をはかると同時に，その実現のために労働時間法制の弾力化を合わせて実施するものであった．その弾力化の一手段として，労基法32条の5は非定型的変形労働時間制を導入した[11]．これは，日ごとの業務に著しい繁閑の差を生じることが多く，しかもその繁閑が定

型的に定まっていないために，あらかじめ労働時間を特定することが困難な事業について[12]，1日10時間を限度とする変形労働時間制を認めるものである．この場合，労働時間をあらかじめ就業規則で特定する必要はなく，週の終わりまでに翌週の労働時間について労働者に通知するだけでよい[13]．こうした制度は，労働者の生活を不規則にし，その計画を狂わせるものであるだけに，なるべく避けられるべきものと言える．そのため，業務の繁閑に対しこうした制度での対応が真に必要な事業についてのみ，この制度の利用は認められる．他の手段でも可能な事業には，この制度の利用は認められず，それ故，事業の種類が特定されるとともに，一定規模以下，すなわち常時使用する労働者の数が30人未満の事業場でのみ利用が可能とされている．事業規模が大きくなれば，他の手段で業務の繁閑に対応することが可能との判断によるものである．

### 3　過半数協定制度

　以上のように，事業規模が直接考慮されている場合のほか，結果的に事業規模による区別が問題になるものを指摘しておく必要があろう．すなわち，労基法は，自ら定める最低条件よりも劣悪な条件を許す場合があるが，そのための要件としていわゆる過半数協定を求める場合が多い[14]．すなわち，労働者の過半数を組織する労働組合があればその労働組合，そのような労働組合がない場合には，労働者の過半数を代表する者と使用者とが締結する協定である．重要な例としては，賃金控除 (24条第1項)，時間外労働 (36条第1項)，各種変形労働時間制 (32条2ないし5)，裁量労働のみなし労働時間 (38条の3と4)，計画年休 (39条第5項) などがある．我が国における企業別組合は大企業に集中しており，多くの中小零細企業には組合が存在しないため，結果的に，大企業の場合には労働組合が過半数協定を締結し，中小零細企業の場合には過半数代表者が協定を締結することになる．しかし，後者に関しては，明確な選出ルールが規定されておらず，ようやく2000年になって，施行規則において過半数代表者になれない者の範囲や選出手続に関する要件，さらには，過半数代表者に対する不利益取扱の禁止が規定されるにいたった[15]．しかし，この要件は，従来通達で示されてきた原則を規則に取り込んだものに過ぎず，きわめて抽象的な内容となっている．また，実際にも，この選出手続はルーズに行われており，結果として，中小企業における労働基準法の実効性に問題を生じさせていると言える．

## 4　労働安全衛生法

　労働基準法以外にも事業規模に応じた区別は見られる．たとえば，労働安全衛生法は一定の資格ないしは免許を必要とする安全・衛生管理者の設置義務を定めるが，この義務は50人未満の事業場に関しては免除される[16]．また，産業医の選任義務についても同様に50人未満の事業場については免除されるし[17]，さらに，安全衛生委員会の設置義務についても50人未満の事業場については免除されている[18]．このような特別扱いは，もっぱら小規模企業の経済的負担能力を考慮したものであるが，産業医に関しては法制定時における医者不足という事情も考慮されたようである．しかし，50人という基準は，我が国における労働者の約60%がこれらの規制からはずれることを意味している[19]．

　以上のように，個別的労働法の分野においては，中小企業がおかれた状況，すなわち，比較的弱い財政基盤やそれによる事務負担能力の限界，また，従業員が少人数であることから生じる人員配置の硬直性などといった事情に基づいて，いくつかの規制が適用除外され，あるいは緩やかな基準が適用されている．その際用いられている基準は事業所あたりの従業員数であり，しかも，その人数は10人から多くても50人である．この数字は，たとえば中小企業基本法の定める300人といった数字と比較するとかなり小さいものである．したがって，労働者保護法が規模の点で例外扱いを必要だと考える企業は，相当に小規模の企業に限定される，と一見言えそうである．ただ，この数字が企業単位ではなく，事業所単位であることには注意する必要がある．小規模の事業所を多数かかえる企業が存在するからである．例外規定の根拠として事務負担能力や財政基盤が問題にされるが，そもそも従業員数がそれらとつねに相関関係にあるわけではないうえに（第2部第11章参照），人数が事業所単位ではかられると，ますますその矛盾が大きくなる．人数以外に適切な基準を見つけることが困難だとしても，はかる単位を企業ごとにするなどの措置をとらないと，規制の趣旨が十分に生かされないと思われる．

### （3）中小企業に対する援助措置

　中小企業に対しては，規制の適用除外があるだけでなく，さらに，その経営を援助する措置も行われてきた．第6章で詳細に触れられているように，こう

した助成措置は，産業政策的観点，とりわけ中小企業の近代化という観点から進められてきた．1963年に制定された中小企業基本法は，そうした中小企業政策の基本理念を明確に示したものである．そこでは，「過小過多」という状況を克服して競争力をつけるとともに，ニーズの減少した分野から成長分野への移行をスムーズにすることで，中小企業の近代化をはかり，中小企業問題の全体的解決が意図されたと言える．その後の展開においては，これら以外の様々な観点に対する配慮が行われるが，基本的な態度に長らく変化はなかったように思われる．ただ，1990年代に入ると，新規参入の促進という新たな施策がとられるようになり，従来の政策が規模の拡大化に向けられていたことを考えると，政策の転換が生じている．また，近時においては，産業政策的観点と雇用政策的観点という2つを睨んだ施策も実現されるようになり，この点も従来にはなかった変化である．

　以下では，中小企業政策の中で，主に雇用政策的観点や労働者福祉的観点から注目される施策のいくつかについて触れてみたい．

## 1　中小企業退職金共済制度

　まず，このような援助措置として，かなり以前より存する中小企業退職金共済制度を指摘することができる．この制度は1959年に設けられた，法定の退職金社外積立制度である．この制度へ加入できるのは，原則として従業員数が300人以下であるか，または資本金が1億円以下の企業である．この制度に加入すると，事業主は，新規加入から2年間にわたり掛け金の3分の1について国の助成を得ることができる．中小企業の場合には退職金制度がない企業も多いが，この制度により退職金の普及を意図したものである．現在，280万人余りの労働者が本制度によりカバーされている．

## 2　中小企業労働力確保法

　この他にも，安全衛生設備の設置に対する援助や，職業教育訓練に関する有利な援助措置などが実施されてきたが，以下では，1991年に成立した「中小企業労働力確保法」による事業について触れておく[20]．

　本法は，個々の中小企業主または中小企業を構成員とする事業協同組合が，労働環境や福利厚生の改善を内容とする雇用改善事業の計画を都道府県知事に

提出し，その認定を受けることを要件に，様々な支援を中小企業に対して行うものである．主なものとしては，中小企業が新分野に進出するために必要とする人材を確保するための費用の一部を助成したり，あるいは，新分野に進出するために必要となった能力開発費の一部を助成したりする制度がある．また，労働環境の改善のために設備・施設の設置を行い，併せて労働者を雇用する場合に，必要経費の一部を助成する制度なども定められている．

　中小企業に対しては，雇用政策的あるいは労働者福祉的観点からだけでも以上のような支援事業がなされており[21]，他の観点からの支援事業も考えると，相当手厚い支援がなされている．かかる支援措置は，逆に，それがなければ中小企業の存続が危ぶまれること，すなわち，中小企業における労働条件が人材を確保できない程劣悪なものになる可能性があることを示している．しかし，大企業が国際競争の激化によりいっそうのスリム化を要請される中，雇用の受け皿としてベンチャー・ビジネスに乗り出す中小企業が有力な候補と考えられており，そのことが，近時における中小企業の新規創業助成政策に反映されている．そして，そのためには中小企業に有能な人材が集まる環境を整えること，すなわち，有能な人材が集まる程の魅力的な職場作りが大切なのである．

## 9-3　判例法理における中小企業

　近時，労働基準法をはじめとして，個別的労働関係法の分野における立法活動がさかんであるが，従来，新たに生じる労働法上の論点に対して立法的解決が十全にはかられてきたかというと，必ずしもそうとは言えない．労働組合が企業別に組織されているため，ナショナル・レベルでのルール設定を労使の団体に委ねることも事実上困難であり，結局，多くの問題が裁判所での解決に委ねられることになった．したがって，わが国の労働法にとって，判例法理のもつ意義は決して小さいものではなく，判例法理が決定的なルールを形成している分野も少なくない．それでは，裁判所はこうした判例法理を形成するにあたり，中小企業の労使関係の特質をどのように評価してきたのであろうか．結論的に言えば，少なくとも法理と称されるレベルにおいては，こうした企業特質

に対する配慮はなされていないように思われる．以下，判例法理の状況について概観しておきたい．

### （1）判例法理と日本的雇用慣行

　我が国では個別契約において労働条件の詳細に関して明示的な合意をするケースが少なく，そのため，裁判所は，個別契約を手掛かりとすることもできず，いわば白紙の状態でのルール形成を求められることが多かった．こうした場面で，裁判所は，業界や社会一般における慣行的な処理などを手掛かりに，労働法の諸原則に依拠しつつルール形成をすることになる．他方，労働協約が締結されている場合を別として，多くのケースでは，使用者が就業規則を通じて労働条件を一方的に決定しているという現実が存在する．しかし，こうした現実こそ，労使対等決定の原則（労基法2条1項）や労働者保護という労働法の諸原則からみると，疑問視されるべきものであり，裁判所はこうした現実にどのような法的評価を加えるのかという困難な課題に直面することにもなった．結局，裁判所は，就業規則の規定に法的効力を承認しつつも，独自の公平観念に従って，就業規則の規定を解釈したりまた法的効力を認める範囲を制限したりしてきた．こうした作業を通じて個別労使間のルールが判例法として形成され，今日，労働契約法理として重要な役割を果たしている．その中でもとくに重要な法理と評価できるのが，今触れた就業規則をめぐる法理[22]と解雇制限法理[23]である．

　ところで，裁判所がこうした判例法理を形成するにあたり前提とした労使関係は，いわゆる日本的労使関係の特徴を備えるそれであったと評価できる[24]．すなわち，我が国における労使関係の特徴として，終身雇用，年功賃金，企業別組合の3つが挙げられるが，このような説明が妥当するような労使関係を念頭に，我が国の裁判所は判例法理を形成してきたものと考えられる．たとえば，我が国の裁判所は，使用者が就業規則に配転の可能性を規定しておきさえすれば，比較的容易に使用者にその権利を認めるが[25]，かかる判例法理は，他方で厳しい解雇制限を課すこととのバランスをはかったものだとの説明がなされる．すなわち，状況の変化に対応した柔軟な労働条件の変更を認めなければ，終身雇用を使用者に強制することはできない，というわけである．

しかし，いわゆる「日本的労使関係」は，我が国の労使関係のすべてに妥当するわけではなく，このような説明の妥当範囲は主に大企業の正社員に限定される．したがって，大企業で働く労働者の場合でも，パート労働者，派遣労働者，契約社員といった非正規従業員には妥当しないし，また，多くの中小企業の場合には正社員を含めて妥当しないと考えられる．第7章で明らかにされているように，中小企業においては，大企業におけるような終身雇用慣行は見られないし，逆に定年がはっきりしているわけでもない．また，賃金も年功によりそれほど上昇するわけでもない．そして，何よりも，中小企業においては，多くのケースで企業別組合は存在せず，合同労組や地域ユニオンといったきわめて例外的なケースを除き，ほとんどの労働者は未組織である．したがって，このような事情の相違を無視して，大企業の正社員を念頭に形成されたルールを中小企業にそのまま適用することには問題を生じよう．たとえば，解雇制限法理について言えば，終身雇用慣行を引き合いに出して解雇制限を強制されても[26]，そのような慣行のない中小企業の使用者にとっては説得力を欠くものでしかないであろうし[27]，また，解雇無効といった効果が，零細企業における労使間の緊密な人間関係と適合的かどうかも疑問であろう．さらに，裁判所は定年制の合理性を一般的に承認するが[28]，終身雇用や年功賃金といった慣行がないような中小企業において定年制が導入された場合に，その合理性を即座に肯定できるのかも疑問である[29]．

## （2）日本的雇用慣行の変化と判例法理

　以上のように，従来の判例法理が日本的雇用慣行に強く影響されてきたものであるとしたならば，それは日本的雇用慣行の変化とともに転換を余儀なくされることになる．実際，現在進行している雇用慣行の変化は今までに見られないドラスティックなものであり，これらを前に判例法理が何らかの影響を受けることは避けられないように思われる．たとえば，複線型の雇用管理とともに，正社員を極力少数に押さえる人事政策がとられつつあるが，こうした人事政策は，終身雇用型の雇用が大幅に減少していくことを意味している．また，業績重視型の賃金制度が急速に普及しつつあるが，このことも，雇用継続がもつ意味を縮減させる結果，終身雇用慣行に影響を与えるものと考えられる．さらに，

企業は激化する競争を勝ち抜くために，いっそうの経費節減を迫られており，分社化やアウトソーシングなど，企業のスリム化に必死であり，このような事情は，大企業での従業員数の減少をもたらし，相対的に中小企業の増加をもたらす効果があると考えられる．この点に関連して言うならば，経済のサービス化や社会の急速な情報化[30]といった事情も同様の効果をもち，その結果，日本的雇用慣行の妥当範囲はいっそう狭くなると考えられる．他方，労働者側の意識の変化も無視できない．たとえば，企業帰属意識がそれほど強くない労働者が増加しており，こうした労働者グループの場合，終身雇用や年功処遇は必ずしも魅力的なものではなく，彼らは賃金や労働時間などの労働条件に対して強い関心をもっている．総じて言うならば，価値観の多様化に対応して，雇用に労働者が期待するものも多様化しているのである．

　このような変化は，法理形成にあたり，従来のように１つの雇用モデルを念頭においておけば足りるという状況が消え去ること，換言すれば，雇用形態の多様化に対応した法理の形成が求められることを意味している[31]．その限りで，中小企業における雇用の実情に対しても，従来以上に配慮がなされる可能性があると考えられるが，ただこの点は，中小企業における個別的労使関係が，どの程度法的な関係として意識されるのか，換言すれば，中小企業における雇用がどの程度まで法化するのか，という問題に強く規定されることになろう．この点に関しては，にわかに予測が困難であるが，実情に関しては，第１部第４章において紹介したところである．

## 9-4　中小企業における労働法をめぐっての検討課題

　本節においては，9-2節および前節において概観した現行法の状況について，その問題点を指摘したうえで若干の検討を加えたいと考える．もっとも，網羅的な検討は不可能であるから，大きな問題点の指摘に限定されていることをあらかじめおことわりしておく．

## （1）集団的関係の構築

　最初の論点は，現行労働法が採用している労働条件の集団的形成という枠組が，ほとんどの中小企業で機能していない点をどのように評価するか，という問題にかかわる．

　9-2節（1）項において見たように，現行法は，労働者に団結権などを付与するのみで，それ以上に組合の設立を後押しするような規制を行うものではない．したがって，ほとんどの中小企業労働者が未組織であるという状況に，法は特段の注意を払っていない．換言すれば，法は，そうした事態を労働者の怠慢として放置してきたと言える．しかし，労働者の大半が必ずしも恵まれた労働条件を得ていないにもかかわらず権利行使をしないという状況は，それ自体，法制度に内在的な問題が存することを示唆していると考えるべきである．集団的自治が，個人レベルでの私的自治にとって代わる，あるいはそれを実質的に実現する手段として構想されているだけに，事態は深刻である．

　この問題の検討のためには，本来であれば中小企業労働者の組織化がわが国で進まなかった理由を問うことから始めなければならない．しかし，この作業はわが国における労使関係の歴史を検証する作業にほかならず，筆者の力の及ぶところではない．ただ，わが国においては労働者としての連帯感が醸成されていないこと，また，そのためもあって企業別組合という組織形態が一般的であることが，中小企業での組織化に消極的に機能している点は否定し難いように思われる．実際，厳しい企業間競争が存する状況下での企業別組合の創設は，当該企業の市場競争力を弱める効果をもつであろうし，また，中小企業で組織化される小組合は，人的基盤も財政的基盤も弱く，また，効率性という点からも問題があり，組合員に豊富な活動内容を提供できない．少なくともこのような状況が変化しない以上，中小企業における組織化は進まないと予想される．

　以上のように，今後も組織化はにわかに期待できず，しかも，これは個々の労働者の努力だけでは，克服しようのない状況であると言える．そうであるならば，現状を労働者の怠慢として放置してよいのか，強い疑問を生じる．もちろん，これは，政策論あるいは立法論レベルの議論であり，現行法を前提とした解釈論の問題としてではない．現行法の枠組は憲法により規定されており，

現状が憲法問題を生じているなどと主張しているのではない.

　それでは，現状を改善していくには，どのような方策が考えられるであろうか．いくつかの方策が考えられるが，本節では，労働組合とは異なる労働者組織の構築という観点から2つの可能性を指摘しておきたい．

## I　従業員組織

　第1の方策は，それぞれの企業あるいは事業場において法定の従業員組織を作るというものである．このような組織に近いものとしては，すでに労働基準法における過半数代表制度や労使委員会制度が存在している[32]．ただ，過半数代表者は，その選出方法が詳細に定められているわけでもなく，また，何より個人であって組織ではなく，使用者との関係において十分に対等性があるとは言えない．また，その権限も特定事項に限定されており，常設の機関として包括的な協議権や情報開示権などをもつものでもない．しかし，次第にその権限は拡大されつつあることを考えると，この制度をさらに拡大・充実することにより，事業場レベルでの従業員組織を実現することが考えられる．もっとも，これに関連して，次の2点に留意しておきたい．

　第1点は，このような従業員組織も企業別組織である以上，企業別労働組合のもつ限界を克服できないという点である．また，このような組織の設置は，様々な意味におけるコスト増を意味する点にも注意しておく必要がある．第2点は，2000年から実施された労使委員会制度に関してである．この組織には労働者側の委員だけでなく使用者側の委員も参加しており，しかも法定事項に関する議決方法は全会一致によることとされている．この制度は，無組合企業に関しては労使が協議する場を制度的に提供する意味をもち，積極的に評価できる面をもつが，他方で，委員の選出方法や委員の身分保障に関する規制が不十分であるという問題点を抱えている．また，法定事項に関してではあるが全会一致による議決が規定されている点も，労働者側委員のすべてが拒否権をもつことにはなるものの，労使の間や労働者間で利害対立が生じる問題に関するものであるだけに，全会一致をいうこと自体，非現実的であり，場合によっては制度を形骸化してしまう危険をもつものである．ただ，こうした問題点を克服していけば，中小企業においても労使が労働条件について協議する場を設けるきっかけとして有意義に機能するように思われる．

### 2 地域単位の労働者組織

考え得るもう1つの労働者組織は，企業単位ではなく，地域単位の組織である．たとえばオーストリアの労働者会議所のように[33]，横断的な法定労働者組織を設置するのである．もっとも，オーストリアにおいては，労働組合が様々な点で重要な機能を果たしているため，労働者会議所が自らに認められた労働協約能力を実際に用いることはなく，もっぱら調査・研究など，労働組合を補助する活動を行っている．わが国においても，たとえこうした組織を設置したとしても，それが横断的労働組合として機能することは不可能であり，個別の紛争にあたって労働者を援助したり，啓発活動や監視活動，さらには標準的な労働契約条項の普及活動などを行うにとどまるであろう．ただ，こうした活動であっても，中小企業の未組織労働者にとっては大きな力になると思われる．

## （2）個別的労働関係法の機能

第2の問題は，個別的労働関係法の対応をめぐるものである．9-2節および前節において述べたように，労働者保護法の領域においては，中小企業の事務処理能力や財政的能力などを考慮して，一部の規制が適用除外とされているが，総じて，中小企業であることを理由に特別な扱いがなされることは少ない．労働者保護がもっぱら最低労働条件の設定によってはかられるものである以上，たしかにそれは企業規模により異なる取扱をすべき筋合いのものではない．また，主として判例により形成されてきた労働契約法理に関しても，それが労働者保護原理に立脚するものである以上，事情はほぼ同様ということになろう．しかし，今後，個別的労働関係法が労働者保護原理に立脚しつつも，それを実現する手段として最低基準の設定だけを考えていれば足りるのか，という点は検討されるべき問題であろう．

このような問題の背景には，(1)項で述べた集団的労使関係の機能不全という事態が存している．(1)項においては，現状に対する処方せんとして，もっぱら労働者組織の構築という観点から検討を試みたが，もう1つの処方せんとして，個別的労働関係法による対応を考えることが可能である．すなわち，集団的労使関係が果たすべき役割を法律による労働条件の設定によって代替させる，という方法である．もちろん，こうした方法は，私的自治原則との相性が

きわめて悪く，現行憲法下においてこれを導入することには慎重でなければならない．たとえば，最低基準の設定は別にして，標準的な労働条件に関し，一切の例外を許さないような絶対的基準を設定するような規制は原則として許されないであろう．しかし，このような制約はあるにせよ，集団的労使関係の機能不全という状況が，これを活性化させることにより改善されない限り，ほかに公正な労働条件を形成する手段がないことも否定できない．

　こうした方向性は，すでに近時における立法活動においてもみてとることが可能である．たとえば，40時間制である．たしかにこの基準は最低条件として法定されているわけであるが，これがあらゆる種類の労働につき生物学的生存をはかるために不可欠な条件であるという者はいないであろう．このような事態は，一方において最低労働条件という場合の「最低」の含意が変化していること，換言すれば生存権の内容が時代とともに変化している証左であると理解できる．しかし，他方において，本来こうした労働条件の向上は集団的労使関係において実現されるべきであるのに，それが機能不全に陥っているために法律によって行われていると理解することも可能である．事実，ドイツにおいては，時短は労働協約により進められており，法定労働時間はいまだに48時間である[34]．このように比較的高い条件を最低条件として設定したために，労基法は，変形労働時間制度やみなし労働時間制度など様々な例外的措置を規定することになる．これらの規定は複雑かつ詳細であり，立法過程における（審議会などの場における）労使の妥協の産物であることを色濃く示している．しかし，「最低労働条件」は本来労使の妥協で決めることができるものなのであろうか．

　それでは，こうした労基法の現状は否定的に評価されるべきであろうか．国民の生活レベルが全般的に向上している段階において「最低」の含意を見直していくことは必要であろう．その意味で，近時の立法動向は一応肯定的に評価すべきものであろう．しかし，最低条件ということにこだわりつづけると，かえってマイナスの効果を生じる危険もある．すなわち，他方において国民の価値観は多様化しており，最低条件として比較的高い条件が押し付けられると，それが労働者にとっても不必要な介入と感じられ，その結果，法律の無視にいたる可能性がある．こういった事態を回避するためには，労働時間規制を二重に行うこと，すなわち，最低基準とともに，今日における標準的基準という2つの基準を法定するという方法が考えられる．もちろん，後者の基準は，前者

のように強行的効力が認められるものではなく，せいぜい合理的な理由がある場合にのみ逸脱を許す半強行的な効力[35]が与えられたり，あるいは，努力目標としてのみ法定されるに止まるといったことになろう．こういった基準が，本来であれば集団的労使関係の中で形成されるべきであることは言うまでもない．

　こうした標準的労働条件を法が設定する場合，そこでは中小企業のおかれた特殊な条件を反映することも容易となる．とりわけ，従業員数が少ないことからくる要員配置の硬直性や特別な労務担当従業員をおきにくいといった事情などが考慮されるべきである．他方，財政的基盤への配慮は原則として中小企業に対する財政援助によって行うべきであり，標準的労働条件の設定という場面で，これを行う必要はないように思われる．

　これと関連して，労働契約法の課題についても一言しておく必要があろう．判例による労働契約法理が，主として大企業の正社員に関する雇用慣行を念頭に形成されてきたのではないか，という点についてはすでに述べたが，そうであるとするならば，それは中小企業における雇用実務を十分に考慮したルールを形成したものであるとは言えない．たとえば，前述したように，定年制の合理性を，そうした慣行が存しない業界の中小企業において一般的に肯定することは許されないであろう．当該企業における雇用実態を基準に合理性が判断されるべきだと言える．

　中小企業が多様な姿をもつ以上，中小企業労働契約法といった契約類型を考えることは意味がないし，また，実際上不可能である．要点は，異なる雇用慣行を前提に形成された法理をそのまま妥当させない，というところにある．もっとも，このことは，労働契約法理がもっている最低基準的意義を無視せよということを意味するものではない．契約法理として形成されてきたルールは，最低基準を明確にする側面と，労使間の利害の調整をはかる側面を有しているといえる．たとえば，配転法理に関しては，配転命令権を原則として肯定する部分に着目すれば，利害調整的な性格を見ることができるが，しかし，他方で特段の事情がある場合に権利濫用の成立を認める部分に着目すれば，これは最低基準を設定したものと評価できる．前者の部分については，たとえば契約において（職場や職種を特定する）明確な合意がなされれば，その契約が優先されると考えられるが，後者の部分については契約による逸脱は認めるべきではない．組合活動を理由とした配転を許す契約条項は，憲法28条あるいは公序に反し無

効である．したがって，契約法理においても，最低基準を設定する部分に関しては，原則として中小企業ゆえの特別扱いは許されない．しかし，利害調整的な部分に関しては，それぞれの中小企業のおかれた特殊事情が考慮されるべきである．

### （3）労働法の知識の普及

　第3に指摘しておきたい問題は，そもそも中小企業において労働法はどの程度遵守されているのか，また，そこでの労使関係の形成にとって，労働法はどの程度指導的な役割を果たしているのか，という点にかかわる．労働法が無視されているのであれば，いかにこれに手を加えても，所詮，徒労に終わると言わざるを得ない．たしかに，この点では現状には大きな問題があるように感じられる．
　もっとも，労働基準監督署が監督を行う労働基準法などについては，中小企業においてもそれなりの知識が普及している．たとえば，第1部第4章において紹介した調査によると，解雇予告義務に関しては，9割を超える者が正しい回答をしている．しかし，変形労働時間制になると正しい回答をした者は5割を超える程度であり，十分に知識が普及しているとは言い難い．さらに，憲法上の権利である団結権に関する質問では，労働者には労働組合を結成する権利があるとする正しい回答をした者は，6割に達しておらず，いささかショッキングな結果となっている．さらに，前述した判例法理に関して言うならば，もっとも中小企業に影響があると思われる解雇制限法理に関して，それが判例法理により形成されているという正しい認識をもっている者は10％に満たず，多くの者が制定法により制限がなされているとの認識をもっていた[36]．このように必ずしも法的知識が十分に普及していないという状況については，いくつかの原因が考えられる．
　第1に，そもそも労働法の知識を必要とする場面に遭遇しない，ということが挙げられよう．すなわち，労働基準監督も，労働者が監督署に告発しない限り，介入することはまれであるため，使用者は法違反を犯しても問題にならないことが多い．すなわち，労働者は，労働法に関する知識を十分にはもっておらず，使用者に対して立場が弱いこともあって，使用者の行うことには逆らえ

ないという状況が生じるのである．このような事態は，そもそも労使間に紛争が生じないことを意味している．もっとも，職場に労働組合が結成されたり，あるいは労働組合との関係が生じると，そこを通じて労働法の知識が与えられるため，状況に変化が生じる．付言するならば，労働条件の集団的決定が労働組合にとってもっとも重要な機能であることは否定しないが，労働者保護法の遵守状況の監視，個々の労働者に対する支援なども，労働組合が果たすべき重要な役割である．労働条件の決定だけであれば，労働者はフリーライドすることができるのであり，むしろ，労働者にとって見れば個別的な支援体制こそが労働組合の魅力である[37]．

第2は，我が国においては，労働訴訟に限らず，訴訟を起こしにくい状況がある，という点である．かりに訴訟が頻発するのであれば，使用者の方としてもそれに対する防衛措置を講じる必要が生じ，結果的に労働法の知識をもつ必要に迫られる．しかし，我が国においては，訴訟提起のための費用は高額であり，労働組合の支援を受けられない労働者には自己負担が難しいし，また，訴訟対象の価格とのバランスもとれない．その結果，かりに労働者が使用者に対して不満を述べたとしても，訴訟事件にまでは発展せず，使用者としても労働法の知識でしっかりとした自己防衛をはかる必要には迫られない．

第3に，中小企業の場合，その従業員数からして労務担当専門の職員をおくことは難しく，また，労働法の専門知識を従業員にもたせることも困難だという事情である．この点，社会保険労務士に業務を委託するケースも少なくないが，社会保険労務士が判例に関して十分な知識をもっていることは少ないように思われる．さらに付言するならば，弁護士の場合でも，すべてが労働法の知識を身に付けているわけではなく，2000年からは司法試験の試験科目から労働法がなくなることを考えると，今後はますます労働法の知識をもった弁護士が減少するものと予想される[38]．

以上のような状況は，中小企業の雇用の場において法の実効性をいかに確保するか，という問題を提起している．労働者の権利意識が高まりを見せることにより，紛争が増加する可能性は存するが，裁判所の利用が依然として困難なのであれば，事態はそれほど変化しない．したがって，1つには，裁判所の利用をより容易にするということが必要である．この点は，一般的に，規制緩和により行政の監視が後退する中で，司法の強化が叫ばれており，その過程で何

らかの対応がなされる可能性はある．しかし，労働紛争の多くが裁判所での解決に必ずしも適さないことも事実であり，この点も考慮すると，裁判外の紛争処理制度の整備も合わせて検討すべきであろう[39]．これに関しては，平成10年の労基法改正によって労働基準局における紛争解決援助制度が導入されている（労基法105条の3）．この制度の運用とともに，今後どのような形でこの制度が発展していくのかが注目されるところである．

　もう1つの手段が，判例法理によるルール形成を，早急に立法化するという方法である．制定法という形で現れると，可視性が高まるため，少なくとも判例法理のままであるよりも実効性は高まると予想される．ただ，その際に重要なことは，中小企業の場合，行政による監視がなお重要な役割を担う点である．組織化されていない個々の労働者の場合，なかなか不満を主張できないという事情があり，労働基準監督による後見的な規制がなければ，せっかく立法を行っても画餅に帰す可能性が大きい．

　第3に考慮しておくべきことは，国民一般に対して労働法の知識に関する教育を今以上に行う必要があるという点である．我が国の一般教育は，従来，このような点に十分な配慮を払ってこなかったように思われる．これに関連して言えば，たとえば消費者としての教育も同様に重要だと言える．

## 9-5　おわりに

　本章においては，中小企業での雇用をめぐって生じる問題について，労働法的観点から若干の検討を試みた．労働法学者の多くも，従来，中小企業の労使関係に十分な配慮をしてこなかったように思われる．同様のことは，パート労働者や派遣労働者といった非正規従業員についても妥当する．しかし，労働問題の多くはこうした部分に集中的に現れており，必ずしも訴訟事件が労働問題全般を反映しているわけではないことを認識すべきである．我々は，従来，訴訟も起こせず，泣き寝入りしがちであった労働者についても，妥当な紛争の解決が可能となるようにしなければならないと同時に，中小企業がおかれている状況を前提にした適切な利益調整が可能となる道を考えなければならない．

第 9 章 註

1）第 89 号条約 (1948 年)．日本は 1965 年に批准．ILO に関する近時の解説として，中山和久編『教材国際労働法』(1998 年，三省堂) がある．
2）労働法の発展に関しては，片岡曻『労働法(1)第 3 版補訂』(1998 年，有斐閣) 2 頁以下参照．
3）1998 年 6 月 30 日現在における民営企業での推定組織率は，1000 人以上規模で 56.9% であるのに対し，100〜999 人規模で 19.6%，100 人未満規模で 1.5% となっている．平成 10 年労働組合基礎調査より．
4）製造業における賃金格差は，1000 人以上の企業を 100 とした場合，10〜99 人の企業におけるそれは 1965 年には 77.6 であったものが，1998 年には 72.2 とさらに拡がっている．平成 11 年版労働白書 467 頁．
5）争議行為に一定の制限が課される労働関係調整法 8 条にいう公益事業やスト規制法の適用を受ける電気事業および石炭鉱業は，事実上，規模の大きい企業であろうが，法文上従業員数や資本金額が規定されているわけではない．
6）同居の親族のみを使用する事業場，および家事使用人については適用がない．労基法 116 条 2 項．
7）この 10 人を事業所単位でみるのか，企業単位でみるのか，という点で争いが存する．企業単位でみるとの見解も有力であるが，行政実務は事業所単位としている．片岡曻『労働法(2)第 4 版』(1999 年，有斐閣) 61 頁参照．
8）労働省労働基準局編著『全訂新版労働基準法下』(1994 年，労務行政研究所) 812 頁．
9）91 条 (制裁規程の制限)，92 条 (法令及び労働協約との関係)，93 条 (効力) の適用ありとするのが通説である．たとえば，労働省労働基準局編著・前掲書 834 頁．
10）労基法 40 条，施行規則 25 条の 2 第 1 項．
11）法 32 条の 5．なお，この制度を利用するには，過半数協定の締結とその届出が要件である．
12）規則 12 条の 5 第 1 項が定めている．具体的には，小売業，旅館，料理店，飲食店の四つである．
13）規則 12 条の 5 第 3 項．なお，緊急やむを得ない事由がある場合には，前日までに書面で通知することによりその労働時間を変更することが出来る．
14）現物給付の例外的許容に関する要件は，労働協約である (労基法 24 条第 1 項)．また 1998 年の労基法改正により，労使委員会制度が導入され (労基法 38 条の 4)，労使委員会の決議による基準の逸脱が可能となっている (労基法 38 条の 4 第 5 項)．ただし，労使委員会の半数を占める労働者側委員の選出は，過半数代表による指名と従業員の過半数の信任により行われる．
15）労基法施行規則 6 条の 2．
16）労働安全衛生法 11 条，12 条，施行令 3 条，4 条．なお 10 人以上，50 人未満の事業場については，資格や免許を必要としない安全衛生推進者の設置が義務づけられ，それ以下の事業場については設置義務はない．
17）法 13 条，施行令 5 条．
18）法 17 条，18 条，19 条，施行令 8 条，9 条．但し業種によっては 100 人．
19）保原喜志夫編著『産業医制度の研究』(1998 年，北海道大学図書刊行会) 21 頁以下参照．
20）なお，本法は，ベンチャー企業の支援を目的に 1995 年に改正されている．

21) 公共職業安定所による無料職業紹介も，実際には中小企業が主な利用者である．大企業は，独自に労働者を募集することが可能である．
22) 秋北バス事件・最高裁昭和43年12月25日判決・民集22巻13号3459頁．
23) 日本食塩事件・最高裁昭和50年4月25日判決・民集29巻4号456頁．
24) 土田道夫「日本的雇用慣行と労働契約」日本労働法学会誌73号（1989年）44頁，拙稿「労働契約概念について」京都大学法学部創立百周年記念論文集第3巻487頁．
25) 東亜ペイント事件・最高裁昭和61年7月14日判決・労働判例477号6頁．
26) 解雇制限を根拠づける際に終身雇用慣行に触れる裁判例として，東洋酸素事件・東京高裁・昭和54年10月29日判決・労民集30巻5号1003頁がある．
27) 終身雇用慣行と解雇制限法理との関連に関しては，拙稿「日本的雇用慣行の変容と解雇制限法理」民商法雑誌119巻4・5号（1999年）583頁以下を参照されたい．
28) 前掲秋北バス事件最高裁判決は，定年制導入に関するものであり，判決は55歳定年制の導入を合理的であるとして是認している．
29) にもかかわらず，裁判所が大企業を中心に見られる労使関係を念頭に判例法理を形成してきたのは，主に，裁判事件が大企業，少なくとも組合が存在するような企業で生じることが多かったこと，裁判官もまた自分達にも妥当する終身雇用や年功処遇といった観念にとらわれていたことなどによるものと思われる．
30) 社会の情報化が労働法にもたらす影響に関しては，拙稿「情報化と労働法」講座「21世紀の労働と法第1巻」（2000年，有斐閣）を参照されたい．
31) この点については，拙稿「労働契約概念について」前掲514頁以下を参照されたい．
32) 労働安全衛生法においては，安全衛生委員会制度が定められているが，前述したようにこの制度は50人以上の事業場で設置される．
33) オーストリアの労働者会議所に関しては，テオドール・トーマンドル監修・下井隆史・西村健一郎・村中孝史編訳『オーストリア労使関係法』（1992年，信山社）61頁以下，テオドール・トーマンドル・カール・ヒュールベック原著・村中孝史監修『オーストリアの労使関係と社会保障』（1997年，世界聖典刊行協会）22頁以下を参照されたい．
34) ドイツの状況については，たとえば西谷敏『ゆとり社会の条件――日本とドイツの労働者権』（1992年，労働旬報社）66頁以下，毛塚勝利『西ドイツの労働事情』（1988年，日本労働協会）98頁以下などが紹介している．
35) これに関しては，拙稿「労働契約概念について」前掲515頁以下を参照されたい．
36) もっとも，解雇が制限されるということ自体については，8割の者がそのように回答しており，解雇が法的にも困難であるとの認識は行き渡っていると言える．
37) たとえば，ドイツの組合であるIG-Metallのホームページを見れば，組合員に訴訟保険が提供されると記されている．年間30万件をこえる労働訴訟が提起されるドイツならではとも言えるが，組合にとって労働者への個別支援は活動の重要な部分を占めている．労働者利益を擁護するには団結する必要がある，といった類の理論だけでは，組織化は進まない．
38) この問題に関しては，拙稿「労使紛争処理と司法試験制度改革」ジュリスト1131号（1998年）53頁以下を参照されたい．
39) 様々な提案がなされている．近時の論稿として，たとえば山川隆一「労働紛争の変化と紛争処理システムの課題」菅野和夫・岩村正彦『現代の法12・職業生活と法』（1998年，岩波書店），渡辺章「雇用関係紛争における法の実現について――多発する雇用紛争の質的変

化をみすえて ――」駒井洋編著『日本的社会知の死と再生』(2000年,ミネルヴァ書房)がある.

# 第10章　中小企業と労働法
### 近時の法改正を契機として

下井隆史

## 10-1　はじめに

　本書第9章で，村中孝史は，わが国の中小企業をめぐる労働法上の問題についていくつもの重要な問題点を指摘し，また注目すべき具体的な提案を行っている．以下では，そのなかから二つのことをとりあげて筆者の立場から問題を敷衍し，また若干の私見を述べてみたい．

　その二つとは，①個別的労働関係法による中小企業労働関係への対応，②労働法知識を中小企業に普及させる必要性，である．これらの点は，筆者が中小企業における労働関係の実態を見聞する際に常に強く意識させられるところでもある．

## 10-2　個別的労働関係法の改革と中小企業労働関係

　村中は，中小企業における集団的労使関係の機能不全への処方箋の二つ目として（一つ目は「労働者組織の構築」），「個別的労働関係法による対応」をあげる．そして，この方向性は近時の立法活動，たとえば週40時間制の法制度化に見られるという．また，個別的労働関係法は今後，伝統的な「最低基準の法定」に加えて「標準的基準の法定」という方法を用いることが考えられると論じている．

　わが国における法定労働時間は，労基法が施行された1947年9月から改正労基法が施行される前の1988年3月までは1日8時間・1週48時間であった．同改正法は，40時間を「当分の間」，「40時間を超え48時間未満の範囲内において命令で定める時間」と読み替え，また一定の規模以下または業種の事業に限り改正前の基準によることとしていた．そして，法定労働時間は改正法施行時には週46時間とされ，1991年4月からは44時間となり，1994年4月施行の労基法改正によって「段階的実施」が終了した．また100人規模以下の製造業・商業等の4種の事業について，1988年4月の改正法施行時には週48時間，1991年4月からは週46時間とする「猶予措置」がとられている．さらに1994年4月施行の労基法改正に際し，1997年3月まで300人以下規模の製造業・商業等につき週44時間とすることが定められた．今日においても，零細規模の商業・サービス業に関する週40時間制への特例がある．すなわち，9人以下規模の商業，映画演劇業，保険衛生業，接客娯楽業の法定労働時間は週46時間である（労基法40条1項，労基法施行規則25条の2参照）．これについては，2001年4月からは週44時間に改められることが1999年3月に決まっている（平11労令28号）．

　このように，法定労働時間を週48時間から週40時間にする法制改革は10年弱の時間を費やして実施された．わが国の労働時間短縮は，他の先進諸国におけるように労使交渉を通じてではなく，主として法令の改廃という方法によって行われたといえる．労働条件の決定に対する法律や行政の干渉はできるだけ

避けることが望ましいという一般論は正当であるが，労働時間の短縮に関しては法令の改正によるほかなかったであろう[1]．また，その法令改正に際して中小・零細企業の経営に及ぼす大きな影響を十分に考慮する必要性を考えるならば，労働時間短縮を「段階的」に「猶予措置つき」で進める方法は現実適合度の高いものであった．中小企業における「公正な労働条件の形成」(村中)のための立法として成功したもの，という評価が可能であると思われる．もっとも，立法政策の策定時に議論が錯綜し，また週40時間制の原則確立までには紆余曲折があるなど，決してスムーズにことが運ばれたわけではなかった．今後，この過程を対象とする立法政策学的な研究が行われることが望ましいといえよう．

　労基法については，労働時間制度の改革を中心とした上記の1988年と1993年施行の改正のほかにも，男女雇用機会均等法の制定と改正にともなう女性保護規定の変更と撤廃を内容とする1986年と1999年施行の改正があった．これらはいずれも大改正であったが，さらに1998年には労働契約等と労働時間につき多方面にわたって制度改革をする労基法改正が行われた（一部は1998年10月と2000年4月施行，他は1999年4月施行）．

　この1998年改正をめぐって，マスメデイアは，その内容が裁量労働の「みなし」時間制と労働契約期間の上限に尽きるかのように報道した．しかし，実際は全くそうではなかった．改正法の主要内容はこの二つを含めて14項目に及んでいる[2]．中小企業の労働関係にとって労基法改正がどのような意味を持つかという観点で見ると，裁量労働制や労働契約期間に関する「メジャー」な改正はさして注目に値せず，その他の「マイナー」な改革が重要であったように思われる．以下，それらの改正点について若干考えてみたい．

　まず使用者の労働条件明示義務に関して，賃金以外についても書面によるとする等の改正があり（労基法15条，労基法施行規則5条参照），また使用者が労働者に周知させるべきものに労使協定等を加える改正がなされている（労基法106条1項参照）．これらは一種の規制強化であるが，とくに中小企業労働関係に関して相当な意義を有するものであったといえる．

　労働条件が不明確であるとか，採用時に示されたものと実際の労働条件が違っていることによるトラブルは，とくに中小企業において少なからず発生しているようである．そこでは，「労働関係の近代化」が現在でもなお重要な命題なのである．それゆえ，使用者の明示義務の対象に契約期間に関する事項を加

え，賃金以外の事項も書面によって明示すべきものとした法改正は評価に値するものであった．この規定が中小企業の事業主に十分に周知され，また使用者の明示義務が確実に履行されるように監督の強化が図られるべきであろう．

　労働契約の内容，つまり労働条件や労働者の権利義務等が労使により明確に認識されることは，労働法の制度と理論にとっての重要関心事の一つである．労働条件明示義務の強化は，その意味で賛成できるものであった．同じことは，使用者は法令・就業規則のみでなく労使協定等をも労働者に周知させるべきものとした法改正についてもいえる．これまでは，労働者は時間外・休日労働や変形労働時間制に関する労使協定について知る機会を保障されていなかったのである．考えてみれば，もっと早期に改められるべきであった．ともあれ，これが中小企業の労働関係にとって有益な制度改革であることは明らかであろう．

　次に，退職した労働者が使用者に交付を要求できる証明書の記載事項に解雇理由を含む退職事由を加える改正がなされた（労基法22条1項参照）．

　この制度を労働者，とりわけ中小企業に雇用される労働者が実際に利用することに関しては，それほど期待できないかもしれない．退職事由を証明書に記載するにあたって，多くの使用者は労働者の再就職にプラスとなるように配慮するであろうが，逆の場合も十分に想定できるからである．また，使用者による好ましくない制度利用が行われる可能性もある．たとえば，労働者が再就職しようとする企業の使用者が退職先から解雇理由等を記した証明書の交付を受けて提出するように要求する場合などが考えられる．そのような要求に対して労働者が従う必要がないのは法的には当然であるが，実際に要求を拒むことは困難であろう．

　しかし，とくに中小企業の労働関係について将来を展望しつつ考えるならば，これを意義ある法改正であったと評価したいと筆者は思う．周知のように，わが国の現行法においては合理的理由を欠く解雇は権利濫用で無効であるとするルールが判例によって確立されている．とはいえ，解雇に合理的理由を要する旨の法規定が存在しない以上，解雇理由を労働者に示す義務が使用者にあると解することはできない．日本的雇用システムが変容し労働力の流動化が進むなかで，労働者を厚く保護する従来の解雇に関する考え方は今後，相当な修正を余儀なくされるであろう．とはいえ，解雇には合理的理由を要するというルールそのものが変わることはないし，そうでなければならない．とりわけ，いわ

ゆる個別的解雇，つまり労働能力や適格性の欠如を理由とする解雇に関しては，合理的理由を欠くものは違法であるというルールを使用者に明確に意識させなければならない．また，解雇の手続きにおける公正・透明の度合いを高める必要性もある．この点は，とくに中小企業の事業主が認識すべきことである．こうした意味で，いわば使用者の説明責任を強化したものとして，労基法22条改正は肯定的に評価されてよいであろう．

さらに1998年の労基法改正では，労働基準監督機関が労働条件に関する紛争につき当事者からの解決援助の求めに応じて助言・指導をする制度が新設された（労基法105条の3第1項・2項参照）．これは改正法が成立した直後の1998年10月から施行されている．

個別的紛争処理システムの整備は，かねてから重要な労働立法の課題であるといわれてきた．数年来の未曾有というべき経済不況のなか，企業の内外で個々の労働者からの労働条件や処遇に関する不満・苦情の声が高くなって，制度整備の必要性はますます大きくなったといえる．また労働基準監督署は従来から，しばしば労基法等の規定への違反の問題が存在しない労使間のトラブルに関与して，「本来の職務」ではない紛争解決に努めてきたようである．改正労基法105条の3は，そのような状況と実績を踏まえて，労働条件をめぐる個別的紛争の解決援助をなす権限を正式に労働基準監督機関に付与したものであった．改正法の施行時に出された通達によれば，同制度は個々の労働者または使用者のみを当事者とし，募集・採用を除く労働者の職場における一切の待遇を紛争解決援助の対象として運営すべきものとされている（平10.10.1基発561号参照）．

個別的な労使紛争処理システムを整備する必要性にせよ，これまでの労働基準監督署による紛争解決の実績にせよ，それらの大部分が中小企業の労働関係に妥当する事柄であることはいうまでもない．その意味で，他の改正点にも増して，労働条件紛争解決援助制度の新設は「中小企業と労働法」問題にとって大きな意義を持つものであった．実際の利用度も低いものではないように見うけられる[3]．この制度が，今後も十分に中小企業における労働条件紛争の合理的な解決を促進する機能を果たすように期待したいものである[4]．

村中論文は，今後の個別的労働関係法においては「標準的基準」の法定という方法を用いることを考えるべきであるという．この点に関連すると思われるのは，以下のようなことであろう．

労基法等の労働者保護法規の各条項を一般的に私法上の効力法規と解すべきことは当然である．しかし，今後の方向としては強行法規でなく任意法規，あるいは任意法規と努力義務規定が混合したような性格のものが多数現われてくるであろう．また，そうでなければならないと筆者は考える．

　そうした性格の条項は，すでに近年の労基法改正によって新設されたもののなかに見られる．すなわち1988年4月施行の労基法改正によって，年休を取得した労働者に対して使用者は不利益な取扱いを「しないようにしなければならない」と定められた（当時134条，現在は136条）．これには罰則がつけられていない．最高裁は，同条は使用者の努力義務を定めたもので年休取得を理由とする不利益取扱いの私法上の効力を否定する効力を持たないとし，そのような取扱いによって労働者が失う経済的利益の程度，年休取得に対する事実上の抑止力の強弱等を考慮して公序に反し無効となるかどうかを判断すべきであるという（沼津交通事件=最2小判平5.6.22民集47巻6号4585頁）．筆者は，同条は強行規定と解すべきであると考えるので，最高裁の考え方には反対である．それはともかく，強行規定ではないが全くの努力義務規定でもないものとして，労基法の規定が性格づけられていることには注目すべきであろう．

　また1999年4月施行の労基法改正は，時間外労働協定に記載する延長時間の限度等につき労働大臣は基準を定めることができ，協定の当事者となる者は協定内容が基準に「適合したものとなるようにしなければならない」とする条項を新設した（労基法36条2項・3項）．この定めの効果について，行政解釈は以下のようにいう．延長時間が限度時間を超える協定も「直ちには無効とはならない」が，そのような協定にもとづく時間外労働の命令については「合理的理由がないものとして民事上争い得る」（平11.3.31基発168号）．論旨は必ずしも明確でないが，基準の時間を超える延長時間を定めた協定により労働者に時間外労働をさせた使用者が労基法32条違反で罰せられることはないが，そのような時間外労働の命令を拒否した労働者に対する解雇等の処分が無効となる場合はあり得るという意味であろう．これも，労基法等の規定がいかなる私法上の効力を持つのかという問題に関して，従来はほとんど見られなかった考え方をしたものということができよう．

　ところで，個別的労働関係において法的基準にもとづく解決を要することが多いにもかかわらず労基法等に何らの規定も存在しない諸問題に関して，筆者

は労基法の改正あるいは新法の制定により紛争解決基準を法文化して行く必要性があると考えている．具体的には，有期労働契約，配転・出向，整理解雇，競業避止等に関する法的ルールの明確化を図るべきであるし，また就業規則変更の効力，研修費用の返還につき一定期間の勤務を求めることの許否，貸付金を賃金からの控除によって返済することの適法性などについても，法規定を設けるべきかどうかの検討をすべきである．このような必要性にもとづく労基法の改正等が行われる場合，それらの法規定は罰則なしで任意法規的な性格のものとなるほかないであろう．また，前述した個別的労使紛争処理システムの整備は任意法規たる紛争解決基準の必要不可欠性を強める．さらには，難問中の難問の一つである「労働者」概念の問題の解決のためにも，「任意法規たる労働者保護法」という発想をしなければならないであろう[5]．

## 10-3 中小企業労使における労働法知識の問題

　村中論文においては，論述者自らが中心となって実施されたアンケート調査の結果を参照しつつ，中小企業の労使が労働法に関して乏しい知識しか持っていないことが重要な問題点として指摘されている．そして，中小企業の雇用の場において法の実効性をいかに確保するかという問題が提起されるとして，問題解決のために以下の三つのことがいわれている．

　すなわち，①裁判の利用をより容易にする必要があり，それには司法の強化が叫ばれるなかで対応がなされる可能性がある．しかし，労働紛争の多くは裁判所での解決に必ずしも適さないので，裁判外の紛争処理制度の整備をも検討すべきである．②判例法理によるルール形成を早急に立法化する必要がある．ただ，中小企業の場合は行政による監視がなお重要な役割を担っていることに留意しなければならない．③国民一般に対して労働法の知識に関する教育を現在以上に行う必要がある．

　この３点について筆者は全く同感である．①と②に関しては一応，前記の項において筆者なりに論じておいた．では，③の点については具体的には何が問題であり，どのような問題解決のための方策があり得るのだろうか．

そもそも現在のわが国において，「国民一般に対する労働法知識の教育」はどの程度行われているといえるのか．地方自治体や労働省の外郭団体等が催す講座において労働法が対象科目に含まれていることは，誰しもよく見聞するところであろう．労働組合の連合組織や経営者団体も，しばしば労働法をテーマとするセミナーなどを開催している．国公私立大学の法学部で「労働法」という講義科目がないところは皆無に近く，経済学部や商学部等の学生で労働法の授業を受けている者は少なくない．さらには，労基法や男女雇用機会均等法等に関する実務知識を得させようとする書物は汗牛充棟といってよいほどに多数出されている．量的には，労働法知識に関する教育は十分に行われていることになるのであろう．あるいは，その重要度が高いことにつき今日では異論があり得ない消費者教育よりも盛んであるといえるかもしれない．少なくとも，これまた必要度では労働法に劣るとは思えない年金・医療等の法知識に関する教育よりも大量に行われていることは間違いないであろう．

　そこで問題は，現に行われている労働法教育の内容あるいは方法に存するということになりそうである．果たして，今日の労働関係に即応した内容の教育になっているのかどうか．教育担当者が十分な適格性を有しているか否か．教育を受ける者の意欲を高めるような方法によって行われているといえるか．こうした問題に関して，これまでは調査も分析も論議も本格的には行われていないように思われる．今後の労働法研究における重要な課題の一つということができよう[6]．

　前述のように村中論文は労働関係に関する判例法理を立法化することを提唱し，筆者もまた，労基法等に規定がないが判例によって法的ルールが確立されているところを法文化すべきであると考えている．ところで，このようなことが実現に向かった場合に「法の過剰」という状況がもたらされて，ますます労働法知識の欠如を増進するのではないかという危惧の念を筆者は抱いている．労働法の教育が現在よりも困難になる恐れがあるとも考えられる[7]．

　これは筆者を含む多くの労働法研究者が指摘するところであるが，近年の労基法等の改正によって新設あるいは修正された法規定にはきわめて複雑で理解困難なものが少なからず見られる．たとえば1999年4月施行の改正労基法14条がそうである．それは，1年を超えて雇用期間を定めることを禁ずる従来からの基本原則は変更せず，ただ特定の三つの場合においてのみ3年を上限とす

る期間設定を認めている．そして，例外的に3年までの長さの雇用期間を設けることが許される場合について，60歳以上の者との契約以外の二つに関してはきわめて厳しい要件が定められた．すなわち，新商品などの開発等や新規事業の展開等に従事する専門家として労働大臣が定める基準に該当する者を，そのような者が「不足している事業場において」，しかも「業務に新たに就く者」として雇用する場合がそれにあたるものとされた．これは，法学の研究・教育を職としている者でも理解に手間どるほどに複雑・難解な定めである．

　さらに同改正法が新設した裁量労働の「みなし」時間制は，より複雑・難解といえるものである．その大略を説明すれば次のようになろう．既存の，命令で定める業種（現在11業種）を対象とし労使協定によって行われる「みなし」時間制は存置し（旧38条の2第4項・5項を削除し，同じ内容の規定を38条の3におく），それに加えて労使委員会の決議と届出による「みなし」時間制を設ける．この新裁量労働制は，「事業運営上の重要な決定が行われる事業場」に設置される労使委員会が全員の決議により（労基法38条の4第1項），「事業の運営に関する事項についての企画，立案，調査及び分析の業務」であって裁量労働といえる業務を対象とし（同項1号），この対象業務を適切に遂行するための知識，経験等を有する労働者について（同項2号），「みなし」労働時間を定め（同項3号），それを届け出ることによって行うことができる（同項）．この場合，使用者は個々の労働者の同意を得なければならず，不同意の者に対して解雇その他の不利益取扱いをしてはならない（同項6号）．労使委員会については，委員の選出，議事録等に関して詳細な定めがされ（労基法38条の4第2項1号・3号），また設置の届出が義務づけられる（同項2号）．そして，委員全員の合意による決議でもって，変形労働時間制，フレックスタイム，時間外・休日労働，裁量労働の「みなし」時間制，計画年休等に関する労使協定の締結に代替できるものとされた（同項4号）．

　このように「新裁量労働制」について制度の仕組みと実施のための要件・手続きが異常なほどに複雑・細密に定められたのは，これを濫用した「みなし」制が行われる恐れが大であるという意見が中央労働基準審議会等の論議において強く出されたからであろう．この点に関して，濫用の恐れがあるゆえに制度そのものをほとんど機能し得ないようにすることにはきわめて問題があると筆者は考えている．ともかく複雑・難解度はここに極まったというべきであろう

か．

　わが国の労働法制は現在，社会経済構造そのものが大きく変革されつつあるなかで，第2次大戦終了後の制度発足以来の大きな屈折点にあるといえる．労働法制の改革は難航せざるを得ないが，労基法の改正を中心に何とかスピーディに進めていくほかはない．その過程においては多種多様な利益やイデオロギーが対立しつつ調整されていくのであるから，法規が複雑・難解となることにもやむを得ない面があるのかもしれない．しかし，それを最小限にとどめようとする努力がなされないならば，とくに中小企業労使にとって労働法はますます存在感の乏しいものとなるであろう．今後も当分は引続き行われるであろう労基法等の改正作業においては，複雑・難解を避けるべきことを関係者が銘記してほしいものである．

---

第10章　註

1) この点に関する筆者の見解については，下井『雇用関係法』[1988] 205頁以下参照．
2) 同改正の全体に関しては，さしあたり下井「1998年労基法改正の意義と問題点」ジュリスト1153号 [1999] 22頁以下，上田達子「労働基準法の改正について」日本労働法学会誌95号 [2000] 186頁以下参照．
3) 労働省は1999年5月に，「紛争解決援助制度の運用状況―都道府県労働基準局及び労働基準監督署における解雇，労働条件の引下げ，配置転換，出向等への対応―」と題する報告をしている．それは1998年10月1日から1999年3月31日までの間の全国の運用状況をまとめたものであるが，「労働条件に係る紛争であって，労働基準法等関係法令違反が認められないものの，何らかの具体的な処理を求めてきている事案」は5537件で，このうち紛争解決援助の申出受理前に指導等を行い解決したものが1443件，紛争解決援助の申出を受理して解決したものが35件であったとされている．なお，この5537件を事案の種類別で見ると，解雇関係が2105件，労働条件の引下げ関係が1002件，その他が2430件となっている．

　また東京都労働局労働基準部は2000年5月に，1998年10月1日から2000年3月31日までの紛争解決援助制度の処理状況をまとめている．それによれば，制度発足後1年半の間に管内の労働基準監督署に寄せられた対象相談件数は3812件，紛争解決援助の申出受理件数は59件で，事案を種類別で見ると解雇関係が相談件数の3割，援助受理件数の6割を占め，次いで労働条件の引下げ関係が多いということである（労働新聞5月15日号）．
4) ただし，これまでのところ労働基準監督機関に個別的労使紛争も処理をさせることが適当であるとは一般には考えられていない．1993年に出された労働基準法研究会（労働大臣の諮問機関）の報告では，「刑罰法規を背景に最低労働条件，安全衛生の確保等を図ることを主としている労働基準監督機関において同時に相談援助等を行うこと」は適当でないと述べられている（労働省労働基準局監督課編『今後の労働契約等法制のあり方について

―労働基準法研究会報告―』［1986］45 頁）．同報告も 1995 年の中央労働基準審議会・就業規則部会の「中間的とりまとめ」も，労働委員会に個別的紛争を処理する権限を付与することの検討を示唆している．さらに，1998 年 10 月に出された労使関係法研究会（労働大臣の諸問機関）の報告「我が国における労使紛争の解決と労働委員会制度の在り方に関する報告」においても，労働基準監督機関は今後の個別的労使紛争システムとして想定されていない．とすれば，1998 年の労基法改正による労働条件紛争解決援助制度の設置はさしあたりの状況対応にすぎず，今後において個別的労使紛争解決のための本格的な法改正が行われるべきことになる．現に，労働省は 2000 年 4 月 1 日，同省労政局に「個別労使紛争処理対策準備室」を設置し，地方労働局に労使紛争の調停制度を創設するなどの簡易迅速な個別的紛争処理システムの具体化に向けて，2001 年の通常国会に改正法案を提出すべく準備に入ったと報道されている（労働新聞 4 月 13 日号，週間労働ニュース 4 月 17 日号）．このようにして新制度が遠からず設置されそうではあるが，結局，労働基準監督機関による紛争解決援助制度と実質的には連続したシステムになるのではないかと思われる．

5）この問題について筆者は以下のように考えている．「労働者」性の判断については，行政解釈も判例も「使用従属関係」と「労働者性を補強する要素」の有無・程度等からの総合判断によって行うべきものとしている．これよりほかに妥当な方法がないともいえそうである．しかし，業務遂行にあたって幅広い裁量権を認められる労働者が増加し，また在宅就労者やテレワーカーに対する労基法等の適用のあり方が問題となっている現状からすれば，今後においては労働関係法の規定やルールの適用の可否を当事者の意思あるいは慣行に委ねる場合もあるという考え方の是非を検討しなければならない．なお近年の裁判例のなかに，労基法上の「労働者」かどうかの区別が困難な場合は「無理に単純化することなく，できるだけ当事者の意図を尊重する方向で判断するのが相当」としつつ，当該ケースでは労働者として扱わないことが当事者の真意に沿うとして，「労働者」性を否定する結論を導いたものがある（横浜労基署長事件＝東京高判平 6.11.24 労判 714 号 16 頁）．

6）この点に関し，労働法のみでなく労働一般についてのものであり，主として大学・大学院における対する教育を念頭においたものではあるが，最近の日本労働研究雑誌 477 号［2000］における特集「労働研究を学ぶ・教える」，とくに座談会「労働研究を教える」（同誌 50 頁以下）は示唆に富み有益である．

7）「法の過剰」および「法の難解」による「法の実効性の低下」については，1999 年 5 月 26～27 日にウイーンで開かれ筆者も参加したセミナー「中小企業と法―日墺比較」において，オーストリアの研究者によっても指摘された（本書第 5 章トーマンドル論文参照）．筆者が理解したところによれば，次のようにいわれたのである．オーストリアの中小企業における労働法・社会保障法の実効性の欠如は深刻な問題である．それは同国の社会が秩序形成力を弱めていることの現われともいえるが，もっと単純に法規あるいは法的ルールが過剰で難解であるためとも考えられる．それゆえ，法をもっとシンプルにしスマートにすることで人々に十分な法知識を持たせることを考えなければならない．わが国におけるのと同一の問題状況であるといえよう．

# 第11章　中小企業をめぐる労働法上の問題点

ヴォルフガング・マーツァール
村中孝史訳

## 11-1　はじめに

　本書の冒頭でも指摘されているように，中小企業は労働者の雇用にとって重要な役割を果たしている．しかし，そこにおいてなされる労働をめぐる法状況に関しては，なお十分に解明されていないのではないか，との疑念がある．かかる疑問が本章における考察の出発点である．
　かかる疑念は，少なくともオーストリアに関しては疑いなく当てはまる．すなわち，中小企業問題を扱う社会学的研究や経済学的研究は多いが，法的な研究，とりわけ労働法や社会保障法に関する研究はないに等しいと言ってよい．そのため，ウィーン大学労働法・社会保障法研究室では，中小企業の法的問題を解明するために調査プロジェクトを実施することにした．すなわち，Th・トーマンドルとM・リザークが中心となって行った調査研究であり，これについてはその成果が最近公表されている．さらに，私が国際経済関係単科大学において指導した一つの卒業論文と，ウィーン大学における一つの博士論文においても，中小企業における労働法の実施状況が調査されている．トーマンドルの行っ

た調査に関しては，第1部第5章で詳しく触れられているため，ここではまず，後2者に関して調査の概要について簡単に触れておきたいと思う．

まず，イングリッド・ヘルゴビッチによる調査であるが，これは中小企業における労働法上の実務的問題の分析を目的とするものである．この目的のために彼女は，三つの州における商工会議所およびブルーカラー・ホワイトカラー労働者会議所の担当者（ウィーン，ブルゲンラント，シュタイアーマルク）および二つの中小企業の従業員およびそのオーナーに対し，日常において生じる労働法および社会保障法上の実務的問題点に関しインタビューを行った．この実態調査の目的は，直接の当事者と会話することにより，彼らがどこに労働法および社会保障法上の問題があると感じているのかをはっきりさせ，また，実際上よく違反される労働法および社会保障法上の規範とは，どのようなものなのかを観察する点にあった．したがって，この研究は，トーマンドルとリザークの調査によって確認された法的知識の欠如の広範な拡がりが，どれ程実際上の問題を引き起こすか，という点をはっきりさせる点で，彼らの調査を補完するものと言える．この調査においては，法的知識の程度ではなく，中小企業において個別労使間の紛争がどの程度生じるのか，という問題が調査されており，これらの紛争が法的無知から生じたのか，あるいは法的知識があるにもかかわらず生じたのか，という点に関しては調査の対象とされていない．

第2の調査は，フェレーナ・シュレーゲルによって行われたものである．彼女は，中小企業を対象として特別に存在する労働法上の規範に関する法解釈学的研究を行った．そこでは，まず，多くの例外規制あるいは中小企業にのみ存在する特別規制の実情を明らかにし，その上で，それらに統一的なタイプを見出しうるのか，また，それらが憲法上許容されるのか，という問題などが検討された．

以下においては，これら二つの研究と筆者自身の考察に基づき，中小企業における労働法に関してその問題点などを指摘したいと考える．検討の順序としては，まず，概念規定を簡単に行った後，中小企業に関するとくに重要な特別規制を概観することで，中小企業をめぐる特別な労働法上の規範世界に関する一つの像を提示してみたい．続いて，中小企業における労働法上の登場人物が，日常業務の中で労働法上の問題を感じている分野を指摘する．さらに引き続き，そこで得られた知見を検討しつつ，現状の問題分析と将来の中小企業労働法の

あり方に関する考察を行う．最後に，我々が中小企業に関する特別な労働法を そもそも必要としているのか，また，どの程度必要としているのか，もし必要 なのであれば，どのような画定基準および判断基準に従いそれは展開されうる のか，という問題を扱いたい．

## 11-2　オーストリアにおける中小企業概念と意義

### （1）中小企業とは？

　法的研究にとって対象の限定は，常に欠くことのできない前提条件である． もっとも，この画定は中小企業の場合大変困難である．というのも，この概念 については，その詳細に至るまでの統一的理解がないからである．このような 画定問題は，理論的に重要であるとか，美学的に問題となるだけでなく，私見 によれば，直接的な法的意義をもっている．というのも，特別労働法の形成お よびその正統化をめぐって生じる困難な問題は，まさに中小企業の概念画定に おいて現れるからである．

　様々な文献において，中小企業の画定につき多くの基準が提示されており， また，要件化された諸類型が考案されている．これらについて方法論的な見地 から観察してみると，質的な画定基準と量的な画定基準の二つをみてとること が可能である．

　質的な画定基準を採用しているのは，小企業に関する営業調査である．ここ においては，以前より，企業主の人格と企業におけるその地位が，確定作業の 中心的基準とされている[1]．中企業についても，企業主の性質と企業主と従業員 との間の相互関係に依拠する基準を用いた質的画定が行われている[2]．

　しばしば，中小企業の概念は，Gewerbe という概念と重なり合う．Gewerbe の概念は，ドイツ語圏においては大きな役割を果たしているが，国際的に見る と，それに匹敵する意味をもつ概念がないために，あまり重要なものではない． たとえば，craft（英語），artisanat（フランス語），artigiano（イタリア語），amba-

表11-1　小規模企業のメルクマール

| | |
|---|---|
| 1 | 企業の性格が，その運営者であり，しばしば所有者でもある企業主の個性によって決定される． |
| 2 | 企業主が，顧客や納入業者，あるいは彼にとって意味のある一般大衆との個人的接触というネットを利用している． |
| 3 | 企業は，顧客の個人的希望に応じたサービスを提供する． |
| 4 | 企業主と従業員との接触が緊密であり，かつ，インフォーマルである． |
| 5 | フォーマルな組織形態がほとんどとられていない． |
| 6 | 企業は，重要な環境変化にすばやく対応することができる． |

表11-2　中規模企業のメルクマール

| | |
|---|---|
| 1 | 企業主は，資本と経営を統合し危険と責任を負担する，独立した企業所有者である． |
| 2 | 企業経営は，企業主とその家族にとって決定的に重要な生活基盤であり収入源である． |
| 3 | 企業経営は，企業主の人生における課題であり，職業活動にとって不可欠の基盤である． |
| 4 | 構造と経営方法が企業主自身の関与によって詳細に至るまで決定される． |
| 5 | 従業員が彼ら自身に規定された経営共同体を形成し，そこでの人間関係は個人的な認知と恒常的な接触によって規定されている． |

cht（オランダ語）は，Gewerbe概念と意味を同じにするものではない．

　ドイツ語の言語慣用からすると，Gewerbeという概念がはっきりとした観念を表現しているにもかかわらず，ポジティヴには定義されていない，ということは奇異に映る．オーストリア商工会議所法においては，ネガティヴな定義がなされている．すなわち，Gewerbeとは，すべての独立的，恒常的，営利的経済活動であって，大工業，商業，金融サービス業，運輸・観光サービス業とはみなせないものを言う．このために，商工会議所法7条は，大工業からGewerbeを区別するメルクマールを規定している．これは第3表から読み取ることができる．

　以上に対し，量的な区別は，通常，統計的な区別のために用いられる．その場合，その基準はそれぞれの分析目的に依拠することになる．そのような区別の典型は，EU法における中小企業の定義である[3]．

　質的な区別にも量的な区別にも限界がある．というのも，それらの指標は，特定目的のために用いられるにすぎず，全体像をとらえた観察のみが，中小企業の現実を正しく反映するからである．質的区別にも量的区別にもともなう困難は，オーストリア中小企業法の適用範囲の画定においても見られる[4]．同法

表11-3　Gewerbeと大工業を区別するメルクマール

1　固定資本と事業資本の高度な投入
2　手工業や伝統工業で用いられるものとは異なる機械や技術設備の使用，または，同じ使用目的をもつ多数の機械や技術設備の使用
3　主として場所的または組織的に関連づけられた事業場における機械および技術的設備の使用
4　同一物の大量生産，画一化された業務
5　あらかじめ決められた労働過程の枠内における広範囲に及ぶ分業
6　常時雇用される被用者数が多いこと，および，特定の規則的に繰り返される部分的業務に従事する労働力がほとんどであるか，あるいは，業務が自動化されていること
7　事業遂行が技術部門と営業部門に組織上区別されており，企業のトップの仕事が主として指揮的業務に限定されていること

は，中小企業の促進措置と，議会に2年毎に中小企業報告を提出する政府の義務を中心的内容としている．ここで立法者自身は，質的要素と量的要素の混合形態を選択した．すなわち，同法は，第1にGewerbe（中小営業）の会議所に属する企業，第2に従業員数，売上高，資本の準備，市場における位置の点で小企業または中企業と見なしうる企業，第3に，所有者または共同所有者が企業主として本質的な部分の経営を行っている企業を対象としている[5]．実際上，このような基準による処理はほとんど不可能であった．その結果，商工会議所の個々のセクションが，本法の実施のために量的な指標を基準とする画定を提案した．すなわち，Gewerbeのセクションにおいては，実際上，そのセクションに属するすべての企業が中小企業とみなされ，商業のセクションにおいては，従業員数が100人までか，あるいは，決算額が1億シリングまでの企業，大工業のセクションでは，従業員1000人までの企業，観光業のセクションでは従業員数30人までか，あるいは売上高5000万シリングまでの企業がそれぞれ中小企業とみなされる[6]．

## （2）中小企業の意義

オーストリアにおける中小企業の経済的意義を，上に述べた中小企業報告を手がかりに簡単に述べると次のようになる（図11-1～11-3）．すなわち，オーストリアにおける全企業の98.9%が従業員数1人から99人までの小事業所を経営

表11-4 EU の中小企業に関する定義

| 適用範囲 | 従業員数（最大数） | 売上高(100万ユーロ)最大額 | 総決算額(100万ユーロ)最大額 | 独立性 | その他の基準 |
|---|---|---|---|---|---|
| EU委員会勧告 L107（1996年4月30日）[1] | | | | 中小企業の定義をみたさない1つあるいは複数の企業が占める資本の割合が25％まで | |
| ・小規模企業 | 50 | 7 | 5 | | |
| ・中規模企業 | 250 | 40 | 27 | | |
| 中小企業のための簡易年次決算[2] | | | | | |
| ・小規模企業 | 50 | 5 | 2.5 | | |
| ・中規模企業 | 250 | 20 | 10 | | |
| 国家による中小企業助成（ABl EG C 213 vom 19.8.1992）[3] | | | | 大規模企業の占める資本の割合が最大25％（例外はなし）．結合された企業は1つの企業とみなされる | |
| ・小規模企業 | 50 | 5 | 2 | | |
| ・中規模企業 | 250 | 20 | 10 | | |
| ヨーロッパ投資銀行貸付 | 500 | — | — | 大規模企業の資本有率が3分の1まで | 純固定資産額[4]が最大7500万ユーロまで |
| ヨーロッパ投資銀行利子助成 | 250 | 20 | 10 | 大規模企業の資本占有率が3分の1まで | |
| 統計：中小企業プロジェクト | | | | | |
| ・小規模企業 | 0-49 | — | — | | |
| ・中規模企業 | 50-249 | — | — | | |
| ・大規模企業 | 250＋ | — | — | | |
| 研究・開発 とくに CRAFT | 500 | 38 | — | 大規模企業の資本占有率が3分の1まで | |
| JOP—PHARE—TACIS | 1000 | — | — | 大規模企業の資本占有率が3分の1まで | 純固定資産額が最大7500万ユーロまで |
| ECIP[5] | 500 | — | — | 大規模企業の資本占有率が3分の1まで | 純固定資産額が最大7500万ユーロまで |

注1) ヨーロッパ委員会は，中業企業に対するEUおよび加盟各国の施策を相互に調整することを目的に，この勧告をヨーロッパ投資銀行，EIF，加盟各国に対する告示として出した．
注2) 従業員数，売上高，総決算額という3基準のうち2つの基準を満たせば足りる．
注3) 従業員数に加え，売上高か総決算額のいずれかがこの基準を満たせばよい．
注4) AfAの分だけ縮減された固定資産
注5) アジア，ラテンアメリカ，地中海地域，南アフリカにおける開発途上国に対するEUジョイント・ベンチャー振興プログラム
出典) WIFO，オーストリア経済会議所

している.これらの企業において,オーストリアの労働者の49％が就労している.オーストリアの事業所の1％が従業員数100人から499人までの事業所であり,それは中事業所と見なされる.500人以上の従業員を雇用している企業はオーストリアの企業の0.2％であるが,それらは,オーストリアにおける全雇用の31％を提供している.労働市場における中小企業の意義は,グラフにおいても示している[7].そこではまた,雇用者数の伸びにとってとりわけ小企業がいかなる意義を有しているかが明らかとなる.小企業での雇用は,中企業および大企業とは異なり,唯一継続的に拡大している.

これらのわずかなデータだけでも,オーストリア経済にとって中小企業が中心的意義を有していることがわかる.それらは,事実上,企業の100％であり,オーストリアの全労働者の3分の2以上に職場を提供している.

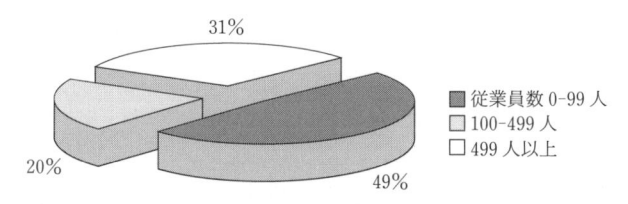

図11-1 オーストラリアにおける企業規模別の労働者人口の割合 1991年

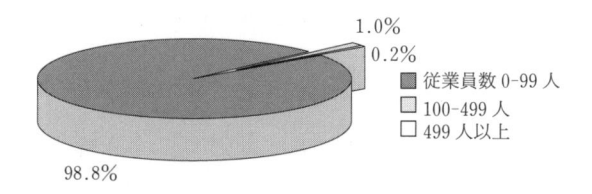

図11-2 オーストラリアにおける規模別事業所数の割合 1991年

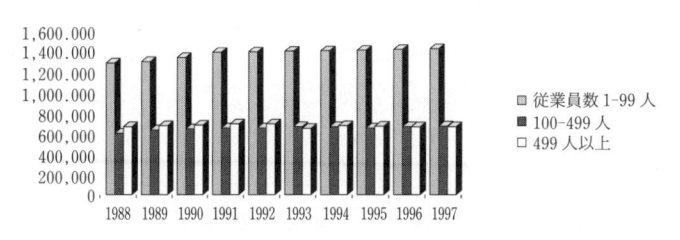

図11-3 オーストラリアにおける企業規模別の雇用者数の変遷

表11-5 事業所規模別従業員数

| 年（7月末） | 事業所規模別従業員数（人） | | |
| --- | --- | --- | --- |
| | 1-99人 | 100-499人 | 499人以上 |
| 1988 | 1,308.976 | 557.314 | 665.617 |
| 1989 | 1,330.295 | 580.246 | 671.646 |
| 1990 | 1,355.620 | 605.998 | 686.161 |
| 1991 | 1,404.779 | 615.644 | 698.027 |
| 1992 | 1,421.802 | 627.100 | 693.174 |
| 1993 | 1,427.178 | 627.443 | 675.133 |
| 1994 | 1,430.468 | 626.476 | 686.399 |
| 1995 | 1,433.223 | 634.435 | 683.163 |
| 1996 | 1,439.303 | 631.797 | 666.212 |
| 1997 | 1,443.639 | 627.004 | 666.201 |

出典）オーストリア社会保険者協会

## 11-3　労働法における中小企業

### （1）はじめに

　オーストリア経済において中小企業が果たしている役割を考えると，労働法が中小企業のためにどのような「例外的」規制を行っているか，という問題設定は，「例外的」という言葉を使う限りで誤りである．中小企業はその拡がりから見て例外ではなく，原則的ケースである．したがって，ここでの問題を正しく表現するならば，様々な法的ルールは，どの程度企業規模を問題にしているのか，ということになる．この問題を検討するにあたっては，とりあえず個別的労働関係法，集団的労働関係法，労働法上の公法的規制（労働行政法）という伝統的な3区分に従うことが妥当であろう．ただ，この3分野のうち，個別的労働関係法については，とくに検討する余地がないことは一見して明白である．個別的労働関係法は，個別契約レベルにおける労使関係にかかわるものであり，原則として労働者が就労する事業所規模によってその内容が左右されることは

ないからである[8]．したがって，以下においては，集団的労働関係法と労働行政法について検討が行われる．

## （２）集団的労働関係法

### 1  はじめに

オーストリアにおいては，労働者利益を代表する機関として労働組合のほか，経営協議会というものが存在し，実際上，きわめて重要な役割を果たしている．これは，事業所，企業，コンツェルンレベルで直接従業員によって選出される法定の従業員代表機関である．しかしながら，こうした経営組織法上の従業員代表機関は，常時就労している 18 歳以上の労働者が少なくとも 5 人いる事業所でのみ設立することができる[9]．したがって，この要件を満たさない事業所では，経営協議会をそもそも選出することができないのであり，その結果，労働者のかなりの部分が，この従業員代表制度から排除されていることになる[10]．

### 2  解雇の取消

経営協議会を選出できなければ，もちろん経営協議会に与えられる共同決定権を従業員は行使できないわけであるが，経営協議会を設置できないことの効果はこれにとどまらない．すなわち，経営協議会設置義務のある事業所の場合，従業員は解雇を取り消す可能性をもっているのであるが，設置義務のない零細事業所の場合その可能性が存在しないのである．もう少し詳しく述べると，経営協議会設置義務がある事業所の労働者は，有効に行われた解雇を，禁じられた動機からなされたことを理由に[11]，あるいは，重要な利益を侵害することを理由に[12] 裁判所において取り消すことができる．このような解雇保護は，オーストリアにおいては，従業員の集団的権利として構想されており，その結果，経営協議会を選出する可能性のない小企業の労働者の場合，解雇取消の可能性が存在しないのである．もっとも，個別労働者が自身で主張できる解雇保護も例外的に存在する．近時，こうした解雇取消のモデルが，とくに保護を必要とする労働者グループについて小事業所にも拡大された．たとえば，労働安全監督者，労働安全専門職員，産業医[13]，そして女子[14]である．

## 3　その他の共同決定権

　経営組織法によって経営協議会の選出が認められる企業の場合でも，経営協議会に認められる共同決定権のいくつかに関しては，従業員規模により異なる規制が行われているし，また，経営協議会の労働免除請求権についても同様である。

　たとえば，事業所変更（編者註：事業所変更とは，事業所の閉鎖・縮小・統合，事業目的の変更，新たな作業方法の導入，合理化措置の実施などをいう。）において労働者に生じる不利益を軽減ないしは除去する社会計画は，なるほど小企業および零細企業においても経営協定の方式で締結されうるが，使用者が同意しない場合には，最低20人の労働者がいる事業所でのみ行政官庁において強制されうる[15]。

　従業員数に応じて段階づけられた共同決定権のもう一つの例は，労働組織法108条に見られる。この規定によれば，経営協議会は，商業，銀行，保険の場合には常時30人以上が就労する事業所において，また，その他の企業の場合には常時70人以上が就労する事業所において，さらに大工業および鉱業の場合にはすべての事業所において，毎年，年度末決算の写しの交付を受ける権利を有している[16]。

　オーストリアの場合，監査役会においても従業員代表が参加する共同決定制度をとっているが，その制度の内容は，3分の1の票が従業員に与えられるというものである。株主代表2人に対し，1人の経営協議会（中央経営協議会がある場合には中央経営協議会）の代表が監査役会に送られる。このような共同決定権は，株式会社，有限会社，相互保険会社，貯蓄銀行の各場合には従業員数に関係なく与えられるが，協同組合については最低40人の従業員を雇用する場合にはじめて与えられる[17]。

　企業の経済活動に関して，オーストリアの経営組織法は，企業の事業運営，事業所変更，その他の経営上の措置が労働者に重大な不利益をもたらす場合につき，経営協議会がこれらに対して異議を申し立てる可能性を認めている。その場合，異議申立後1週間以内に事業主と経営協議会との間で以後の方針について合意が成立しなければ，調整手続のために調整委員会が設置されうる。ただし，紛争当事者があらかじめ調整委員会の決定に服することにしている場合にのみ，強制的な決定が行われうる。事業運営に対する異議申立の可能性は，

常時200人を超える労働者を雇用している事業所，または，400人を超える労働者を雇用している企業においてのみ認められる．このような事業所や企業の場合には，調整のために国家の経済委員会を用いることもできる[18]．もっとも，これらの規定は今日実際には適用されない（すなわち「死んだ法」である）．

経営協議会の個々のメンバーに認められる権利について言うと，労働義務免除請求権[19]が部分的に従業員規模にかかっている．なるほど，すべての事業所において必要な代表任務を全うするための免除（職責遂行免除）および特定の研修会参加のための免除（研修免除）が保障される．しかし，その間の賃金支払請求権は職責遂行免除についてのみ存在し，研修免除については20人を超える従業員を雇用する事業所においてのみ存在する．賃金支払はないが，200人を超える労働者を雇用する事業所においては，1年間の研修免除を請求することもできる．さらに，少なくとも150人の従業員のいる事業所においては，経営協議会の求めにより，1人の協議会メンバーにつき賃金支払をともなう全面的労働義務免除が可能である．職務免除されうる経営協議会メンバーの数は，従業員規模が大きくなるに従い，大きくなる．

### （3）労働者保護法

#### I 制度概要

技術的および医学的側面において労働者保護をはかる一連の法律は，オーストリアの事業所の現実にとって大きな意味をもっている．労働者保護は，第1に安全や健康に配慮した労働条件形成を求め，まずもって使用者に向けられる行為規範を通じて達成される．加えて，制度化された責任体制が整備される．

その場合，行為規範のほとんどは従業員規模によって左右されるものではなく，機械の型や保安，あるいは職場の状態などに関連するものである．しかしながら，従業員規模に左右されるものも存在する．たとえば，洗面所，休憩所，更衣所に関する基準[20]や，応急手当てに関する使用者の義務といったものである．すなわち，すべての事業所において応急手当ての装備がなされていなければならないが，常時5人以上の労働者を雇用している職場においては，応急手当の責任を課せられ，また，そのために十分な教育を受けている十分な数の人間が指名されなければならない．250人を超える労働者を雇用する職場の場合

には，応急手当のための保健室を備えなければならない[21]．

## 2 責任者

　労働者保護を確実ならしめるために，使用者は安全技術者と産業医を雇用する義務を負う．雇用義務自体は従業員規模に左右されないが，法律が定めるそれらの者の就労時間は，使用者によって雇用される労働者の数にかかっている[22]．また，直接これらの者を雇用することに代えて企業外の機関を利用する可能性や，自分の従業員によってこの義務を満たす可能性も存するが，こうした可能性の存否は従業員数にかかっている[23]．さらに，小企業については，企業主がこれらの責務のほとんどを自分自身で行う可能性が存在する（企業主モデル）．この可能性が認められるのは，企業主が50人を超える労働者を雇用しておらず，かつ，自ら必要な専門知識を証明する場合か，または，25人を超える労働者を雇用しておらず，かつ，自らそれぞれの労働現場についての安全・衛生保護の領域に関する十分な知識をもっている場合である[24]．

### （4）その他の労働行政法

## 1 障害者雇用法

　障害者雇用[25]を促進するために，少なくとも25人の労働者を雇用する企業には，労働者25人あたり1人の障害者を採用する義務が課される．このような障害者は，労働者一般の場合よりも広い解雇保護を受ける．また，その雇用について，一定の要件を満たすと補助金を受けることができる．

　この雇用義務が履行されない場合，その企業には公的基金に対し毎月一定額（均一課税）を支払う義務が課され，その基金に基づいて障害者雇用が促進される．

## 2 賃金継続支払法

　疾病により労働がなされなかった場合における賃金支払の法規制は，オーストリアの場合，統一的なものではない．より高い資格の仕事をする労働者（ホワイトカラー労働者）が病気になった場合，使用者は一定期間につき賃金を支払わなければならないが，より低い資格の労働者については特別な制度が設けられ

ている.すなわち,その制度においては,労働者が病気の場合,まず使用者はホワイトカラー労働者の場合と同様に一定の期間につき賃金を支払うが,支払った賃金の償還を,使用者掛金によって運営される公的基金に請求することができる.

この償還額は,大企業の場合制限されている.すなわち,賃金総額が社会保険法上の保険料算定最高限度額の180倍を超える場合[26],支払われた賃金の70%だけが償還される[27].残りについては,使用者は(ホワイトカラー労働者の場合と同様)自ら負担しなければならない.

## 11-4 当事者からみた中小企業における労働法上の諸問題

### (1) 労使の利益代表の視点から

#### I 指摘された問題点

すでに冒頭で述べたように,ヘルゴヴィッチは労使の利益代表の職員と三つの中小企業の代表に対して個人的見解の回答を求め,労働法の運用がこれらの企業においてどの程度問題を生じさせるのか,ということを調査した.

その調査結果において最初に注目されるのは,労使団体の代表者が,日常的な相談業務における経験に基づいて次のように述べた点である.すなわち,労使の紛争が生じるのは,実際上,雇用関係が終了する過程においてだけであり,雇用関係が維持されている間は,生じた紛争は内部的に調整されるか,あるいは,しばしば長年にわたって職場を確保するために違法状態が黙認される,ということである.そのほか,回答者は,いくつかの中小企業は典型的な「問題児」として知られているが,中小企業が一般的に特別な問題を惹起するわけではない,と強調した.にもかかわらず,労使団体にもち込まれる中小企業関連の相談については,とくに頻度の多い事項がいくつか存することも事実である.

## 2　賃金と労働時間

　相談件数の多い事項としてまず挙げられるのが賃金問題である．商工会議所の回答からも，協約上の賃金グループへの格付けがしばしば正しく処理されていない，という事実が明らかである．このような誤った処理の原因は，格付けの基準が厳密でないことや，あるいは，事業所が十分な経験をもっていないことに求めることができる．注目されるのは，税法上および社会保険法上の徴収義務を遵守しない賃金支払実務の報告が数多いことである．闇賃金の支払は，まさに中小企業において生じており，また，中小企業は大企業におけるよりも裏金をもっていることが多い．商工会議所の代表は，このような不正や実務が，結局は回り回って，高額な社会保険料やその他の賃金付随コストに跳ね返ると述べた．

　これに対して労働者会議所の側からは，次のような不満が聞かれた．すなわち，賃金の不払いがしばしば長期にわたって甘受されているという不満である．また，中小企業においては人間関係を利用して，労働者を村八分によって追い出そうと試みられることがしばしば見受けられる．このような場合，労働者が自らその企業を辞めると，通常，彼が使用者から解雇される場合に得たであろう権利を失うことになる．

　賃金問題と密接に結びついているのが労働時間の問題である．これについては，制限的でありすぎ，そのためにコストがかかりすぎであると感じられている．まさに従業員数が少ない場合，窮屈な労働時間の上限のために，しばしばコストのかかる時間外労働が必要になるか，これを回避しようとして法定最高労働時間を超えた労働がなされ，その結果厳しい刑罰が科されることになる．この問題に関する限り，どの中小企業においても従業員数が少ないために，法律を遵守しようとすると，しばしば解決不能な人員配置の問題に直面することになる．

　この他，商工会議所の側からは，経営協議会制度，労働者保護，母性保護法，職業訓練生のための職業訓練法によるコスト負担が，中小企業の場合には問題であるとの指摘がなされた．商工会議所もこれらの制度自体には反対していないのであるが，中小企業に対しては負担が重くなりすぎるというわけである．

### 3 労働関係の終了

　小企業にとってとくに重くのしかかる負担として，複雑な解雇規定および解雇保護規定を挙げることができる．この問題に関しては，しばしば間違った処理によって大きなコストが生じるが，商工会議所の職員に対するインタビューから推論すると，司法が現実から乖離していると見られているようである．たとえば，アルコール中毒は一定段階を超えると疾病とみなされてしまい，そうなると，労働者側に帰責事由があるものとはみなされなくなり，むしろ，使用者が離退職手当を支払わなければならないことになる．実際上，使用者はこうした判決を理解していないのであるが，中小企業はそのような裁判によってとくに強く影響を受けているのである．

　労働関係の終了に関する他の問題として，多くの中小企業は特定の職員グループに与えられた解雇保護も重荷であると感じている．わずかの数の労働者しか雇用できない場合，特別な解雇保護を受ける労働者が完全な労務提供をしなければ，そうした労働者の保護は他の従業員の労働に相当な負担をかけることになるからである．

　その他，インタビューを受けた商工会議所の代表は，企業がしばしば手続きが進行してからはじめて相談を受けに来ると訝しげに回答した．というのも，この時点では，効果的な助言や代理はもはや限られた範囲でしか可能でないからである．このことは，労働法上の問題に関する基本的な知識が中小企業主には欠けており，その結果，労働法上の問題がそれを無視することができなくなった段階ではじめてそれとして認識される，ということを示しているように思われる．

### （2）企業の視点から

#### 1　指摘された問題点

　ヘルゴヴィッチはその研究の中で，三つの企業の従業員と所有者に対し質問をしている．すなわち，一つのホイリゲ（3人の家族）と一つの小売業（10人の労働者），そして比較的大きな製造業の中企業（352人の従業員）である．

　もっとも注目される調査結果は，労働法に対する意識がわずかしかない，という点である．質問を受けた人の目から見ると，労働法上の問題は通常それが

深刻な問題に至った場合にはじめて認識するだけの価値をもつことになる．その限りで，ヘルゴヴィッチの質問は，中小企業における労働法規制の知識がわずかであることを明らかにしたトーマンドルとリザークの調査の結果と一致する．

その他，企業が指摘した問題は，労使団体によって指摘されたものとほぼ同じである．

## 2　個別問題

最初に指摘されるのは，労働法上の規範から帰結されるコストである．労働時間制限や解雇保護は，中小企業によって必要とみなされる柔軟な労働力利用を困難にしている．

賃金支払いに関し，一つの事業所において，支払能力が限られているため，遅延が日常茶飯事であるという遠慮のない回答がなされた．その他の二つの事業所においては，複雑な賃金計算規則にともなうコストを除けば，賃金支払は問題を生じていない．

コスト面では，とりわけ長期雇用労働者について不釣り合いに大きくなるコストが強調される．たとえば商業の事業所は，すでに 30 年間勤めているホワイトカラー労働者が，週 32 時間の労働で，2 人の従業員がそれぞれ週 25 時間の労働をして稼ぐであろう賃金の 2 倍を得ていると述べる．その企業主自身は，この高い賃金コストに対し，自ら労働することでそれを賄わなければならず，それは時として週あたり 70 時間の労働になるという．

労働時間の顕著な違反は，ホイリゲの場合でも，また，製造業の場合でも見られた．商業の事業所の場合には，比較的短い開店時間のためにそのような違反はない．商業の場合，仕事のピークは時間外労働によって対応されていたが，それに対しては法律上規定された 50％の手当てが支払われるのではなく，時間清算の形で 1 対 1 の関係で清算されていた．それが法律に従うなら 1 対 1.5 で調整されなければならない，ということについてはまったく理解されていなかった．

疾病の場合における賃金支払に関しては，疾病日数が事業所規模の増大に従って増加する点が注目される．これには，小企業の場合よりも大企業における方が，企業との一体感が薄れることも影響しているであろう．事業所が小さ

くなるに従い，労働者にとっては病気で休むのが気まずくなるし，また，病欠手当の不正受給が発覚する危険も大きくなる．

労働関係の終了と関連して，労働者の補充が大きな問題として指摘された．この理由から，まさに二つの事業所においては，知人の範囲で労働者を探す努力がなされている．その方が，企業とのより強い結びつきを期待できるからである．

## 11-5 法的議論の手がかり

### （1）法的規制の根拠

以上の検討から，中小企業に関して立法者が特別な法規制を行う場合，それにはおおよそ二つの視点がかかわっていると考えられる．もっとも，これらの視点がそれぞれの特別規制を十分に説明しきれるか，という点は別問題である．

第1の視点は，中小企業の場合，事業所においてインフォーマルなコミュニケーション・チャンネルの構造が存在している，という認識である．この認識は，とりわけ経営組織が義務づけられていない点にかかわっている．すなわち，中小企業において経営協議会の選出が義務づけられていないことの正統化根拠は，原則としてかかる認識に基づくものと理解できるのである．もちろん，この例外的規定に，本来個別的労働関係法上の問題であるものに関する重要な帰結が結びつけられていることには疑問がある．すなわち，一般的解雇保護によって実現される解雇の合理性コントロールである．何故，仲間の労働者の数が少ないという理由だけで，労働者は労働関係の終了に関して使用者の恣意的行為に晒されなければならないのであろうか．

もう一つの視点は，たとえば技術的な労働者保護の領域における規定に見られるように，中小企業の財政的負担の回避である．その場合，憲法に照らして考えると，この論拠でこれらの例外的規定が全面的には正統化されえない，ということは明らかである．たとえば，労働者の健康保護が実際のところ企業規

模にかからしめられるべきなのであろうか．かりに財政的考慮が許されるとしても，その場合，少なくとも（従業員数とは異なる）財政的能力を示す指標が用いられなければならないのではないか，と考えられる．

### （2）法と実務

労働法のかなりの部分が実務に受け入れられていない，ということは注目される．ここでは，何故にしばしば実務に無視される規範が維持されるのか，とくに規範が一般的なものでなく選択的にのみ実施される場合にそうなのか，という疑問が生じる．このことは，とくに労働時間法の詳細な規範に妥当するし，また技術的な労働者保護法にも当てはまる．

実務を少し観察すると，次のような疑問を生じる．すなわち，労働法，とりわけ労働行政法の規範は，個々的に見ると正しい目標を追求しているのであるが，全体として見ると非常に重荷になっており，その結果，とりわけ小企業によっては結果として遵守されていない，あるいは，遵守することができない，という疑問である．これが法文化にとって非常にネガティヴなことは明らかである．

その他，労働法の実務にとって，それによって生じる賃金付随コストがもっとも大きな負担であることは明白である．労働法規制の適用において中小企業に生じる問題を解決するためには，新たな規範によるよりも，売り上げの増大や公課の引下げによる収益の改善による方が効果的であろう．

---

第11章 註

1) 表11-1参照．表11-1は次の文献に拠る．*Peitner* (Hrsg), Aspekte einer Managementlehre für kleinere Unternehmen, Internationales Gewerbearchiv, Sonderheft I (1986), 7.
2) 表11-2参照．表11-2は次の文献に拠る．*Gantzel*, Wesen und Begriff der mittelständischen Unternehmung, 280.
3) 表11-3参照．
4) Gesetz zur Leistungssteigerung kleiner und mittlerer Unternehmungen der gewerblichen Wirtschaft, BGBl 1982/351 idF BGBl 1986/72.
5) §2 Abs 1 MittelstandsG.

6) 金融，信用保証，保険と交通・運輸は異質であるにもかかわらず一緒に扱われるが，これらの間で統一的基準を合意することなど不可能である．
7) 表11-5参照．
8) 例外は，§2a Abs 8 GleichBehG のみである．もっとも，これに関しては後述．
9) §40 iVm 49 ArbVG.
10) Vgl dazu umfassend *Tomandl*, Betriebsverfassungsrechtliche Fragen im Kleinstbetrieb, ZAS 1981, 123.
11) 例としては，組合活動，経営組織法上の権利の行使，明らかに不当とまでは言えない権利の主張などである．§105 Abs 3 Ziff 1 ArbVG．
12) 社会的不当性—§105 Abs 3 Ziff 2 ArbVG．
13) §9 AVRAG.
14) §2a Abs 8 GlbG．
15) §109 ArbVG．
16) §108 Abs 3 ArbVG．
17) §110 Abs 5 ArbVG．
18) §111 ArbVG; 強化された関与権が大企業と公共的性格の強い企業に関して存在する（§112 ArbVG）．
19) §§116 ff ArbVG．
20) §27 f ASchG．
21) §26 ASchG．
22) §77 ASchG．
23) §77, 82 ASchG．
24) §78b ASchG．
25) ここで障害者とみなされるのは，行政手続において50％の障害率が証明された者である．
26) 現在は，766万8.000シリング．
27) §8 Abs 7 EFZG．

# 第 12 章　中小企業労働者の社会保障
とくに社会保険の適用について

西村健一郎

## 12-1　はじめに

　社会保障とは，国が国民の「人たるに値する生活」の確保を目的として所得ないしサービス（医療あるいは社会福祉サービス）を提供する制度である．このような制度は，とくに第二次大戦末期から戦後にかけて急速に世界の各国に普及した．国民に健康で文化的な生活を保障することは，現代の諸国家のはたすべき最も重要な課題の一つとなっているが，憲法 25 条に「生存権」保障条項が規定されたこともあって，わが国でも社会保障制度は戦後五十数年の間に量的・質的に飛躍的な発展をとげた．

　「社会保障」の具体的内容をどのように理解するかは人により異なるが，一般に社会保険，公的扶助，社会手当，社会福祉サービスおよびその関連諸制度から構成されているといえる．社会保険は，保険技術を用いることによって被保険者等に一定の保険給付を行う制度であり，わが国では疾病，老齢，障害，要介護，失業，業務災害等の生活上の事故につき医療保険，年金保険，介護保険，雇用保険（失業保険），労災保険の五つの社会保険が制度化されている．周知のよ

うにわが国では，1960年代の初め頃から皆保険，皆年金の政策がとられ，国民は原則として何らかの医療保険制度および年金保険制度によってカバーされることになっている．医療保険は，大きく職域の社会保険（健康保険，船員保険，共済制度等）と地域の社会保険（国民健康保険）に区分されており，労働者は職域の社会保険制度に，それ以外の自営業者等は地域の社会保険制度に加入することが原則となっている．年金保険も，同様に職域の社会保険（厚生年金，共済制度等）と地域の社会保険（国民年金）に区分されていたが，1985年の国民年金法の改正による基礎年金制度の創設によって，職域の社会保険は2階建て部分（報酬比例部分）として位置づけられることになった．

　本章は，わが国の中小企業労働者をめぐる経済的・社会的・法的な問題を検討する論考の一環として，中小企業労働者の社会保障，とくに社会保険の適用の問題に焦点を当てて，その現状と課題を考察することを目的とするものである．

## 12-2　問題意識―中小企業労働者と社会保険

### （1）小企業労働者に対する職域の社会保険の不適用

　中小企業労働者も労働者として通常は職域の社会保険（健康保険，厚生年金保険）に加入することになっているが，わが国では，保険技術的な困難ないし事業把握の難しさを理由に，一定の業種に属する一定規模以下の事業については，職域の社会保険の適用（強制適用）を認めていない．したがって，これらの労働者は，自営業者とともに地域の社会保険（国保，国民年金）に加入することになり，職域の社会保険の適用が認められる労働者との間に，さまざまな（とくに給付面で）格差が生じることになる．

## （2）強制加入（強制適用）としての社会保険の「欠如」

　法律上社会保険は，任意加入ではなく強制加入（強制適用）であるが，それにもかかわらず，加入していない労働者がかなりの数存在することが指摘されている．パートタイマー，派遣労働者については，とくにその例が多く，1999年の労働者派遣法の改正においては，社会保険加入の促進を積極的に図るために，派遣事業許可の欠格事由として社会保険，労働保険等に係る法律の規定により保険料未納などを理由に罰金の刑に処せられた者については一定期間が経過するまでは許可の申請ができないこととされ（6条1号），また，派遣元事業主が，派遣先に対して派遣する労働者の社会保険および雇用保険の被保険者資格取得届の提出の有無を，労働者派遣に際してあらかじめ書面に記載して通知する義務を負うことになった（35条2号）．被保険者資格取得届の提出がない場合には，その理由（当該派遣労働者に被保険者資格がないこと，あるいは手続き中であること）を派遣先に通知しなければならないことになっており，派遣先への通知義務に違反した派遣元事業主は，30万円以下の罰金が科せられる．

　ところで，被用者保険たる社会保険が「強制保険」という場合，通常，次のことが含意されている．すなわち，適用事業の事業主（使用者）が加入手続きを怠り，保険料の納付を懈怠しても，当該社会保険適用の客観的要件（通常，「使用関係」の存在がその最も重要な要件である）が備わる以上，自動的に保険関係が成立し，労働者は被保険者資格を取得し，事業主は保険者との関係で保険料負担義務，保険料納付義務等の義務を負担することになる．保険事故が発生した場合には，法律上定められた保険者の被保険者に対する給付義務が発生することになり[1]，他方で，保険の手続きを懈怠していた事業主には遡っての拠出義務が課せられることになるということである[2]．しかし，わが国では，このような強制保険の概念が文字通りに妥当するのは，精々，労災保険だけであり，それ以外の社会保険においては使用者が加入手続きを懈怠してそれがそのまま放置されていたようなケースで保険事故が発生した場合，被保険者たる労働者の受給権は発生しないか，きわめて限定された受給権しか認められないのが通例である．保険料の滞納の場合に，国税滞納処分の例によって徴収することができる旨の規定がありながら，実際にほとんど用いられることがないのであり[3]，この

ようなある意味での「遵法精神」の欠如は，わが国の社会保険法の強制保険たる実質を大きく損なっており，その「実効性」に疑問を投げ掛けることになっている．

## 12-3 医療保険

### （1）医療保険の沿革と基本的枠組み

わが国の公的医療保険は，健康保険，船員保険，共済組合にみられるように被用者を中心として発展してきたものであるが，1958年の国民健康保険法の全面改正により1961年4月から全市町村において国民健康保険事業が実施され，健康保険等被用者保険の被保険者・被扶養者にならない者に対して国民健康保険法（国保法）が強制的に適用されることになった．これにより全国民が何らかの医療保険の適用を受けることができるという意味での「国民皆保険」の実現をみたのである．こうした普遍主義（平等主義）的な医療保険のシステムは，これまで国民の医療へのアクセスを容易ならしめ，国民の受診機会の均等保障に大きな役割をはたしてきたといえる．1961年に確立したこの「国民皆保険」制度は，現在までわが国の医療保障の根幹的な制度として維持されている．

その一方で，健康保険と国民健康保険法との間の格差，健康保険の中でも組合健康保険（組合健保）と政府管掌健康保険（政管健保）との間の格差は，残されたままになっている．健康保険の場合，被保険者は事業主（使用者）と折半の形で保険料を負担する（なお，少なくない事業所で，事業主側の負担割合が引き上げられている）とともに，医療給付を受ける場合に被保険者は2割（被扶養者は，入院の場合2割，外来の場合3割）の自己負担（一部負担金）を負担することになっているが，国民健康保険（国保）の場合，被保険者には療養給付の場合の一部負担金としてその費用の3割が課せられている．

なお，高額療養費の制度によって，被保険者あるいは被扶養者の1ヵ月の自己負担額が6万3600円（低所得者の場合，3万5400円）を超える場合に，その超

えた額が被保険者に償還されることになっており，患者の一部負担金には一定の限度がある．この制度は，医療保険の財政的負担と患者の側の自己負担の適切なバランスを図るために導入されたものであるが，1カ月の自己負担額の「上限」が6万3600円（低所得者の場合，3万5400円）を超えることはないという点で，各医療保険の被保険者の平等取り扱いがなされているともいえる．換言すれば，この限度を超えない範囲では，格差が認められているということでもある．

　また，1982年に制定された老人保健法は，従来の老人福祉施策の一環として行われていた老人福祉法にもとづく老人医療費支給制度を抜本的に改め，公費と医療保険者が共同で拠出する拠出金（老人医療費拠出金）によって高齢者の医療を確保しようとするものであったが，この制度も，70歳以上の高齢者については，どの医療保険に所属しているかに関係なく，平等の一部負担を課すものであり，その点からすると，各医療保険の被保険者・被扶養者は，原則として70歳になると「老人医療」という枠の中で医療等の給付について平等の取り扱いを受けることになる．費用の分担は，医療保険の保険者（公務員の共済組合等を含め）が70パーセント，国が20パーセント，都道府県・市町村が各5パーセントというものである．医療保険の各保険者は，70歳以上の高齢者がどの保険者にも同じ割合で存在すると仮定（全制度平均）した場合の拠出金を負担することになっており，この制度によって老人加入率の低い保険者も，この拠出金の負担により従来の老人医療費の負担額よりも多く負担し，他方，老人加入率の高い保険者は負担が軽減されることになった．ごく大まかにみると全制度平均の2倍の老人加入率を有する保険者は本来の医療費の2分の1ですみ，他方，全制度平均の2分の1の老人加入率を有する保険者は，本来の医療費の2倍の拠出金を負担することになる．この方法で，保険者間の老人加入率の格差に起因する老人医療費の著しい不均衡が是正され，保険者間の負担の調整（財政調整）が図られることになったのである．

　問題は，高齢化の急速な進展に伴い老人医療費の増大が著しいことであり[4]，それとともに，各医療保険者の老人医療拠出金が大幅に増大し，組合健保および政管健保の財政を圧迫し，その構造的赤字の重要な要因となってきていることである．老人保健法制度の改革は早急に解決を図るべき課題になっている．

## （２）健康保険組合と政府管掌健保

　健康保険の保険者には，政府と健康保険組合の二つがある．健康保険組合は，その組合員たる被保険者の保険を管掌し（組合管掌健康保険，健保法25条），政府は，健康保険組合の組合員ではない被保険者の保険を管掌する（政府管掌健康保険，健保法24条）．健康保険組合は，1または2以上の事業所において，常時300人以上の被保険者を使用する事業主が組織するものであり（健保法28条1項），それに満たない被保険者を使用する事業で使用されている労働者（被保険者）―通常は，中小企業の労働者―は，政府管掌健康保険（政管健保）に属することになる．

## （３）強制適用事業所

　健康保険法では，(1)同法13条1号に規定された次に挙げる事業の事業所で常時5人以上の従業員を使用する事業所および(2)それ以外の国または法人の事業所で常時従業員を使用する事業所を「適用事業所」とし，そこで使用される者を強制被保険者としている（昭和59年の健康保険法改正以前においては，国または法人の事業所で常時「5人以上」の従業員を使用する事業所とされていたが，その改正で削除され，その後段階的に適用拡大が図られ，現在に至っている）．国または法人の事業所で常時従業員として使用されている者は，そこの事業所における従業員数に関係なく（常時1人でも使用されておれば），強制被保険者となる．なお法人の種類（公法人・公益法人・営利法人，健康保険組合，社会福祉法人，医療法人，宗教法人等）は問題にならない（昭和18・4・5保発905号）．
　同法13条1号に挙げられているのは，(1)物の製造，加工，選別，放送，修理または解体の事業，(2)鉱物の採掘または採取の事業，(3)電気または動力の発生，伝導または供給の事業，(4)貨物または旅客の運送の事業，(5)貨物積卸の事業，(6)物の販売または配給の事業，(7)金融または保険の事業，(8)物の保管または賃貸の事業，(9)媒介周旋の事業，(10)集金，案内または広告の事業，(11)焼却，清掃またはと殺の事業，(12)土木，建築その他工作物の建設，改造，保存，修理，変更，破壊，解体またはその準備の事業，(13)教育，研究または調査の事業，(14)疾

病の治療，助産その他医療の事業，(15)通信または報道の事業，(16)社会福祉事業法に定める社会福祉事業または更生保護事業法に定める更生保護事業，の16の事業である．これらの事業所で使用される者は，それが個人事業の場合，そこで常時5人以上の従業員が使用されていれば，強制被保険者となる．

健康保険法13条1号に挙げられていないのは，農林・畜産・水産等の第1次産業の事業，飲食店・美容院・旅館・クリーニング等のサービス業，さらに弁護士・公認会計士・社会保険労務士等の事務所，である．これらの事業が法人事業ではなく個人事業であるかぎり，常時5人以上の従業員を使用する事業所であっても，強制適用事業所にはならない（任意適用事業）．これらの事業で使用されている者は，事業主が，被保険者となるべき者の2分の1の同意を得たうえで厚生大臣に申請しその認可を得て，その事業所で使用されている被保険者資格を有する者全員が被保険者となる（任意包括被保険者，15条）が，実際その例はきわめて少ない．平成11年版『中小企業白書』（中小企業庁）によれば，卸・小売・飲食店の5人未満事業所だけでも従業者数は平成8年で427万9000人，サービス業の5人未満事業所の従業者数は225万3000人いるが，政府管掌健保の任意包括被保険者は，平成8年で約64万2000人にすぎないのであり[5]，上記の従業者のすべてが任意包括被保険者となり得る者ではないとしても，両者の間に相当の差があることは否定できないであろう．

強制適用事業所に使用される者は，本人の意思いかんにかかわらず，被保険者となる（健保法13条1号・2号）．これを強制被保険者という．事業所に「使用サレル者」とは，事業主（使用者）との間に事実上の使用関係があれば足り，有効な雇用関係の存在まで必要とするものではないと解されている．

パートタイム労働者あるいは派遣労働者の場合も，適用対象要件に該当すれば当然に適用されることになるが，就労形態が常用的でなく，家計補助的な場合には，次に述べる「適用除外」に該当する者として健康保険の被保険者とはならない．常用的な就労かどうかは，1日または1週間の労働時間および1月の所定労働日数が当該事業場の同種の業務に従事する通常の労働者のおおむね4分の3以上かどうかによって判断される．4分の3以上であれば，当該事業場の健康保険の適用を当然に受けることになるが，そうでなければ国保に加入しなければならない（なお，健康保険被保険者の被扶養者となる場合には，国保加入義務はない）．

被保険者としての資格は，適用事業所に使用されるに至った日に取得するものであるが，その法的効力は，事業主の資格取得届け等にもとづいて行われる保険者の「確認」によって生じるものとされている (21条の2)．これは，労働者が被保険者資格を取得することによって，「保険者と被保険者並びに事業主との間に重大な法律関係が生ずるところから，資格取得の効力の発生を確認にかからしめ，保険者または都道府県知事が事業主の届出または被保険者の請求に基づき或いは職権でその確認をするまでは，資格の取得を有効に主張し得ないことと」する制度である[6]．もっとも，確認によって使用されるに至った日に遡ってその資格を取得することになる．

## （4）適 用 除 外

　健康保険法は，同法の被保険者たるべき者が他の社会保険の適用を受けることによって重複適用となることを避けるためにそれらの者を適用除外とするとともに (13条の2第1号・6号，同2項)，事業の実態ないし使用関係が臨時的・浮動的なものについては，それを捕捉して法を適用するについては保険経済上あるいは保険技術上の困難があるとして適用除外としている (同第1項2号ないし5号)．もっとも，2カ月以内の期間を定めて臨時に使用される者が所定の期間を超えて使用されるに至ったとき，および日々雇い入れられる者が1カ月を超えて使用されるに至ったときは，強制被保険者とされることになる．

## （5）被扶養者とその範囲

　健康保険法は制定当初，工場法や鉱業法の適用を受ける事業場に使用される労働者を被保険者とし，その家族（被扶養者）を保護の対象としていなかったが，1939 (昭和14) 年の法改正で被扶養者に対する給付が導入され（ただし任意給付），その後，1943 (昭和18) 年にこれが法定給付（5割給付）とされた．被扶養者を健康保険法の保護の対象にしたのは，被扶養者の傷病が結局は被保険者の経済的負担となることを考慮したためである．船員保険法，国家公務員共済組合法等においても同様の制度がある（船保1条1項，国公共1条1項）．
　健康保険法によれば，次の(1)ないし(4)を被扶養者という．すなわち，(1)被保

険者の直系尊属，配偶者（事実婚を含む），子，孫および弟妹であって，主として被保険者により生計を維持している者（1条2項1号），(2)被保険者の3親等内の親族で，被保険者と同一の世帯に属し，主として被保険者により生計を維持している者（同2号），(3)被保険者の事実婚上の配偶者の父母および子であって，被保険者と同一の世帯に属し，主として被保険者により生計を維持している者（同3号），(4)3号の配偶者の死亡後のその父母および子であって，被保険者と同一の世帯に属し，主として被保険者により生計を維持している者（同4号），である．(1)の被保険者の直系尊属，配偶者（事実婚を含む），子，孫および弟妹については，被保険者による生計維持関係だけが要求され同一世帯に属することは必要とはされていない（いわゆる「遠隔地扶養」が認められる）．これに対して，(2)ないし(4)については，生計維持関係だけでなく同一世帯への帰属（同居）も必要とされている．

　収入がある者についての被扶養者の認定については，被扶養者としての届出に係る者（「認定対象者」）が，被保険者と同一世帯に属しているか，同一世帯に属していないかによって区別されている．前者の場合，認定対象者の年間収入が130万円未満[7]であって，かつ，被保険者の年間収入の2分の1未満である場合は，被扶養者に該当するとされ，後者の場合，認定対象者の年間収入が130万円未満[8]であって，かつ，被保険者からの援助による収入額より少ない場合は，原則として被扶養者に該当するとされる（昭和52・4・6保発9号・庁保発9号）．これらの者は自らが就労する企業に関わる健康保険の被保険者とはならず，被保険者たる労働者の被扶養者として，健康保険の家族療養費等の給付を受給することができることになる．

　健康保険被保険者の被扶養者となっているパートタイム労働者，あるいは派遣労働者の所得額が上記の限度額を超える場合，自ら医療保険の被保険者となって保険料を負担しなければならないため，限度額の設定がその範囲内に就労（およびそれによる所得）を抑制する作用を持っていることはしばしば指摘されるところである[9]．

### （6）国民健康保険

　国民健康保険法は，「被保険者の疾病，負傷，出産又は死亡に関して必要な保

険給付を行う」こと（2条）を主要な目的としているが，保険者は，(1)市町村（特別区を含む）および(2)同種の事業または業務に従事する者で組織される国民健康保険組合[10]である（3条）．市町村は，普通地方公共団体のうちで，住民に最も身近な基礎的地方公共団体として，国民健康保険事業の実施義務を負っている．

　市町村（特別区を含む）の区域内に住所を有するものは，次に挙げる適用除外に当たる者を除いて，当該市町村が行う国民健康保険の被保険者となる．適用を除外されるのは，次の者である．すなわち，(1)健康保険法・船員保険法の規定による被保険者およびその被扶養者，(2)国家公務員共済組合法・地方公務員共済組合法・私立学校教職員共済組合法にもとづく組合員およびその被扶養者，(3)生活保護法による保護を受けている世帯に属する者，(4)国民健康保険組合の被保険者，(5)その他特別の理由がある者で厚生省令で定める者である（6条1号ないし8号）．外国人も，短期滞在者を除いて，上記の適用除外に該当しないかぎり，国民健康保険の被保険者となる．したがって，民間の事業で使用されている労働者であっても，健康保険法の適用事業でないところで使用されている場合には，国民健康保険の被保険者となる．

　国民健康保険の保険給付には，療養の給付（36条），入院時食事療養費（52条），特定療養費（53条），療養費（54条），訪問看護療養費（54条の2），特別療養費（54条の3），移送費（54条の4），高額療養費（57条の2）があり，さらに被保険者の出産および死亡に関して出産育児一時金の支給および葬祭費もしくは葬祭の給付が，条例または国民健康保険組合の規約の定めるところにより行われることになっている（58条1項）．これらは，法律により保険者に給付が義務づけられており，その意味で法定給付に属する．ただし，被保険者の出産および死亡に関する給付については，特別の理由がある場合には，全部または一部について行わないことができる．

　これ以外に，保険者は，条例または規約の定めるところにより，傷病手当金等を支給することができる（任意給付）が，その例は少ない．健康保険では，被保険者が療養のために，労務に服することができないときに，傷病手当金が，労務不能の日から起算して4日目から支給される（健保法45条）が，国保の被保険者たる労働者の場合，傷病により欠勤した場合でも，療養の給付等は支給されても賃金保障（所得保障）が欠如していることになり，この点ではきわめて大

きな不利益を受けることになる。

## 12-4 年金保険の適用

### （1）年金制度と皆年金政策の意義

　わが国の民間企業の被用者を対象とした年金制度は，1939年の船員保険法による船員の年金制度が最初である。その後，1941年に，陸上労働者を対象とした労働者年金法が制定され，1944年に厚生年金保険法と改称された。これらの制度は，第二次大戦後，とくに厚生年金保険法の全面改正が行われた1956年以降，現代的な年金制度として社会保障のなかに位置づけられることになる。またその頃から「国民皆年金」政策が着手され，1959年の国民年金法の制定によってその体制が作られた。

　国民皆年金とは，被用者（民間）についての厚生年金保険，船員保険，公務員等についての各種の共済制度として国家公務員共済，地方公務員共済，私学共済，農林漁業団体共済があり，それらの被用者保険・共済制度に加入しない一般国民については国民年金で補完することにより国民のすべてが何らかの年金制度に加入するというものである。拠出制年金を補完する福祉年金（老齢福祉年金，障害福祉年金，母子福祉年金，準母子福祉年金）も国民年金法にもとづき全額国庫負担で設けられた。しかし，国民皆年金体制が作られたといっても，さまざまな制度間には給付および負担の点で相互に大きな格差があり，健康保険の場合と同様に，一定の業種に属する零細企業の労働者の場合，厚生年金の強制適用の下におかれていなかったから，国民年金に加入せざるを得なかった。

　ところで，各種の制度間には制度の成熟度（受給者に対する被保険者の割合によって示される）において相違があり，高齢化の進展によって財政的には長期的な安定が難しい制度も存在した。さらに厚生年金に典型的にみられるように，年金が世帯を単位として構成されていたため，女性の年金権の確立という点からはきわめて問題の多い構成になっていたといえる。問題は，こうした年金制

度のままでは，到来が確実な社会の高齢化（高齢社会）には対応できないということであり，そこで1985年の年金改革において，いわゆる「基礎年金」制度が導入されることになった．それとともに，厚生年金保険法等の年金の報酬比例部分は，基礎年金の上に積み上げられる職域年金（2階部分）として位置づけられることになった．

　国民年金の被保険者（強制被保険者）は，第1号被保険者,第2号被保険者および第3号被保険者の3種類に分かれる．すなわち，(1)日本国内に住所を有する20歳以上・60歳未満の者であって，次の(2)および(3)に該当しない自営業者，農林漁業従事者，無職者等（第1号被保険者），(2)被用者年金各法の被保険者，組合員または加入者（第2号被保険者），(3)第2号被保険者の被扶養配偶者で20歳以上・60歳未満の者（第3号被保険者），である（7条1項）．いずれの被保険者も，国籍は問われない．なお，被用者年金各法とは，厚生年金保険法，国家公務員等共済組合法，地方公務員等共済組合法，私立学校教職員共済組合法および農林漁業団体職員共済組合法をいう（5条1項）．また，第2号被保険者の被扶養配偶者とは，第2号被保険者の配偶者であって，その収入により生計を維持する者をいい，第2号被保険者である者は除かれる（7条1項3号）．その認定は，健康保険法等における被扶養者の認定の取扱いを勘案して，社会保険庁長官が行う．

　基礎年金制度の導入によって年金が個人単位の年金として構成されることになったが，これによって，懸案であった女性の年金権の確立がなされるとともに，合わせて制度間格差の是正，年金水準の適正化，将来の公的年金財政の安定化の措置等がとられた．実際にこの当時国民年金は財政的に深刻な状況に陥りつつあったのであり，年金改革の大きなねらいの一つは，国民年金の救済のための財政調整にあったということは否定できない．これらの改正年金法は，1986年4月1日から施行された．

　なお，5年毎に行われる財政再計算の年に当たった1994年には，(1) 60歳代前半の年金の見直しとして，老齢厚生年金の支給開始年齢を段階的に（男性は平成13年度・2001年から，女性は5年遅れで平成18年度・2006年からそれぞれ12年かけて）65歳に引き上げていくとともに，60歳代前半（60歳ないし65歳未満の者）の年金として部分年金（従来の報酬比例部分のみに当たる年金）を支給する，(2)高齢者の雇用を促進するという観点から，在職老齢年金制度を，報酬が増え

たときに（従来のようにほぼ同額の年金の支給停止を行わずに）報酬と年金の合計額が増えるように改める，(3)失業給付の基本手当を受給している間は，65歳未満の者に支給される特別支給の老齢厚生年金の支給を停止するという形で，年金と失業給付の併給調整を行う（平成10年4月1日以後の老齢厚生年金の受給権取得者についてのみ），(4)遺族厚生年金と老齢厚生年金の二つの年金の受給権を取得した者の選択肢を拡大する，(5)育児休業期間中の厚生年金保険・健康保険等の本人負担分の保険料を免除する，等の改正が行われている．

### （2）厚生年金保険の適用事業

厚生年金保険の適用を受ける事業所を厚生年金保険の適用事業といい，厚生年金保険の被保険者になるためには，適用事業において使用されていることが必要である．適用事業は，強制適用事業と任意適用事業に分けられる．

強制適用事業となるのは，まず，法6条1項1号に掲げられている種類の事業の事業所または事務所であって，常時5人以上の従業員を使用するものである（法6条1項1号）．農林水産業のような第1次産業，クリーニング，美容・理容，弁護士事務所・税理士事務所等の対個人サービス業の大部分，料理屋・飲食店・旅館等の事業は，次に述べる要件を満たさないかぎり，強制適用事業ではない．第2は，国，地方公共団体または法人の事業で，常時従業員を使用するものである（法6条1項2号）．事業の種類は問わない．第3は，船員法1条に規定する船員として船舶所有者（船員保険法10条に規定する場合にあっては，同条により船舶所有者とされる者）に使用される者が乗り込む船舶，である．

ところで，(1)適用事業となっていない事業を行う事業所，(2)適用事業となっているが，常時5人未満の従業員しか使用していない事業所は，強制適用事業から除かれているが，事業主が社会保険庁長官の認可を受けて適用事業とすることができる（任意適用事業，6条3項）．事業主が認可を受けようとするときは，当該事業所に使用される者（12条に規定されている適用除外者を除く）の2分の1以上の同意を得て，上記の申請を行わなければならない（6条4項）．認可があると，その事業所で使用される65歳未満の者は，認可の申請に同意していなかった者も含めて全員が，12条に規定されている適用除外者を除いて，被保険者となる．被保険者となれば，被保険者およびその事業主の権利義務は，強制

適用事業の場合とまったく同じである．しかし，この例は，健康保険の場合と同様に，実際にはきわめて少ない．

適用事業所（強制適用事業所および任意適用事業所）に使用される 65 歳未満の労働者は，本人の意思いかんに関係なく，被保険者とされる (9 条)．ただし，次の者は被保険者とならない (12 条)．(1)国，地方公共団体または法人に使用されるものであって，(イ)恩給法 19 条に規定する公務員および同条に規定する公務員とみなされるもの，(ロ)法律によって組織された共済組合の組合員，(ハ)私立学校教職員共済制度の加入者，(2)臨時に使用される者（船舶所有者に使用される者を除く）であって，(イ)日々雇い入れられる者，(ロ) 2 カ月以内の期間を定めて使用される者（ただし，日々雇い入れられる者が 1 月を超え，2 カ月以内の期間を定めて使用される者が所定の期間を超えて使用されるに至った場合は被保険者となる），(3)サーカスの巡回興行のように所在地が一定しない事業所に使用される者，(4)季節的業務に使用される者（ただし，継続して 4 月を超えて使用されるべき場合は被保険者となる），(5)臨時的事業の事業所に使用される者（ただし，継続して 6 月を超えて使用されるべき場合は被保険者となる）．

パートタイム労働者，派遣労働者に関する厚生年金の適用については，健康保険法で述べたところがそのまま妥当する．したがって，その就労が常用的でなければ，強制被保険者とはならないのである．もっとも，その判断を使用者が恣意的に行うことはできないのであり，使用者が被保険者資格を有する者について資格取得の届出を怠り，その結果保険料納付義務を履行しないことによって，被保険者資格を有するはずであった者が厚生年金受給権の一部を取得できなかった場合には，使用者にはそれによって生じた損害について賠償の義務があるとする裁判例がある[11]．

## 12-5 雇用保険

### （1）「雇用保険」の意義

　働いて賃金を得る以外に生活手段を持たない労働者にとって，失業は，ただちに所得の喪失を，ひいては生活の脅威をもたらすことになる．このような労働生活上の事故（失業）をこうむった労働者に対し保険技術を利用してその所得を保障することを主たる目的とする社会保険の1部門を失業保険という．ここでの所得保障は，失業が継続する全期間ではなく，法の定める一定期間に限られるのが通例である（あるいは一定期間経過後は，ドイツの「失業扶助」にみられるように，別の要件を加重するとともに給付額が減額される制度を有する国があるが，わが国にはこのような制度はない）．社会保障の立場からは，失業保険の給付を一定の期間に限定することが妥当かどうかは議論の余地がある．

　1974年に従来の失業保険法は全面改正され，雇用保険法となった．制定当初の同法1条は，雇用保険の目的として「労働者が失業した場合に必要な給付を行うことにより，労働者の生活の安定を図るとともに，求職活動を容易にする等その就職を促進し，あわせて，労働者の職業の安定に資するため，失業の予防，雇用状態の是正及び雇用機会の増大，労働者の能力の開発及び向上その他の福祉の増進を図ることを目的とする」と規定し，失業者に対する生活保障とならんで，雇用保険の「積極的雇用政策」を同法の重要な課題とすることを明らかにした．同法にもとづいて雇用保険の事業として，失業給付を行う以外に，新しく雇用改善事業・能力開発事業・雇用福祉事業の事業が行われることになった．1977年から雇用安定事業がそれに加わるが，1989年には雇用安定事業と雇用改善事業を雇用安定事業として統合し，現在の3事業になっている．また，1994年の法改正により，労働者について雇用の継続が困難となる事由が生じた場合に，継続雇用を確保するための雇用継続給付を支給するという制度が設けられている．

### （2）雇用保険の適用事業と被保険者

　他の被用保険者と同じく雇用保険においても，被保険者は，適用事業を前提としてそこで雇用される労働者という形で法律において定められているが，雇用保険の適用事業は，業種，規模を問わず「労働者が雇用される事業」である（雇保5条1項）．もっとも，農林水産の事業のうち一部の事業は，事業所の把握などに困難が予想される等の理由から，当分の間は任意適用事業とされている（暫定任意適用事業，雇保附則3条1項）．この暫定任意適用事業を除けば，雇用保険はほぼ全面適用が実現していることになる．

　雇用保険においてはその「適用事業に雇用されている労働者」が被保険者となる．もっとも，4カ月以内の期間を予定して行われる季節的事業に雇用される者，短時間労働者[12]であって，季節的に雇用される者，短期雇用に就くことを常態とする者等は，被保険者とならない．これらの者は，雇用期間が短い，就労日数が少ない等のため受給資格を満たす可能性が小さいため，雇用保険に加入させてもその実益がないと考えられたのである．

　しかし，パートタイマーも，1週間の所定労働時間が20時間以上であって，1年以上引き続き雇用されることが見込まれ，当該就労によって得る賃金の額が家計補助的なものでない（年収90万円以上）場合には，短時間労働被保険者として，雇用保険の被保険者とされることになっている．登録型の派遣労働者の場合も，反復継続して派遣就業すること（1年以上雇用継続の見込みのあること），および賃金が家計補助的なものでないこと（年収90万円以上あること）のいずれにも該当する場合には，雇用保険の一般被保険者とされることになっている（昭和61・6・19職発369号）．ただ，年収90万円，1年以上雇用継続の見込みといった基準は，きわめて微妙であり，これを口実に雇用保険の被保険者としないケースもみられる[13][14]．

### （3）保険関係の変動に関する届出と確認

　被保険者資格得喪の手続きとして雇用保険法では，他の社会保険と同じく，保険者への保険関係の変動に関する「届出」を要求している．届出義務者は使

用者たる事業主である（雇保7）．この届出は，すでに生じている被保険者資格の得喪の事実を保険者に認識させ，保険関係が成立または消滅していることを把握させるための手続き的行為にすぎず，この届出によって被保険者資格が発生し，または消滅するわけではない．

　さらに雇用保険法では，被保険者資格の取得・喪失を確実に把握するため「確認」の制度をおいている．そして失業給付を受ける等の権利を行使しようとする者は，被保険者となったこと，被保険者でなくなったことの確認をへなければその権利を十分に行使し得ないことになっている．この確認は，(1)事業主からの届出，あるいは(2)被保険者または被保険者であった者からの請求にもとづいて，または(3)職権で労働大臣が行うことになっているが，確認に関する労働大臣の権限は，公共職業安定所長に委任されている（雇保則1）．ここで確認とは，行政法上，特定の事実関係または法律関係に関し疑義または争いがある場合にあるいは疑義または争いが生じやすい法律関係について公の権威をもってその存否・正否を確定する行為をいう．被保険者資格の得喪の確認は，事実を事実として確認する行為であるから，裁量行為ではなく，行政庁は法定の要件に該当する事実があるかぎり必ず確認を行わなければならない（行政手引20501）．しかし，使用者が本来雇用保険の被保険者とされるべき者について雇用保険の手続きをとっていない場合，結局，確認がなされていないため，被保険者としての権利行使が不可能という結果になることが少なくない．

## 12-6　労災保険

### （1）保険加入者としての事業主

　健康保険，厚生年金保険など被用者を対象とする社会保険では，所定の要件を満たしている事業を適用事業とし，その適用事業場で常用的に使用されている労働者が保険に加入することになっている．保険加入者は，保険事故が発生した際に保険給付を受ける者であるという意味では被保険者でもある．これに

対して，労災保険では，保険加入者は，事業主であり，事業主が保険者である政府に対して保険料を支払い，業務災害などの保険事故が生じた場合には，政府が，いわば被保険者である労働者またはその遺族に一定に保険給付を行うことになっている．このように保険加入者と保険給付の受給者が同一人ではない点が労災保険の特色である．適用事業の事業主は，新たに事業を開始した日に自動的に労災保険（労働保険）の保険関係が成立する．

### （2）適用事業

　労災保険は，「労働者を使用する事業」をすべて適用事業とする（労災法3条1項）．換言すれば，労災保険は，労働者が1人でも使用されるあらゆる事業に，その業種・規模に関係なく適用されることになっている．したがって，常時5人未満の労働者しか使用しない商業・サービス業についても労災保険は適用がある．しかし現在なお，事務処理体制の整備されるまでの経過的措置として労災保険が適用されない事業が，常時5人未満の労働者を使用する農林水産の個人経営の事業につき残っている（暫定任意適用事業）．

　なお，例外的に，若干の非適用事業が認められている．非適用事業は，まず第1に，国の直営事業であり，第2に，労基法別表第1に掲げる事業を除く官公署の事業，第3に，船員保険の被保険者である（労災法3条2項）．これらの者に労災保険が適用されないのは労災保険に代わる独自の災害補償制度があることによる．

　1969年に制定された「労働保険の保険料の徴収等に関する法律」（以下では「徴収法」と略す）によれば，労災保険法による労災保険と雇用保険法による雇用保険を総称して「労働保険」という．労災保険法と雇用保険法の両者とも，適用事業についてはそれぞれ独自に規定しながら，その保険関係の成立および消滅については徴収法の定めるところに委ねている（労災法6条，雇用保険法5条2項）．

　徴収法によれば，労災保険と雇用保険の両者とも，適用事業については，その事業が開始された日，または当該事業が適用事業に該当するに至った日に労災保険または雇用保険に係る労働保険の保険関係が成立する（3条，4条，同付則3条，整備法7条）．この保険関係は事業主の手続きをまつことなく自動的に成

立し，事業主の保険料納付義務を発生させることになる．もっとも，平成8年の適用事業所数は268万5000であるのに対して，総務庁の「事業所・企業統計」によれば，平成8年9月末の事業所数は約652万2000であり[15)]，この差がすべて未加入というわけではないであろうが，零細な事業ではなおかなりの数の労災保険の未加入事業が存在することは否定できない．ここにも強制保険の実効性ないしは中小零細事業主の「遵法精神」に関わる問題が存在するように思われる．なお，労災保険の暫定任意適用事業については，事業主が労災保険の加入申請をし，労働大臣（中央省庁再編後は厚生労働大臣）の認可があった日に，労災保険に係る保険関係が成立する（整備法5条1項）．

## （3）労災保険法における労働者

労災保険法の保護を受ける労働者は，上記の適用事業で使用されている労働者であり，雇用形態（常雇いか臨時工か，アルバイトかパートタイマーか，登録型の派遣労働者か常用型の派遣労働者か）のいかんを問わない．ここで労働者とは，労基法9条にいう労働者と同一であると解される．労基法上の労働者であるかどうかは，同法の適用事業で「使用される者」であるかどうか，「賃金」が支払われているかどうかによって定まることになる．「使用される者」とは，一般に他人の指揮命令に従って労務を提供する者をいうが，学説では，これを使用従属関係と捉える説が多い[16)]．この使用従属関係の存否をいかなる基準にもとづいて判断するかについて学説は，雇用契約か請負か委任かといった外形的な契約形式・名称で判断するのではなく，労務遂行過程における実質的ないし事実上の使用従属関係の有無によつて判断すべきであるとしている．もっとも，使用従属関係といってもそれが具体的に現れる形態・程度は必ずしも一様ではない．それゆえ，次にあげるような諸点，すなわち，①専属関係の有無，②仕事の依頼・業務に対する諾否の自由の有無，③勤務時間の拘束，勤務場所の指定の有無，④第三者による代行性の有無，⑤業務遂行過程での指揮命令の有無，⑥生産器具・道具等の所有（帰属）いかん，⑦報酬が労務の対償たる性格をもつか否か，などを総合的に考慮して判断すべきであるということになろう[17)]．なお，不法就労の外国人にも労災保険は，当然のことながら適用される．派遣労働者の場合，労災保険に加入して適用の手続きをとる義務を負うのは，派遣元の事業

主（派遣労働者の雇主）である．

　労働者と認められれば，その者の労働災害あるいは通勤災害については，当該労働者の使用者が労災保険の加入手続きをとっていなかった場合にも，労働者・その遺族の請求にもとづいて法定の保険給付が行われる．その意味では，労災保険は，強制保険としての機能をはたしているといえる．使用者に対しては，保険給付に要した費用の全部または一部についての費用徴収が行われることになる（労災法25条）．

　なお，事柄の性質上，統計があるわけではないが，労働災害をこうむった労働者が労災保険給付の請求の手続きをとらずに（使用者がその手続きを行わない等のため），健康保険等の医療保険を使って対処するというケースがみられる．このようなケースは，職場に労働組合があればチェックされることであるが，労働者に法律の知識がないこと（労働災害については健康保険の適用がない，労働災害かどうかの認定がときに簡単に行えない等）もそうした対応がなされる一つの要因となっている．

## 12-7　結びにかえて

　以上，わが国の社会保険の中小企業労働者に対する適用をみてきたが，労働者であってもどのような法律が適用されるかは，当該労働者の使用されている事業所の規模・業種の違いによって異なっており，また，パートタイマー，派遣労働者においては，就労の実態が常用的かどうか等によって適用社会保険の適用除外に該当する場合もあれば，該当しない場合もあるというように複雑な構成になっている．今後，雇用の流動化，多様化が進めば社会保険の適用についてさらに複雑なケースが出てくることが予想されるが[18]，労働者に保障される受給権の範囲・程度について，できるかぎり見通しのよい透明性の高い制度構成が望まれる．また，労災保険を除く社会保険にあっては，強制保険とされながら，使用者が保険加入の手続きをとっていなかった場合，被保険者であるはずの者も給付が受給できないという不利益をこうむることになる．これに対するサンクションとして使用者に対する損害賠償が考えられているが，これも

「強制保険」としての効力を追及することで解決を図るのが筋というべきであろう。

## 第12章 註

1) もっとも、ドイツにおいても長期保険たる年金保険については、この原則は文字通りには貫徹されていない。
2) たとえば、ドイツで「故意に未払いとされた保険料」については、弁済期に達した暦年の経過後30年で消滅時効にかかるとされ、簡単には免責されない仕組みが採られている。『ドイツ社会法典第4編』28条但書。
3) 国民年金法では被保険者の3分の1が保険料を実際上納めていないため空洞化が問題になっているのは周知の事実であり、国保の場合も保険料・保険税の収納割合・徴収率は平成9年度で92.4パーセントである。
4) 1998年には、国民総医療費は、28兆8000億円と推定されているが、そのうち、老人医療費は36.2パーセント、10.4兆円を占めている。
5) 政管健保適用状況（社会保険庁調）、社会保障統計年報平成10年版（平11年、法研）178頁。
6) 最2小判昭和40・6・18判時418・35、名古屋地判昭和60・9・4判時1176・79も同旨。なお判旨中の「都道府県知事」は、2000年4月以降の機関委任事務の廃止により、現在は削除されることになる。
7) 認定対象者が60歳以上の老年者の場合または厚生年金保険法の障害厚生年金の受給要件に該当する程度の障害の状態にある場合は、180万円未満。
8) 認定対象者が60歳以上の老年者の場合または厚生年金保険法の障害厚生年金の受給要件に該当する程度の障害の状態にある場合は、180万円未満。
9) 白井晋太郎『パートタイム労働の現状と労務管理』（昭60年、労務行政研究所）182頁以下、菅野和夫『雇用社会の法』（1996年、有斐閣）198頁以下等。
10) 現在、医師、歯科医師、薬剤師、食品販売業、土木建築業、理容・美容業、弁護士、税理士等が国民健康保険組合を設立している。
11) 京都地判平成11・9・30賃金と社会保障1256号116頁。
12) 1週間の所定労働時間が、同一の適用事業に雇用される通常の労働者の1週間の所定労働時間と比べて短く、かつ、労働大臣が定める時間数［現在30時間］未満である労働者。
13) 平成12年の雇用保険法の改正で年収90万円要件は廃止されることになった。
14) 雇用保険の適用事業で雇用されていた労働者が、事業主が雇用保険加入手続を懈怠したことで基本手当相当の損害をこうむったとして損害賠償を請求したケースで、裁判所は、事業主の本件不履行によって労働者に基本手当相当額の損害が生じたとはいえないとして請求を棄却するものがある（大阪地判平元・8・22労判546号27頁）。
15) 前掲『中小企業白書』（平成11年版）26頁。
16) 学説の動向については、安枝英訷・西村健一郎『労働基準法』（1996年、青林書院）28頁以下参照。
17) 大塚印刷事件、東京地判昭48・2・6労判179号74頁参照。これはタイプ印刷等を業と

する会社から頼まれて「筆耕業務」に従事してきた者が会社から「解雇」されたとして雇用契約確認，賃金支払を求めたケースであるが，裁判所は，本文中にあげた基準に照らして上記契約は雇用契約ではなく，原告は労働者に当らないとして請求を棄却している。
18) 在宅就労，テレワーク等に従事する者を「労働者」とみるかどうか，どのような基準をあてはめて判断するかは，難しい問題である。

# 第13章　中小企業における社会保障

フランツ・シュランク
津田小百合
カールフーバー＝吉田万里子
村中孝史訳

## 13-1　被用者社会保険と労働法の実施

　少し奇妙な印象を与えるかもしれないが，最初に，被用者の強制社会保険のあり方が，労働法に対して与える間接的な影響について述べてみたい．労働法の実施，したがってその実効性はそれが知られていることを前提条件としており，その意味においてそれは個々の労働法規制に関する知識と密接に関連している．労働法の規定は煩雑でかつ詳細にわたるため，労働法に関して見られる誤りの大部分は，遵守意思の欠如よりもむしろ知識不足に基因している．このことは，最近発表されたトーマンドルの調査でも裏付けられている（第1部第5章参照）．この点，専門の事務職員をおける大企業の方が，中規模企業やとくに小規模企業よりも困難が少ないことは明らかである．さらに小規模企業の場合，特別な被用者代表による監視や介入が実際に行われることはないし，また，法的に見ても多くの場合そのような規定を欠いているということも考えておく必要がある[1]．

　このような観点から見た場合，まさに中小企業にとってASVG（＝Allgemeines Sozialversicherungsgesetz, 一般社会保険法) は特別に大きな意味をもっている．というのも，それは，被用者社会保険の届出制度や保険料制度（被用者負担分についても[2]）に関する義務を使用者に課すだけでなく，保険料額を，少なくとも被用者が請求権をもつ賃金と連動させているからである．すなわち，ASVG 49条1項によれば，社会保険料算定の基礎は，被用者が雇用関係に基づき請求しうる賃金あるいはそれ以外に雇用関係に基づき得るところの賃金である．税金の場合は，実際に支払われた賃金額を基準に税額が決められるが，被用者の社会保険料算定基準に関しては，それぞれの労働法上の最低賃金額が絶対的な最下限として適用される．

　社会保険組合（具体的には健康保険組合）は，保険料請求権の時効消滅をできうる限り回避するために，適切な間隔で定期的に事業所における保険料監査を行っているが，上述のような特殊事情があるため，その監査においては，被用者への実際の賃金支払額がそれぞれの労働法上の最低基準（とりわけ法律と労働協約）を満たしていたどうかについても重点的な審査がなされる．実際の賃金支払額が一般的に，または個別的にこの最低基準を下回っている場合，賃金請求権原則に基づき，この最低基準が保険料の算定基礎とされ，それに応じてより高額の保険料が徴収されることになる．それゆえ，保険料の差額は使用者に追徴され，場合によっては強制的に徴収される[3]．

　社会保険ができるのは保険料の追徴だけであり，使用者に賃金差額の支払いを義務づけることはできない．しかし，このように，労働法を熟知する保険料審査官によって，労働法規定が守られているかどうか，また，どの規定がどの程度守られていないのか，もしくは誤って適用されているのかということが，およそ3年の周期で定期的に使用者に知らされることになる．これは少なくとも，直接的または間接的に賃金請求権が対象となるか，または帰結される範囲内で妥当する．誤りが法的無知に基因しており，使用者，とくにその労務管理職員や上司にできるだけ誤りを避けようという意思があることを考えれば，経験から言って少なくとも将来については，被用者への賃金給付額の修正が行われる．それゆえ ASVG による保険料義務の特殊なコンセプトは，間接的にではあるが，とくに中小企業で労働法を徹底させるのに大きく貢献している．

　これとの関連で，とくに以下のような問題領域にも触れておく必要がある．それらにおいても，上述のような制度がなければ，労働法の実効性が格段に低

下するであろう．

　法律には直接的な最低賃金規定がないので，最低賃金はそれぞれの部門別労働協約によって決められる．とくに複数の産業部門にまたがる事業所の場合，労働組織法9条および10条が定める調整ルールに従って適用協約を決定することは，常に容易というわけではない．また，部分的には，複雑な格付け規定や勤務年数通算規定も，誤りをもたらす原因となる．さらに，特定の勤務時間や超過時間に対する様々な割増手当や協約上の実収賃金条項も，充分な透明性をもっているわけではない．同じことは，通常基本給の約6分の1および，賃金全体の中で大きな意味をもつ特別手当についても言える．

　一定の超過勤務が推定される業種または事業所（飲食店，運輸業）の場合，社会保険料審査官は，超過勤務時間の欠落や過小評価を指摘するために，法的に義務づけられている労働時間記録を利用することもしている．労働時間記録に瑕疵や欠落がある場合，法律上認められた推定が適用される．それによる保険料の追徴請求は，多くの場合，将来的に該当被用者の俸給総額を修正させることにつながる．

　オーストリア労働法の重要な構成要素の一つとして，一定の不就労時間について賃金請求権を認めるというルールがある．たいていのケースについては，賃金全額の支給を内容とする喪失賃金原則が適用される．たとえば有給休暇，疾病やその他の労働障碍，休日の場合などである．この原則によると，不就労がなければ支払われたであろう賃金が確定された上で支払われなければならない．経験上このルールの実施は部分的に容易でないところがあり[4]，その結果，被用者に不利な形で誤った取扱がなされることが少なくない．その誤りは，社会保険料審査官が発見し，たいていの場合，将来に向かって被用者に有利な形で修正される．

　近年，自営的な労働形態が増加しており，しだいに労働法の適用を受ける従属的雇用関係に取って代わっている[5]．もちろん，必ずしもすべての請負契約や委任契約が，実際にもそうであるわけではない．丹念に観察すれば，その多くの背後には，人的従属性が認められる雇用関係が隠れており[6]，したがって，多くの場合，ASVG 4条2項により強制的被用者保険の適用を受けるだけでなく，労働法上の強行規定が適用されるものでもある[7]．このことは，契約当事者にしばしば十分に認識されておらず，それゆえ，そのために必要な契約内容と

なっていなかったり，不十分な内容でしかなかったりする[8]．これに関しては，労務管理能力が高いがゆえに必要な法知識をもっている大企業の場合よりも，まさにそれを欠く中小企業において問題は深刻である．

したがって，そのような隠れた従属的稼得関係を職権で暴き出すことは，社会保険料審査官にとって実務上重要な活動内容の一つである．これは，自立的被用者と請負労働について社会保険が義務づけられてからも変わらない．被用者社会保険の法的優位とそれに付属する（より高額の）保険料および保護への期待感は，少なくとも正しい制度への加入を求めているのである．したがって，その限りで社会保険法は，間接的に強行的労働法の徹底をもたらす．そのような手続には正式の決定が必要であり[9]，その結果，（たいていは保険料の後払いを課せられない）被用者も手続当事者となり，したがって，その結果を知らされる．被用者は，手続自体に自ら積極的に影響を及ぼさないとしても，しばしばそれを通じてどのような法的地位が与えられているのか，どのような労働法上の請求権 ── とりわけ最低賃金，不就労時間に対する報酬，場合によっては離退職一時金など ── をさらに行使できるのかを，はじめて知ることになるのである．

しかしながら，請負人あるいは自立的被用者が，自ら被用者保険を取り扱う社会保険者のところに出かけ，自分の稼得関係にとって適切な制度へ加入した場合に与えられる援助を受けようとすることも少なくない．社会保険がしかるべき法手続において強力な証拠および事実関係の確認手段を用いて行う「転換」は，当事者による労働法上の請求権の主張をかなり容易にする．実際，必要に応じてその後訴訟がもち込まれてくる労働・社会裁判所においても，まったく違った判決が下されることはほとんどない．したがって，「やはり被用者でしかない者」にとっては，そのような労働・社会裁判所における「事後訴訟」の費用リスクはわずかなものである．

## 13-2　自営業者の強制保険—「小規模自営業者」に対する負担軽減

### （1）はじめに

　使用者に管理が課せられており，また，使用者が保険料の半分以上を負担している被用者の社会保険とは反対に，自営業者の社会保険は，原則として自営業者自身の問題であり，彼らに仕事を委託する様々な人々には無関係の問題である．しかし，これについては，(1996年ないし1998年に[10]) 社会保険加入義務がすべての稼得活動を対象とするようになって以来，一つの重要な例外がある．すなわち，主として自らの労働力だけを投入し，それゆえ単なる「小規模自営業者」でしかありえない自営業者に関する特例である．これについては後述する．

　最近，強制保険がすべての自立的な稼得活動に拡大された結果として，GSVG（＝Gewerbliches Sozialversicherungsgesetz，自営業者社会保険法）に根拠をもつ自営業者の伝統的な社会保険においても根本的な見直しが行われた．それまでは，自営業者の営業能力は，給付のために必要となる保険料の発生や，よい年金額を保障するために比較的高く設定された最低保険料の額に追いつかなかったが，ここではじめて小企業の営業能力に焦点が当てられ，その結果，比較的わずかな経済的収入しかない場合，保険義務が発生しないか（新規自営業者の場合），あるいは，疾病・年金保険を免除される権利が与えられた（伝統的な個人企業の場合）．この措置および最低保険料を低く設定することにより，法政策上は，――いわゆる新規自営業者については一般的に，また，伝統的な自営業者については独立後最初の3年間について――合法的な独立への途，すなわち，小企業の設立を容易にすることが意図されている．これらに関して，以下で簡単に述べることとする．

## （２）事業性を欠く自立的被用者と従属被用者との広範な同一化

　自立的被用者は，おおむね人的に独立している結果，法的には自営業者である[11]。しかしながら，オーストリアの立法者は，最近行われたほとんどすべての稼得活動への強制保険の拡大の中で，個々の事例において GSVG あるいは FSVG（＝Freiberuflichen-Sozialversicherungsgesetz，自由業者社会保険法）の保険要件の特別な条件に該当しない限り，これらの人々を原則として（もっぱら従属的な被用者に向けられている）ASVG に組み込んだ（ASVG 4条4項）。この組み込みと結びついてきたのは，従属被用者の強制保険とこの強制保険との広範な同一化であり，これは最近の改革においてさらに強化されている。すべての自営業者社会保険とは異なり，社会保険の全責任が被保険者自身にではなく，委託者に課されており，しかもそれは複数の意味においてそうされている。まず原則として，委託者（使用者）のみに申告義務と保険料納付義務が課されている[12]。また，委託者は，使用者として直接，全保険料の半分を超える 17.2％を支払わなければならない。その上，保険料の算定基礎は，被用者においてと同様，税込み報酬であって経済的利益ではない。さらに，1998年の年初以来，ASVG 加入義務のある自立的被用者にも，（大きく修正はされているが）被用者に関する ASVG の通常の小額規定が適用されている[13]。

　憲法裁判所[14]によっても基本的に是認されている社会保険法上の広範な同一化は，以下のように考える場合にのみ納得しうるものである。すなわち，立法者は，特定の「小規模自営業者」を真の事業者とはみなさず，彼らを基本的に従属的な被用者に近いものと評価している，と考えられるのである。そのように見ると，自立的な被用者を ASVG の強制保険に包摂することは，特定の小規模自営業者を有利にする特別ルールであることがわかる。この同一化によって，人的に独立した雇用関係へのシフトが使用者にとって魅力を失い，その結果，伝統的な標準的労働関係が維持されるということも意図されていたとしても[15]，この見方が変わるものではない。

　この同一化においては，結局のところ特定の事業性を欠く「小規模自営業者」に対する特別ルールが問題になっているにすぎない，ということは，以下の点から明らかとなる。第1に，ASVG 4条4項が対象としてきたのは，また現在

においても対象としているのは，営業許可とそれに付随する商工会議所のメンバーシップに基づき正式に事業者とみなされることのない自立的被用者だけである，という点である[16]．第2には，初年度の1996/97年において，ASVGによって保険加入義務があるとされたのは，委託者が1人ないしわずかしかおらず，それぞれの市場や部分市場において企業として活動していないという意味で，経済的に従属している自立的被用者のみであるという点である．基準とされたのは，5未満という委託者の数である[17]．1998年以来，確かにその被用者がどちらに当たるかを決める際に，委託者の数はもはや明示的な役割を果たしてはいないが，しかしながら，決定が困難なケースにおいては，それは引き続き意味をもつ[18]．いまやASVGによって保険加入義務があるとされ，したがって，被用者と広範に同一化されるのは，契約上義務づけられた労働を大部分自分自身で行い，かつ，重要な設備・機器を独自にもっていないような自立的被用者だけである．個々のケースにおいてどちらに当たるかを決めることは困難かもしれないが[19]，事業性を欠く自立的被用者だけがASVGの適用を受け，他方，企業として活動しているすべての自営業者が，自立的雇用契約の有る無しにかかわらず，従属的被用者との同一化の対象にされない，ということは明らかである．したがって，ASVG 4条4項に基づく特別な要件を満たすのが，相当の資本投入をすることなく自らの労働力のみに依拠する自立的な被用者だけであることを考慮すると，通常，小規模自営業者だけがこれに該当することになる．彼らだけが，使用者による保険料支払と，自ら社会保険について手続きをしなくてもよいという負担軽減を享受できる．

　こういった活動からの――いわゆる最小限度額に達しない――小額収入については労災保険だけが適用されるが，被用者の場合と同様，1998年以降当該被用者がその他にもASVG加入義務のある稼得活動を行っており，その全収入が最小限度額を超えている場合には，相応の被用者保険料の納付義務をともなう完全保険加入に至ることもある（ASVG 53 a条3項，4項）[20]．他方，わずかな稼得活動を行う自営業者あるいは自立的被用者が，健康保険および年金保険の対象となっていないにもかかわらず，使用者が，ASVG 53 a条1項，2項により，一定額の使用者保険料を年金保険および健康保険に納付しなければならないといったケースも多くある．しかし，また，小額の収入しかない就業者が，ASVG 19 a条に基づいて非常に少ない保険料の優遇を受けて健康保険および

年金保険に（任意に）自ら加入することもできる．このような義務保険と任意保険の組み合わせによって，企業として活動していない「小規模自営業者」も，失業保険を除けば，社会保険による包括的保護を受けられることとなる．

### （3）個人企業—GSVG 健康保険および年金保険の一部免除

商工会議所に（たいていは営業権に基づき）加入している自営業者は，その事業利益の多寡にかかわりなく，GSVG に基づく健康保険および年金保険や ASVG に基づく労災保険にカバーされている[21]．GSVG の保険料は，確かに経済的利益（収益）によってのみ算出されるが，利益がわずかである場合や赤字の場合のために最低保険料が定められ，これが比較的高く設定されているため（GSVG 25 条）[22]，毎月の保険料負担が大きくなり，経済的に負担できなくなる結果，そのような仕事の受注をせず，あるいは諦めるといった事態に追い込まれるといったことが生じうる．1998 年に新たに導入された（いまだ営業権に基づいて活動していない）いわゆる新規自営業者[23]のための補足的な強制保険が，保険限度を超える収益のある場合にのみ適用されることになったため[24]，結局，立法者は伝統的な自営業者の場合にも，収益力のない小規模企業のために例外措置を設け，このような小規模企業が，一方で営業上合法的な独立への道を経済的に塞がれないように，他方で，営業法ではほとんど把握されない新規自営業への「逃亡」をはからないようにすることを迫られた．

1999 年以降，GSVG 2 条 1 項 3 号に基づいて保険加入義務を負っている（つまり社員ではない）個人事業主は，独立の稼得活動からの年間売上が 30 万シリングを超えず，しかもその収益（つまり利益）がその年の最小限度額（1999 年においては 4 万 6788 シリング）を超えないことを証明できた場合，申請によって，健康保険および年金保険における強制保険から免除されうる（GSVG 4 条 1 項 7 号）．免除のための要件は，売上および利益がこの限度額を実際に超えないということである（そうでない場合，保険料を事後納付しなければならない）．

この免除可能性が，GSVG の規定により直近の 60 暦月間に 12 ヶ月を超える保険加入義務がなかった小規模自営業者にしか開かれていないというのは，実際上も，また，憲法上の平等原則という側面から見ても問題のあるところである．すなわち，1998 年以前にすでに公式に独立した者，あるいは，独立した稼

得活動をしている間にはじめてこの売上限度額および利益限度額を下回った者は，――すでに ASVG によって高い保険料で保険加入していない限り――引き続き高い最低保険料を負担しなくてはならない．もっとも，これらの者がその独立した稼得活動を放棄するとか，あるいは営業権をもたずにそのような活動をするようになれば話は別である．結局，立法者に残された道は，このような，あるいは類似の免除可能性をすでに長い間保険に加入している強制被保険者についても妨げないということしかない．

（4）「新規自営業者」―経済的成功を条件とした強制保険と保護のオプション

以上の問題がより深刻となるのは，1998 年以降導入された GSVG 2 条 1 項 4 号によるいわゆる新規自営業者に関する補足的保険の要件について，保険加入義務がまず一定の経済的な成功があってはじめて課せられ，またその場合でも，該当者に対する保険料に関して有利な保護を受ける可能性が開かれているからである．請負契約，その他の非雇用契約あるいは事業性のある自立的雇用契約に基づいて，すでに GSVG 2 条 1 項 1 号ないし 3 号または 3 条に基づき保険加入義務が課されることなく独立の稼得活動を行っている者を[25]，そこから生じた収入，すなわち経済的利益が，その年の該当する保険限度を超えている場合にのみ，保険加入義務が課せられる[26]．

もっとも，統一的な限度額は選択されなかった．さらに，多様に定められた限度額は，給付の必要ではなく明らかに財政的負担能力を基準に設定されており[27]，該当者がどのような他の稼得活動を行っているのか，また，その者はすでに社会保障法上の所得補償給付を受けているのか否かによって区別されて規定されている．この結果，社会保険法上の矛盾を生じ，保護の必要性がより大きい人々よりもすでに他の原因に基づき被保険者や被扶養者になっている人の方が，先に強制保険の適用を受けることになっている．すなわち，

　当該暦年に GSVG 2 条 1 項 4 号の枠内でのみ稼得活動を行っており，かつ，社会保障法上の所得補償給付――年金，官吏年金または恩給，疾病手当または出産手当，育児手当，SUG（特別援助法）に基づく特別援助金，失業保険法に基づく金銭給付――を受給していない者には，年 8 万 8800 シリ

ングの保険限度額が適用される（GSVG 4条1項5号）．この保険限度額は，自動的に金額調整されることはない．

当該暦年に上記以外の形で継続して稼得活動を行っている者——したがって，とりわけ従属的被用者または ASVG 4条4項に定めるところの自立的雇用契約の枠内にある者または GSVG 2条1項1号ないし3号に定めるところの営業上独立している者または同法3条3項に基づき独立している者——，あるいは前述した社会保障法上の所得補償給付を受けている者（たとえば，年金受給者[28]あるいは官吏年金受給者）には，GSVG 4条1項6号により，わずか4万6788シリング（1999年）の保険限度額（これは毎年変動する）が適用される．ただし，この額はこれらの自営的活動およびそれ以外の GSVG への加入義務のある稼得活動からの収入すべてにかかる．

保険限度額は，該当する収入額を直接の対象とするものではなく，保険料算定基礎を問題にするものである．この保険料算定基礎は，GSVG 25条4項2号a・b に挙げられている額の12倍を超えてはならない．そのため，結局，GSVG 25条1項ないし3項の詳細な規定に従った，当該収入の実際額（＝GSVG 25条2項3号[29]）に基づく減額はないが，GSVG 25条2項1号および2号の意味での加算を考慮に入れた，こうした活動からの収入あるいは利益）だけが問題となる．税法上の収入に焦点を合わせることで，限界的な事例において，保険の加入・未加入を必要に応じて操作しうる自由が生じることになる．つまり，購入や投資の（早めの）控除は，利益をそれぞれの保険限度額以下に抑えることができる．同様に税法上の現金主義（Zuflussprinzip）の結果，報酬請求や料金請求を次年度回しにする，もしくは当年度でも時期的に後の方に回すことで，支払が次年度になされ，そこではじめて課税させることによっても，同じ効果を得ることができる．

限度額の例外に該当するかどうかは，この操作可能性にもかかるが，結局は事業の成功・不成功に左右され，それゆえに，多くのケースでははじめから明確に決定できるわけではない．このことは，健康保険および労災保険においては，給付の保護という観点からして社会政策的にほとんど容認できないことであるし，また，年金保険においても，保険の展開にとって問題を生じるものである．このような理由から，改正法では予防措置（Absicherung）ないしは任意加

入 (Opting-in) という二つの可能性を定めており，それによって，保険限度額を超えていないことを理由にした保険除外が取消されたり，制限されたりする．すなわち，

　第1の可能性とは，中小工業社会保険庁に対して，GSVGによる納付義務をともなうすべての事業から生じた収入が，当該暦年度において考慮されるべき保険限度額（4条1項5号ないし6号）を超えるであろうと申告することである（月末ごとにいつでも撤回可能[30]）．この超過申告は，結局のところ保険限度額に達しない場合でも健康保険，労災保険，年金保険における義務保険をもたらすが，それは同時に，保険料がどのような場合でもその他の営業状況に応じて月額7400シリングから3899シリングまでとなる最低保険料算定基礎に基づいて毎月支払われなければならない[31]，ということを意味する（GSVG 25条4項2号）．超過申告は，複数保険に際しての一部除外に影響を与えるものではない．したがって，極端な事例においては，労災保険保険料のみが納付されたり，あるいは労災保険料が商工会議所への所属からすでに生じているために，（追加的な）労災保険料が納付されないこともある．

　第2の保険料を有利にする可能性は，GSVG 3条1項2号に基づき，GSVGの健康保険においてのみ義務保険を申請するという方法である．健康保険は労災保険をともなう．最終的に予想に反して保険限度額を超過しても，この時点での健康保険申請があれば，追加的に支払われるべき健康保険および年金保険の保険料について，超過申告がない場合につきGSVG 35条6項が規定する9.3%の追徴金を払わなくてもよいという，副次的なメリットがある．

　小規模自営業者に選択が委ねられたこの保護オプションによって，保険限度額以下の収入圏にある人々にとっては，義務保険のコンセプトと任意保険のコンセプトとの間の相違はもはや存在しないと言ってもよい．望む者は強制被保険者のように扱われる．被保険者になりたくない者は被保険者になる必要はない．それが個人的なリスクとも結びついていることは，労災保険の保護との関連で後述する．

## （5）特定小規模企業のための低額の最低保険料算定基礎

　今までの説明からすでに明らかになったように，いわゆる新規自営業者には低額の，つまり有利な最低保険料算定基礎が認められている。超過申告と申請に基づく健康保険は，保険限度額での最低保険料算定基礎のみをもたらすので，保険限度額を超える収入（収益）があった場合に，より高額の最低保険料算定基礎が定められるとすれば，それは一貫性を欠き，理解しうるものではない。したがって，GSVGはこのような人々に対し，被保険者が新規自営業者としてのみ活動している場合，月額7400シリング（仮の収益）という特別な最低保険料算定基礎を規定している。彼がその他の稼得活動を行ったり，すでに社会保障給付を受けていたりした場合，最低保険料算定基礎はさらに下がり，月額3899シリングとなる。どちらの最低保険料算定基礎も，GSVGによる従来からの被保険者である自営業者に関する1万4009シリングという最低保険料算定基礎よりも，ずっと低額なのである。

　もしも，これによって小規模企業からいわゆる新規自営業者への移行が生じることを立法者が望まないならば，伝統的な被保険者たる自営業者に関して，社会政策上何らかの措置をとらざるをえないことは明らかである。もっとも今までのところ立法者は，事業者に対し最初の3年間について同等の優遇を与えることができただけである。すなわち，1999年1月1日以降に営業活動が開始されたということを前提条件に，最初の3年間について，月額1万4009シリングという通常の最低保険料算定基礎よりもずっと有利な7400シリングという最低保険料算定基礎が適用される。しかし，これでもいわゆる新規自営業者に妥当する3899シリングという算定基礎よりは不利である。したがって，最低保険料算定基礎に関しても，小規模企業の領域では相変わらず一貫性を欠いており，不平等が存在するため，このような状況を長期的に維持することは不可能である。

## 13-3 　年金保険—「小規模自営業者」に対して（のみ）の失業保護

　稼得活動においてもっぱら自己の労働力と能力に頼らざるをえないような自営業者に関しては，その能力が減退した場合，多くの従業員がいる企業を率いる自営業者よりも保護の必要性が大きいことは明らかである。
　これに関して，事業性を欠く自立的雇用契約により，主として一人で，かつ，独自の営業手段をもたずに活動しており，それゆえに ASVG 4条に基づいて保険加入義務のある自営業者の場合，はじめから，年齢に関係なく，より有利な従属労働者の失業保護によってカバーされる。ただし，ブルーカラー労働については，短期であれ長期であれ職業訓練を受けたことのある仕事の場合だけ（ASVG 255条1項）そのような保護があり，ホワイトカラー労働の場合には，とくにそのような制限はない（ASVG 273条）[32]。したがって，この種の小規模自営業者の場合，従属被用者として同様の稼得活動に従事する者と比べて，年金法上何の不利もない。
　他方，小企業についても同様に妥当する保護の必要性については，従来，GSVG は非常に限定的にしか配慮してこなかった。被保険者は，GSVG に基づいて給付が行われる場合，原則として何らの失業保護も受けられない。つまり，彼らが稼得不能年金を受けるためには，一般労働市場において完全に稼得不能でなければならないのである。近年，満50歳以上になれば，自営業者でも失業保護が受けられるようになった。この年齢からは，被保険者が疾病や他の障害，身体的・精神的な衰えにより，以下のような自営的な稼得活動を行えない場合，稼得不能とみなされ稼得不能年金の請求権が認められる。すなわち，被保険者が現在から遡って最低60暦月間営んできた稼得活動の場合と同様の訓練ならびに知識・能力を必要とする自営的稼得活動に従事することができないような場合である（GSVG 133条2項）。これは，55歳から適用される稼得活動保護（GSVG 131c条1項3号）に比べて狭い失業保護となっているが，さらにそれが事業所を維持するために個人的な労務提供が不可欠であるような被保険者にのみ与えられるということによって（GSVG 133条2項b）いっそう制限される。

したがって，結局，この失業保護は，比較的少人数の従業員を雇用している小企業の事業主にのみ妥当するにすぎない．この場合の企業規模の上限は，判例の言うところによれば，業種によって変化するもののおおよそ50人というところである[33]．

## 13-4 特定の「小規模自営業者」に対する保護の欠如

### （1）「新規」自営業者の労災保険

すでに指摘してきたように，経済的な利益がその都度の保険限度額を超える場合にのみ，GSVG 2条1項4号に基づいて，新規自営業者の保険義務が発生する．もっとも，わずかな経済的利益しかあげられなかった場合，健康保険および年金保険に関してGSVGの中でルール化されている例外が，労災保険の領域に関しても適用されることとなる．というのも，ASVG 8条1項3号aに定められた労災保険は，GSVG 2条1項4号による健康保険および年金保険における強制保険，あるいは同法3条1項2号による健康保険における強制保険を明示的に前提としているからである．この結果，労災強制保険とそれにともなうこうした人々に対する労災保護は，たとえ保険限度額を超えていても，あるいは申請によって健康保険に加入した新規自営業者の場合でも，期限どおりに届出をしなかった場合（GSVG 18条）には，保険者に届出を提出した日の翌日にはじめて開始されるということになる．これが，法律上の強制保険の一般原則に反しており，またその点において，まさに労災保険における保護原因に関し，憲法上の平等原則の観点からしても少なからず問題となるのは明らかである（ASVG 10条2項）．

この保険限度額を下回る場合には，超過申告または健康保険申請という方法での任意加入（Opting-in）が行われない限り，労災強制保険もそれによる労災保護も存在しない[34]．労災保険は，――少なくとも原則的には――健康保険の運命に従うこととなるが，保険限度額の超過を届け出なかった場合につき規定さ

れている，（疑わしき場合における）当該暦年のはじめまでの遡及効（GSVG 6 条 4 項 1 号）が，労災保険には明らかに適用されないという実務上重要な追加的制限がある．

したがって，新規自営業者が労災保険による保護を受けたいと望む場合には，以下のことをしなければならない．

　自分が保険限度額を超えるであろうと確信した場合には，期限内に（営業活動開始後 1 ヶ月以内に）社会保険庁に届出を提出しなければならない．この場合，GSVG 2 条 1 項 4 号第 2 文にいう超過申告が出されているか否かは，彼が最終的に限度額を超える限り，労災保険に関しては二次的な問題である（限度額を超えなかった場合には，超過申告が必要）．

　彼が限度額を超えてしまうであろうことを確信していない場合や年金保険を（も）必要としている場合は，超過申告を出す．この措置は，申告が撤回されない限り，保険限度額を超過しなくても，保険からの除外が行われず，したがって，労災保護がなされるという目的および効果をもつものである．むろんその場合，彼がその他の優先的な健康強制保険（たとえば，被用者としてのもの）に加入していることが理由で除外されていない限り，健康保険もそれに連結されている[35]．健康保険は必要とするが，年金保険を（コストを理由として）望まない者は，超過申告を提出せずに，GSVG 3 条 1 項 2 号に基づく疾病「強制」保険の申請をすることになろう．この健康強制保険は，申請をなした次の日から（ASVG 10 条 2 項末文），労災保険とその保護も生じさせる．

労災保険保護についてさえ小規模自営業者の選択に委ねられるという奇妙な制度は[36]，オーストリアの社会保険システム全体において新しいものであるだけでなく異物でもある．こうした制度は，そうでもしなければ，新規自営業者による自己申請が労働災害が起きた後に，すなわち給付を必要とする場合にはじめて行われるであろうという懸念が余りにも強かったということでしか説明できない．ここでの状況が，わずかな就労しか行わない自立的被用者の場合と本質的な部分で異なっていないことを考えれば，原則として所得にかからしめることがとりわけ労災保険にとっていかに誤ったことであるかが明らかになる．少なくとも最終的に保険限度額を超えるようなケースにおいて，事前の届出を

労災保険の要件としたことは，結局，維持しようのない保護の欠落をもたらしている．

### （2）疾病手当

　以上とは異なる保護の大きな欠如が，自らの労務給付が頼りの小規模自営業者に関する健康保険について見られる．このことは，健康保険以外に関しては従属的被用者と広い範囲にわたって同一化をみている ASVG 4 条 4 項にいう自立的被用者の場合，とくに顕著である．この保険要件は，その役務が主に被保険者自身によって提供されなければならないことを求めているが，これらの人々に関しては法律上の報酬継続支払規定がなく，そのため被保険者が疾病時にはまったく報酬（あるいはその補償）を得られないことが明らかであるにもかかわらず，ASVG 138 条 2 項 f は明文をもって，疾病のために労働不能になった場合の疾病手当請求権を認めていない．

　これとは反対に，GSVG に基づいて保険加入義務のある自営業者には，少なくとも追加保険料（GSVG 31 条）を支払って任意の追加保険（GSVG 9 条）を締結する可能性があり，疾病に起因して労働不能になった場合，所得欠損の一部補塡のために疾病手当を受け取ることができる．

　実質的にみると，事業性を欠く自立的被用者に対する保護の欠如は，自営業者は「自分のことは自分で決められる」のであって，それゆえに，とりわけ仕事の依頼が無い場合に疾病手当を悪用するのではないかという懸念からきている．このことやわずかに少ない保険料が，この保護の欠如を実際のところ合理的に正当化できるのかどうかは，少なくとも疑問であるように思われる．しかし，この問題に関する憲法上の疑義を小さくするためにも，少なくとも自立的被用者にも GSVG 9 条および 31 条と類似の追加保険の可能性を認めるべきであることは明らかである．

## 13-5 ま と め

　以上から，中小企業における社会保険については，以下のようにまとめておくことが可能であろう．

　現在の被用者社会保険は，まさに中小企業において使用者の労働法についての知識を増大させ，それによって労働法の実施効率を高めることについて実務上重要な役割を果たしている．保険料負担義務の下限を定めた ASVG 49 条 1 項に基づくいわゆる賃金請求権原則を含む優先的な ASVG 強制保険システムが，とりわけ社会保険者の事業所審査あるいは保険料審査という形で，これに関する原動力となっている．

　主として自分自身の労務提供に頼り，独自の経営手段や営業権をもたない，自立的な雇用契約を基礎とする小規模自営業者の形態については，少し前から，人的に独立した自立的被用者は，社会保険法上，保険および給付の両方の観点について，広範囲にわたり従属的被用者と同一視されている．保護の欠如は，疾病のために労働不能となった場合にのみ存在し，この場合，ASVG はこういった人々に対しいかなる疾病手当も与えておらず，また，GSVG に類似の追加保険の可能性すら規定していない．

　こういった形態以外の自営的な稼得労働はすべて，GSVG 社会保険の下におかれる．この保険も広範囲にわたって届出とは無関係の強制保険であるが，労務，サービス，請負仕事の委託者が受注者の社会保険に関して一切責任を負わないという点で区別される．わずかな経済的利益しか得ていない自営的稼得活動者は，通常，非常に高額の最低保険料算定基礎に苦しむこととなる．これは，実際にはない稼得収入を想定したものであり，それゆえ，かなり大きな保険料負担を生じさせるものの，比較的よい年金の基礎を保障するものでもある．

　これに連関した負担軽減が，一般的にはいわゆる新規自営業者についてのみ存在する．GSVG の伝統的な被保険者は，事業利益がわずかであっても，また赤字が出た場合でも保険加入義務があるが，新規自営業者については，一定の経済的利益限度，つまり利益額を基準とした保険限度額を超えた場合にはじめ

て強制保険が適用される．それにもかかわらず，これらの人々は保険による保護を得る法的可能性，しかも非常に優遇された保険料でそれを得る法的可能性を有している．そのことにより，伝統的な被保険者は，事業利益が少ないと，さらにより重い負担あるいは不利益を課せられることになってしまう．

このような不利益は，近年零細企業が申請によって健康保険および年金保険の義務保険免除を申請できることとされ，また，新設企業には最初の3年間通常の最低保険料算定基礎よりもずっと低い特別の最低保険料算定基礎が適用されることで，部分的に緩和された．しかし，大幅なまたは完全な同一化はまだ実現されていない．

ASVGに加入義務のある自立的被用者たる小規模自営業者の場合とは違い，GSVGに基づいて保険に加入しているすべての自営業者は，継続的に稼得の減少が生じたとしても何らの失業保護もない．年金保険からの所得給付については，一般労働市場において稼得活動が完全にできなくなった場合にはじめて，これを受けることができる．これらの自営業者に対する失業保護は，満50歳以降についてのみ，しかも自営業者自身の労働力が事業所を維持するために必要不可欠である場合，したがって，比較的小規模な企業のケースについてのみ——実体的に適切な限りで——規定されている．その限りでは，小規模企業の自営業者は優遇されている．しかし，これについては，彼らのより困難な個人的状況に対する実質的な埋め合わせであると見るのが正しいであろう．

第3章 註
1）成人被用者が5人以下の小事業場は，経営協議会制度の適用を除外されている．§40 Abs. 1 ArbVG.
2）§58 Abs. 2 ASVG.
3）Vgl. die nähere Darstellung bei *Schrank*, Arbeits- und Sozialversicherungsrecht, 27. Auflage, Graz 1998, 215 ff.
4）仮定的な労働状況が基準とされるからである．これは，平均的な状況を計算することによってのみ適切に認定できることが多い．
5）Vgl. bereits *Schrank*, Die Auswirkungen des Strukturwandel auf das Arbeitsrecht, in *Tomandl/Aigner* (Hrsg.), Japanisches und österreichisches Arbeits- und Sozialrecht im Strukturwandel, Wien 1999, 58 ff ［68, 69 f］.
6）Vgl. *Schrank/Grabner*, Werkverträge und freie Dienstverträge, 2. Auflage, Wien 1998, 16 und 19.

7) Vgl. etwa OGH 28. 8. 1997, 8 Ob A 2347/96x, zu Detektiv-Werkverträgen unter organisatorischer Einbindung und laufender Kontrolle.
8) 契約書作成のヒントと雛型については以下を参照されたい。*Schrank/Grabner*, Werkverträge und freie Dienstverträge², 143 ff.
9) § 410 Abs. 1 Z 2 ASVG.
10) Vgl. hiezu statt vieler die eingehende Darstellung bei *Schrank/Grabner*, Werkverträge und freie Dienstverträge, 1. Auflage, Wien 1997, sowie den Entwicklungsüberblick bei *Schrank/Grabner*², 15f.
11) Vgl. *Schrank/Grabner*, aaO² 23.
12) Näheres bei *Schrank/Grabner*, aaO² 108 ff.
13) Näheres bei *Schrank/Grabner*, aaO² 76 ff.
14) VerfGH 14. 3. 1997, G 392, 398, 399-18, insbes. ZAS 1997, 140 ff.
15) もう一つのより疑わしい問題は、この目標がそれによって達成されるか否か、という問題である。標準的労働関係の侵食が、社会保障法上の防御措置によってさらに促進されることを示す徴候がいくつか見られる。
16) Vgl. *Schrank/Grabner*, aaO 61 ff, sowie aaO² 65 ff.
17) Vgl. *Schrank/Grabner*, aaO 1. Auflage, 32 f.
18) Siehe dazu *Schrank/Grabner*, aaO² 46 ff.
19) Näheres zu den diesbezüglichen Problemfeldern bei *Schrank/Grabner*, aaO² 40 ff.
20) これが回避されうるのは、自営的稼得活動がその種類に応じて GSVG 2 条 1 項 4 号に服する場合だけである。
21) §§ 2 Abs. 1 Z 1 bis 3 und 3 GSVG, § 8 Abs. 1 Z 3 lit. a ASVG.
22) Für 1999 letztlich S 14.009, - monatlich.
23) § 2 Abs. 1 Z 4 GSVG.
24) § 4 Abs. 1 Z 5 und 6 GSVG.
25) Vgl. *Schrank/Grabner*, aaO² 52 ff.
26) Dazu Näheres bei *Schrank/Grabner*, aaO² 89 ff.
27) Ähnlich kritisch auch *Runggaldier*, aaO ÖJZ 1998, 500.
28) 無制限に追加的な稼得をしてよい通常の老齢年金の場合も、より低い保険限度額になる。
29) § 25 Abs. 2 Z 3 dritter Satz GSVG idF 23. Novelle.
30) § 7 Abs. 4 Z 3 GSVG idF 23. Novelle.
31) ただし、GSVG2条1項1号ないし3号による同時強制保険に関し、より高額の最低保険料算定基礎が適用される場合は別である。
32) Vgl. dazu statt vieler *Brodil/Windischgrätz*, Sozialrecht in Grundzügen³, 128 ff.
33) Vgl. OGH 20. 8. 1996, 10 Ob S 2275/96 y, SSV-NF 10/87.
34) § 8 Abs. 1 Z 3 lit. a ASVG idF 55. Novelle iVm § 4 Abs. 1 Z 5 und 5 jeweils letzter Satz oder § 3 Abs. 1 Z 2 GSVG idF 23. Novelle.
35) Vgl. *Schrank/Grabner*, aaO² 95 ff.
36) Siehe dazu auch *Schrank/Grabner*, aaO² 89 ff, 115 ff.

## あ と が き

　中小企業を対象とした研究は数多く，相対的に厚い蓄積のある研究領域と言ってよい．そうした研究対象に，中小企業問題の専門家でもない筆者らが触れるのはいささか不安であるが，今までにない視点を提供する限りで，勉強不足もいささかは許してもらえるのではないか，と考えている．その視点とは，法知識や法意識を問題にする，という視点である．こうした問題意識の詳細に関しては，序章において説明した通りであるが，ここでは，昨今におけるグローバリゼーションによる社会変化が，こうした問題を扱わせるきっかけになったことだけを再度述べておく．

　本書は，5人のオーストリア人研究者と7人の日本人研究者による共同研究を出発点にしている．この研究グループは，1989年以来，様々な問題について，オーストリア社会と日本社会の比較研究を行ってきた．初期においては，労働法や社会保障法の比較研究を行い，以後，日本とオーストリアにおける法のあり方を比較するという視点から，紛争解決システムや家族関係の問題などを扱ってきた．これらの成果の一部は，オーストリアと日本においてすでにいくつか公刊されているが，本書も，そうした共同研究から生み出された成果の一部である．もっとも，共同研究の成果といっても，本書は研究会における報告をただまとめただけのものではなく，中小企業における雇用を素材にオーストリア社会と日本社会における法のあり方を問うという，一貫した問題意識から全体が構成されている．

　この研究グループによる共同研究は，当初，四天王寺国際仏教大学が中心となって実施されていた．同大学の研究者も多数参加して共同研究を開始したのであるが，なかでも，当時の学長代理であった奥田清明先生は，この共同研究を全面的にバックアップして下さった．ここ数年は，ウィーン大学と京都大学

とが中心となって共同研究を実施しているが，奥田先生のご尽力なくしては，以後今日まで続く共同研究，したがって本書も存在しなかったと言える．この場において，あらためて奥田先生に深謝の意を述べさせていただきたいと思う．

本書の完成までには，多くの方々の協力を得た．研究会において通訳を引き受けていただいたウィーン大学法学部生のカールフーバー=吉田万里子さんには，翻訳についてもお世話になり，あらためてお礼申し上げたい．また，京都大学大学院生の皆川宏之さん，津田小百合さん，高畠淳子さんには翻訳を担当していただいた．また，本書で紹介した調査を実施するにあたっては，津田さんと高畠さんのほか，同じく京都大学大学院生の張鑫隆さんにもお手伝いいただいた．さらに，調査票の配布に関しては，社団法人キタン会（名古屋大学経済学部同窓会）の水谷澄男常務理事，連合京都南山城地協の曽谷武事務局長，豊中商工会議所の小早川謙一事務局長，兵庫県経営者協会の城内喜博労政部長，広島大学法学部の辻秀典教授の皆様や，その他多くの方々にもご協力をいただいた．皆様のご協力なしには，本書を公刊することはかなわなかったのであり，ここにあらためてお礼を申し上げる次第である．

なお，財政面においても，多方面からのご協力を得た．まず，調査の実施にあたっては，村中が平成10〜12年度の文部省科学研究費補助金の助成を受けた．また，1999年5月にウィーン大学にてセミナーを開催するにあたっては，国際交流基金，社会科学国際交流江草基金，学術振興野村基金からご援助をいただいた．そして，本書の刊行にあたっては，全国銀行学術研究振興財団のご援助をいただいた．ここに深謝の意を表する次第である．

最後になったが，本書の公刊にあたっては，京都大学学術出版会の鈴木哲也氏に様々な点でお世話になった．細かな編集作業だけでなく，本書の構成を考えるにあたっても有意義なアドバイスを数多くいただき，不慣れな編著者を全面的にバックアップしていただいた．ここに感謝の意を表したいと思う．

平成12年7月

編者を代表して
村 中 孝 史

## 索引（法律索引／一般事項索引）

### 法律索引

ASVG（一般社会保険法）　263-265, 268-272, 275-280
FSVG（自由業者社会保険法）　268
GSVG（自営業者社会保険法）　267, 268, 270-281
経営組織法　181, 229, 230, 239
下請中小企業振興法　132
十七条の憲法　42, 45
小規模企業共済法　132
中小企業安定法　130, 131
中小企業技術開発促進臨時措置法　133
中小企業基本法　127, 128, 131, 148, 191, 192
中小企業等協同組合法　130
中小企業近代化資金助成法　131
中小企業近代化促進法　131
中小企業新分野進出等円滑化法　133
中小企業事業転換対策臨時措置法　132
中小企業の創造的事業活動の促進に関する臨時措置法　133
中小企業労働力確保法　192
特定産業集積の活性化に関する臨時措置法　133
特定中小企業事業転換対策臨時措置法　133
老人保健法　245
労働安全衛生法　189, 191, 205, 206
労働基準法　4-7, 12, 13, 15, 86-88, 90, 91, 143, 164, 186, 188-191, 193, 194, 198, 200, 202, 204, 205, 210-219, 258, 259
労働組合法　4

### 一般事項索引

[アルファベット]
ADR (alternative dispute resolution)　49, 54
EEA　177 →単一欧州議定書
EU　173, 174, 183, 224 →ヨーロッパ連合
IT 革命（情報技術革命）　125

[ア　行]
アムステルダム条約　176, 180
安全・衛生管理者　191
育児休暇　110, 112, 114, 115
育児休業制度　89, 95, 97
医療保険　241, 242, 244, 245, 249, 260
請負労働　266
欧化政策　26
横断的労働組合　70, 98, 199

[カ　行]
開業　127, 155, 158, 171 →廃業
解雇
　　──制限　90-92, 194, 195, 206
　　──制限法理　92, 97, 194, 195, 202, 206
　　──取消　229
　　──保護　97, 106, 109, 112, 114-117, 175, 179, 180, 229, 232, 235-237
　　──予告　86-90, 202
　　即時──　97, 109, 110, 117, 119, 183
　　即時──保護　115
過半数協定　5, 190, 205
慣行説　31
企業委員会　176
企業組織　11, 175, 179, 183
企業別労働組合　4, 70, 73, 154, 165, 169, 170, 186, 188, 190, 194, 195, 197, 198
規制　35, 39, 41, 44
規整　35, 36, 39, 41
規模別雇用者数　141
規模別事業所数　135
規模別従業者数　135
共済組合　244, 245, 248, 250, 252, 254
行政指導　41
強制適用事業所　246, 247, 254
強制保険　243, 244, 259-261, 267, 268, 270, 271, 276, 277, 279-281
共同決定　103, 116, 118, 119, 174, 175, 179, 183, 229, 230
近代法　19-21, 24-27, 30, 37, 38
組合費　103
グループ採用　11
グローバリゼーション／グローバル化　8-10, 12, 28, 37
グローバル・スタンダード　9
経営協議会　70, 76, 96, 102-110, 112, 114-120,

索引　285

178, 183, 229, 230, 231, 234, 237, 280
経営協定　105-107, 112, 114, 115, 120, 230
契約社員　73, 195
系列企業　161, 162
健康保険　242, 244, 246-254, 257, 260, 269, 270, 272-274, 276-278, 280
　——組合　246, 250, 264
現代型訴訟　49
現代国家　27, 56
権利意識　19, 21-23, 26, 33, 47, 50, 203
高額療養費　244, 250
公正　25, 28, 36, 51-54, 56, 128, 130, 185, 200, 211, 213
厚生年金保険　242, 251-253, 357
公的扶助　241
合同労組　74, 78, 188, 195→横断的労働組合
高度成長　27, 126, 129-132
公法　26, 27, 43, 228, 246
国民皆年金　251
国民皆保険　244
個別的の紛争処理システム　213, 219→紛争解決
個別的労働関係法　177, 187, 188, 193, 199, 209, 210, 213, 237
コミュニケーション→労使のコミュニケーション
雇用
　——喪失率　159
　——創出率　159
　——保険　241, 243, 255-258
　終身——　154, 155, 194-196, 206
　障害者——　232
　積極的——政策　255
　長期——慣行　92
　日本的——慣行　9, 10, 154, 194-196
　日本的——システム　212

[サ 行]
サービス残業　5, 6, 23
最高裁　42, 56, 57, 109, 206, 214
最低賃金　103, 108, 112, 115, 116, 119, 264-266→賃金
最低保険料　267, 270, 271
　　——算定基礎　273, 274, 279-281
裁判外紛争処理　24, 38, 40→紛争解決
裁判制度　28, 48, 50, 52, 56
裁量労働　190, 211, 217
産業医　191, 229, 232
自営業者社会保険　268→GSVG（法律索引）
事業所変更　230
自己決定　55, 186
事実的妥当論　31→法の妥当性
事実の規範力　31
市場　25, 27, 28, 174, 225, 269

——機機構　25-27
——競争　9, 129, 197
——原理　9, 98
事前規制　9, 28, 34, 35
失業保険　241, 255, 270, 271
失業保護　275, 276, 280
失業率　109, 116, 125, 174
実効性→法の実効性
実質的正義　32
疾病手当　271, 278, 279
実力説　31
私法　26
司法事項　40, 46
司法制度改革　34, 40, 55
資本装備率　136-138, 141, 146, 147
社会給付　98, 111, 117
社会国家　37, 59
社会手当　241
社会学的妥当論　31→法の妥当性
社会的パートナー　107, 118, 120, 121
社会福祉サービス　241
社会保険料　174, 234, 264-266
社会保険労務士　203, 247
社会保障　7, 15, 176, 206, 221, 222, 241, 242, 251, 255, 263, 274, 281
　　——法の実効性　219→法の実効性
収益率　125, 136
従業員組織/従業会　84, 85, 105, 168, 169, 176, 187, 188, 198
従業員代表　175, 176, 179, 229, 230
就業規則　12, 85, 86, 189, 190, 194, 212, 215
終身雇用　154, 155, 194-196, 206→雇用
集団的労働関係法　178, 228, 229
儒教の徳治主義　26, 44, 45
障害者雇用　232→雇用
商工会議所　222, 224, 225, 234, 235, 269, 270, 273
情報通信技術　125
職業訓練　128, 234, 275
自立的被用者　266, 268, 269, 277-280
新保守主義　27
心理学的妥当論　31→法の妥当性
西欧法　42-44, 47
正義　27, 44, 51, 56, 60, 65
政策形成訴訟　49
生産性　127, 129-131, 136, 138
生存権　27, 188, 200, 241
積極的雇用政策　255→雇用
船員保険　242, 244, 248, 250, 251, 253, 258
争議権　74, 177, 188
総資本利潤率　136, 141
即時解雇　97, 109, 110, 117, 119, 183→解雇
即時解雇保護　115→解雇

存続保護　119

[タ　行]
退職金　162, 171, 192
代替的紛争解決手続　49, 50 →紛争解決
大量解雇　179, 180
妥当性→法の妥当性
単一欧州議定書　177 → EEA
団結権　74, 76, 77, 90, 95, 177, 185, 188, 197, 202
団体交渉権　74, 76-78, 185, 188
団体行動権　185
地域ユニオン　188, 195 →横断的労働組合
チェック・オフ　96
秩序モデル　42, 43, 54, 55
中小企業
　　　――関連予算　145, 149
　　　――退職金共済制度　192
超過勤務　6, 108, 109, 112, 115, 116, 265
長期雇用慣行　92 →雇用
調整モデル　43, 54
調停　24, 45, 48-50, 219
賃金
　　　――継続支払　174, 232
　　　最低――　103, 108, 112, 115, 116, 119, 264-266
　　　――政策　106, 119
　　　年功――　154, 194, 195
通勤災害　260
適用事業　243, 246, 248, 250, 253, 254, 256-259
哲学的妥当論　32 →法の妥当性
努力義務規定　214

[ナ　行]
ナショナルセンター　83
日本経済の二重構造　127, 130, 131, 148, 153, 155, 171
日本的雇用慣行　9, 10, 154, 194-196 →雇用
日本的雇用システム　212 →雇用
入職　155
任意加入→保険の任意加入
任意適用事業　247, 253, 254, 256, 258, 259
年功賃金　154, 194, 195 →賃金
年次有給休暇　163, 164

[ハ　行]
パート労働者/パートタイマー　73, 175, 195, 204, 243, 256, 259, 260
廃業　132, 134, 155, 158, 171 →開業
派遣労働者　195, 204, 243, 247, 249, 254, 256, 259, 260
判例法理　14, 90-92, 193-195, 202, 204, 206, 215, 216

非＝司法化　49, 54 →法化
非正規従業員　73, 195, 204
被扶養者　244, 245, 247-250, 252, 271
非＝法化　33, 38, 49, 54 →法化
標準的労働条件　200, 201
付加価値生産額　135
付加価値生産性　136, 138, 139
福祉国家　27, 34, 37, 59, 60
福祉年金　251
紛争解決　8, 12, 19, 23, 24, 28, 39, 42, 43, 46, 47, 49-52, 54, 55, 133, 204, 213, 215, 218, 219
　　　個別的紛争処理システム　213, 219
　　　裁判外紛争処理　24, 38, 40
　　　代替的紛争解決手続　49, 50
紛争モデル　42, 43, 54, 55
平均勤続年数　143, 144, 146, 155
変形労働時間　15, 87-89, 95, 97, 98, 163, 164, 189, 190, 200, 202, 212, 217 →労働時間
弁護士　14, 40, 55, 56, 203, 247
ベンチャー企業　128, 148, 205
法意識　8, 15, 19-22, 24-26, 33, 39, 40, 41, 48, 50, 57, 60, 61, 64-67
法化　3, 7, 8, 9, 12-15, 24, 25, 27, 33-38, 40, 42, 43, 52, 55, 59, 60, 61, 64, 97, 196
　　　――社会　14, 15, 19, 20, 28, 33, 39, 40
法学的妥当論　30 →法の妥当性
法政策　65, 66, 211, 267
法曹人口　55
法知識　21, 60-62, 64, 101, 112, 115, 209, 215, 216, 219, 266
法定労働基準　185, 186
法哲学　15, 20, 42, 55
「法と経済学」　51, 53
法の洪水　24, 60
法の実効性　14, 19-21, 28-31, 33-36, 39-41, 59-61, 63-67, 90, 98, 187, 203, 204, 215, 244, 259, 263
　　　社会保障法の実効性　219
　　　労働法の実効性　187, 264
　　　労働基準法の実効性　190
法の支配　25, 51
法の妥当性　28-32, 38, 68
　　　事実的妥当論　31
　　　社会学的妥当論　31
　　　心理学的妥当論　31
　　　哲学的妥当論　32
　　　法学的妥当論　30
法の不知　61-65
法命令説　31
法律相談　103
保険の任意加入　243, 272, 276
保険料算定最高限度額　233

索引　287

母性保護　112, 234
ポリツアイ事項　40, 46

［マ　行］
マーストリヒト条約　176, 177
無組合企業　83, 84, 167-169, 198

［ヤ　行］
有給休暇　108, 265
ヨーロッパ共同体　173-178, 180
ヨーロッパ連合　173, 174, 183, 224 → EU

［ラ行・ワ行］
離職　154, 155, 158
離退職手当　174, 235
律令/律令制　23, 26, 39, 44, 45
労使委員会　198, 205, 217
労使協定　211, 212, 217
労使のコミュニケーション　154, 167, 168, 172, 187, 237
老人医療　245
労働移動　153-156
労働基準監督署　6, 13, 202, 213, 218
労働基準法の実効性　190 →法の実効性
労働行政法　228, 229, 232, 238
労働協約　74, 86, 102, 103, 105, 108, 109, 112-114, 116-119, 166, 167, 177, 194, 199, 200, 205, 264, 265

労働組合　3-6, 13, 14, 70, 71, 73, 74, 76, 78-82, 83, 96, 98, 103, 116, 119, 120, 165-167, 169, 170, 172, 174, 186-188, 190, 193, 198, 199, 202, 203, 216, 229, 260
　――組織率　154, 164, 165, 167
　――の機能　78
　横断的――　70, 98, 199
労働契約　5, 10, 74, 109, 180, 194, 199, 201, 211, 212, 215
　――期間　211
労働時間　5, 6, 86-89, 106, 109, 112, 118, 142, 143, 153, 154, 162-164, 168, 171, 189, 190, 196, 200, 205, 210, 211, 217, 234, 236, 238, 247, 256, 265
　――短縮　172, 210, 211
　――の弾力化　109, 114-116, 189
　変形――　15, 87-89, 95, 97, 98, 163, 164, 189, 190, 200, 202, 212, 217
労働者会議所　199, 206, 222, 234
労働者保護　174, 175, 177, 180, 194, 199, 231, 232, 234, 237
　――法　7, 191, 199, 203, 214, 215, 231, 238
労働条件明示義務　12, 211, 212
労働争議　165
労働組織法　105, 106, 107, 116, 230, 265
労働訴訟　14, 203, 206
労働法の実効性　187, 264 →法の実効性
労働保険　243, 258
和の精神　48

附録

# 企業実務における労働法実施状況調査

京都大学大学院法学研究科
村中 孝史 研究室
住所○○○○○○○○○○
電話番号○○○○○○○○

この調査は、平成10年度文部省科学研究費補助金に基づき学術的分析のために行われるもので、その他の目的には一切使用されません。ありのままの状況やあなたのお考えを率直にお答えくださいますよう、お願いいたします。

<記入上の注意>
1 とくに断りのない限り、該当する番号を1つだけ○で囲んでください。
2 できる限り平成10年11月1日時点での状況をお答えください。

Ⅰ 最初にあなた自身のことについてお答えください。

QⅠ-1 あなたの企業におけるあなたの地位を教えてください。
 1.経営者(個人企業の所有者、会社の役員等) 2.管理職 3.管理職以外の正社員
 4.パート、契約社員など

QⅠ-2 あなたの年齢を教えて下さい。
 1.25歳以下 2.26～35歳 3.36～45歳 4.46～55歳 5.56歳以上

QⅠ-3 あなたは今の会社で働くまで、何社で就業した経験をおもちですか。
 1.今の会社がはじめて 2.1社を経験 3.2～4社を経験 4.5社以上を経験

Ⅱ あなたの企業についてお答えください。

QⅡ-1 あなたの企業は、どの業種に属しますか。
 1.鉱業 2.建設業 3.製造業 4.卸売・小売業、飲食店 5.金融・保険業 6.不動産業
 7.運輸・通信業 8.電気・ガス・水道業 9.サービス業

QⅡ-2 あなたの企業における従業員数を教えてください。(正確な数字がわからない時はだいたいの数で結構です)
 正社員 _____人 パート、契約社員など _____人 合計 _____人

QⅡ-3 あなたの企業の設立形態は何ですか。
 1.個人企業 2.有限会社 3.株式会社 4.その他 5.わからない

QⅡ-4 あなたの企業には、資本提携関係にある会社がありますか。
 1.ない 2.親会社がある 3.子会社がある 4.親会社も子会社もある

QⅡ-5 あなたの企業は創業から何年になりますか。
 1.2年以内 2.3年～5年 3.6～10年 4.11年～20年 5.21年以上

1

附録

QⅡ-6　あなたの企業には企業別組合や一般労組の支部がありますか。
　　1.企業別組合がある　2.一般労組の支部がある　3.何もない　4.わからない

QⅡ-7　あなたの企業には就業規則や労働協約はありますか。
　　1.就業規則がある　2.協約がある　3.どちらもある　4.どちらもない　5.わからない

QⅡ-8　次の制度のうち、あなたの企業で実施されているものすべてを○で囲んでください。
　　1.労災保険　2.雇用保険　3.健康保険　4.厚生年金　5.中小企業退職金共済制度
　　6.厚生年金基金　8.適格年金　9.わからない

Ⅲ　労働組合についてあなたのお考えをお尋ねします。

QⅢ-1　あなたの企業の従業員には労働組合を結成する権利があると思いますか。
　　1.はい　2.いいえ　3.わからない

QⅢ-2　企業別の労働組合は企業運営にとってマイナスですか。プラスですか。
　　1.企業運営にとってマイナスである
　　2.企業運営にとってどちらかと言えばマイナスである
　　3.企業運営にとってどちらかと言えばプラスである
　　4.企業運営にとってプラスである
　　5.どちらとも言えない
　　6.わからない

QⅢ-3　従業員が労働組合を結成して団体交渉を求めた場合、法律上、使用者はこれに応じる義務があると思いますか。
　　1.はい　2.いいえ　3.わからない

QⅢ-3で「はい」とお答えになった方への質問

　　QⅢ-4　団体交渉を実際にも要求したり、それに応じたりする用意はありますか。
　　　＜経営者側の皆さんの場合＞
　　　　1.法律上定められているのだから、実際にも団体交渉には応じるつもりである。
　　　　2.法律上定められてはいるが、実際に団体交渉に応じるつもりはない。
　　　　3.わからない
　　　＜労働者側の皆さんの場合＞
　　　　1.法律上定められている以上、実際にも団体交渉を求めたいと思う。
　　　　2.法律上定められてはいるが、実際に団体交渉を求めるつもりはない。
　　　　3.わからない

　　QⅢ-5　従業員の一人が合同労組や地域ユニオンに加入し、その組合が団体交渉を求めてきた場合でも、法律上、使用者はその団体交渉に応じる義務があると思いますか。
　　　　1.はい　2.いいえ

QⅢ-3で「いいえ」とお答えになった方への質問

　　QⅢ-6　法律上義務づけられてなくとも、団体交渉を求めたり、あるいは求められればそれに応じる気持ちはありますか。

附録

```
          ＜経営者側の皆さんの場合＞
             1．法律で定められていない以上、団体交渉に応じるつもりはない。
             2．法律で定められていなくとも、団体交渉には応じたいと考える。
             3．わからない。
          ＜労働者側の皆さんの場合＞
             1．法律で定められていない以上、団体交渉を求めるつもりはない。
             2．法律で定められていなくとも、団体交渉を求めたいと考える。
             3．わからない。

QⅢ－7　あなたは労働組合の主たる任務は何だと思いますか。2つまで〇をして下さい。
    1．賃金引上　2．雇用保障　3．企業運営への協力的参加　4．余暇・社会活動　5．その他

QⅢ－8　労働組合は、賃金引き上げに影響力をもつと思いますか。
    1．はい　2．いいえ　3．わからない

QⅢ－9　連合など労働組合の全国組織や産業別の連合体は、あなたにとってプラスになるもの
だと思いますか。
    1．プラスになる　2．マイナスである　3．どちらともいえない　4．わからない

QⅢ－10　連合などの全国組織や産別組織が、組合設立を試みるなど、あなたの企業に対し何
らかの働きかけを行ったことがありますか。
    1．そうした事実があったと思う　2．そうした事実はないと思う　3．わからない
```

Ⅳ　労働組合のない企業の皆さんへの質問です。

```
QⅣ－1　なぜあなたの企業には労働組合がないと考えておられますか。
    1．法律上、結成義務があるわけではないから。
    2．使用者が望まないから。
    3．従業員が望まないから。
    4．その他の理由（　　　　　　　　　　　）
    5．わからない。

QⅣ－2　一般的には、どのようにして労働組合は設立されると思いますか。
    1．他の労働組合や産業別組織が中心になって作る。
    2．使用者が中心になって作る。
    3．企業の従業員が中心になって作る。
    4．その他の方法（　　　　　　　　　　　）
    5．わからない。

QⅣ－3　あなたの企業では、すべての従業員にかかわる問題は、どのように決定されますか。
    1．使用者が単独で決定する。
    2．数人の従業員の意見を聞いた上で、使用者が決定する
    3．個々の従業員との間で個別に合意していく。
    4．従業員会などの従業員組織があるので、それとの話し合いを通じて決定する。
    5．その他（　　　　　　　　　　　）
    6．わからない。
```

附録

V　労働時間や解雇などをめぐる問題につき、お答えください。

QV－1　残業手当を支払わずに、何週間かは長時間労働をし、その代わりに何週間かは短時間労働をする、といった労働時間の割り振りは許されると思われますか。
　1．無条件に許される　2．一定の条件を満たせば許される　3．許されない　4．わからない

QV－2　使用者が労働者を解雇する場合、事前に予告する法律上の義務があると思われますか。
　1．必要がある　2．必要はない　3．わからない

QV－3　使用者は、従業員を自由に解雇することができると思われますか。
　1．何の制限もなしに自由に解雇することができる。
　2．解雇を制限する法律があるので、それさえ守れば解雇できる。
　3．解雇を制限する法律はないが、裁判所が解雇権に厳しい制限を加えている。
　4．その他（　　　　　　　　　　　）
　5．わからない。

QV－4　父親は育児休業を請求することができると思われますか。
　1．はい　2．いいえ　3．わからない

QV－5　あなたの企業ではボーナスの支給がありますか。
　1．はい　2．いいえ　3．わからない

QV－5で「1はい」とお答えになった方への質問

　　QV－6　経営状態が悪い時に、ボーナス・カットは簡単に行われますか。
　　　1．企業主が一方的に決定できるので、とくに問題なく行える。
　　　2．組合や従業員会との話し合いが必要だが、とくにトラブルになることはない。
　　　3．組合や従業員会がボーナス・カットに反対するので難しい。
　　　4．わからない。

QV－7　労働者の募集の際、男子だけ又は女子だけを募集することは許されると思われますか。
　1．男子だけの募集は許されない　2．女子だけの募集は許されない　3．どちらも許されない
　4．わからない

VI　最後に一般的な質問です。

QVI－1　あなたは現在の労働法につき、どのようにお感じですか。
　1．労働者を過度に保護しており、問題である。
　2．労働者の利益を十分に保護できておらず、問題である。
　3．法律は建前にすぎないので、どのような内容であっても関心はない。
　4．法律を遵守するつもりはないので、関心はない。
　5．法律には関心があるが、触れる機会がないので、内容をよく知らない。
　6．その他（　　　　　　　　　　　　　　　）

　　　　　　　ご協力ありがとうございました

編著者紹介

編 者
O. Univ. -Prof. Dr. Theodor Tomandl（テオドール・トーマンドル）
ウィーン大学法学部教授（第5章）
1933年1月24日生まれ
1955年ウィーン大学にて法学博士の学位を取得後，連邦商工会議所研究部の部長を経て，1968年からウィーン大学法学部労働法・社会保障法講座の主任教授となり現在に至る．
以下の他，多数の著作がある．
Streik und Aussperrung als Mittel des Arbeitskampfes, 1965
Wesensmerkmale des Arbeitsvertrages, 1971
Rechtsstaat Osterreich: Illusion oder Realitat ? 1997

村中孝史　京都大学大学院法学研究科教授（序章，第4章，第9章）
1957年5月3日生まれ
1986年京都大学大学院法学研究科博士後期過程単位取得認定退学後，京都大学法学部助手，同助教授を経て，1995年より現職．
最近の論文として，次のようなものがある．
「個別的人事処遇の法的問題点」日本労働研究雑誌460号（1998年）
「日本的雇用慣行の変容と解雇制限法理」民商法雑誌119巻4-5号（1999年）
「労働契約概念について」『京都大学法学部創立百周年記念論文集第3巻』（1999年）

執筆者
  服部高宏　岡山大学法学部教授（第1章）
  田中成明　京都大学大学院法学研究科教授（第2章）
  O. Univ. -Prof. Dr. Gerhard Luf（ゲルハルト・ルーフ）
    ウィーン大学法学部教授（第3章）
  荒山裕行　名古屋大学経済学部助教授（第6章）
  瀧　敦弘　広島大学経済学部助教授（第4章，第7章）
  Hon. Prof. Dr. Gottfried Winkler（ゴットフリート・ヴィンクラー）
    オーストリア連邦商工会議所教育政策・科学部部員　ウィーン大学法学部名誉教授（非常勤）（第8章）
  下井隆史　大阪学院大学法学部教授（第10章）
  Univ. -Prof. Mag. Dr. Wolfgang Mazal（ヴォルフガング・マーツァール）
    ウィーン大学法学部教授（第11章）
  西村健一郎　京都大学総合人間学部教授（第12章）
  o. Univ. -Prof. Dr. Franz Schrank（フランツ・シュランク）　シュタイヤーマルク商工会議所社会政策部部長　ウィーン大学法学部教授（非常勤）（第13章）

訳 者
  皆川宏之　京都大学大学院法学研究科博士後期過程院生（第5章）
  髙畠淳子　京都大学大学院人間環境学研究科博士後期過程院生（第8章）
  津田小百合　京都大学大学院人間環境学研究科博士後期過程院生（第13章）
  カールフーバー=吉田万里子　ウィーン大学法学部学生（第13章）

中小企業における法と法意識
——日欧比較研究

2000（平成12）年8月25日　初版第一刷発行

| | |
|---|---|
| 編著者 | 村　中　孝　史 |
| | Th・トーマンドル |
| 発行者 | 佐　藤　文　隆 |
| 発行所 | 京都大学学術出版会 |

京都市左京区吉田河原町15-9
京大会館内（606-8305）
電　話　075-761-6182
ＦＡＸ　075-761-6190
振　替　01000-8-64677

ISBN 4-87698-408-5　　ⓒ 2000　T. Muranaka & Th. Tomandl
Printed in Japan　　　定価はカバーに表示してあります